问题化学习丛书

丛书主编
王天蓉　徐谊

学会追问

王天蓉　顾稚冶
王达　等 ◉ 编著

华东师范大学出版社
·上海·

图书在版编目(CIP)数据

学会追问/王天蓉等编著. —上海:华东师范大学出版社,2020

(问题化学习丛书)

ISBN 978-7-5760-0432-8

Ⅰ.①学… Ⅱ.①王… Ⅲ.①课堂教学－教学研究－中小学 Ⅳ.①G632.421

中国版本图书馆 CIP 数据核字(2020)第 101926 号

问题化学习丛书

学会追问

编　　著	王天蓉　顾稚冶　王　达等
责任编辑	孙　娟
特约审读	陈晓红
责任校对	朱玉媛　时东明
装帧设计	刘怡霖

出版发行　华东师范大学出版社
社　　址　上海市中山北路 3663 号　邮编 200062
网　　址　www.ecnupress.com.cn
电　　话　021-60821666　行政传真 021-62572105
客服电话　021-62865537　门市(邮购)电话 021-62869887
地　　址　上海市中山北路 3663 号华东师范大学校内先锋路口
网　　店　http://hdsdcbs.tmall.com

印 刷 者　上海展强印刷有限公司
开　　本　787×1092　16 开
印　　张　21.75
字　　数　318 千字
版　　次　2020 年 9 月第 1 版
印　　次　2022 年 4 月第 4 次
书　　号　ISBN 978-7-5760-0432-8
定　　价　66.00 元

出版人　王　焰

(如发现本版图书有印订质量问题,请寄回本社客服中心调换或电话 021-62865537 联系)

丛书主编： 王天蓉　徐　谊

本书撰稿： 王天蓉　顾稚冶　王　达　陈玉华
　　　　　　蓝文仙　成根娣　顾峻崎　张小刚
　　　　　　缪同梅　杨旭红　刘吉朋　陈　岩
　　　　　　高振严

序 一

我第一次了解问题化学习,是在2011年上海市第十届教育科研成果评审会上,王天蓉老师代表团队进行答辩,听后大家对这项成果的特质与王天蓉团队的研究精神,有了深刻的印象。最后这项成果获得了那一届科研成果一等奖。

以转变学生的学习方式为出发点,问题化学习研究团队坚持研究和实践15年,他们以一份对教育改革的执着追求,感染并吸引了一大批不计名利的"追随者",创建了一支以第一线教师为主的教师活力团队。其研究成果《问题化学习:教师行动手册(第二版)》入选《中国教育报》2015年度教师喜爱的100本书。

15年来,研究团队在"基于学习方式变革的课堂转型"、"单一学科改革与整体学校改进"、"基础教育科研成果的深化、转化与推广"、"教师活力团队的建设"等方面,积累了丰富的研究成果和实践经验。

王天蓉与她的富有活力的研究团队,以及他们所研究的"问题化学习"是富有中国特色的,是伴随着上海二期课改成长起来的。这项研究强调在学习的过程中以学生对问题的自主发现与提出为开端,同时通过问题解决过程中学生持续地探索与追问,形成特定的问题系统。这一追问及问题系统建构的过程,就是学生学习经验及智慧生成的过程。从这个意义上说,问题化学习就是让学生从原来知识的接受获得,转化为亲身体验"知识的生成和建构",而这正是今天课改倡导的新的学习方式的主要价值追求。而且,问题化学习有很大的包容性,可以融合多种新的学习方式,如自主学习、合作学习和探究学习等。

15年前,问题化学习在一开始就直接推动基础型课程教与学的变革,突破最为艰难的所谓保证考试科目学习成绩的要求,并在实践过程中,通过学习方式转变倒逼教学方式变革,促进课堂变革,这一点尤为可贵。15年的研究形成了具有创新价值的两条中国经验,即强调核心问题和问题系统在学习者知识建构与问题解决中的意义;突破了PBL(基于项目/问题的学习)模式在基础型学科课程中的实施难题,构建了具有鲜明中国特色的新的学习方式。

"以学生的问题为起点、学科的问题为基础、教师的问题为引导",三位一体但不是简单的线性流程。问题的发现与解决是学生与教师的合作过程,学与教交织在一起。尤其是核心问题的解决必定是通过合作进行的。问题化学习中问题系统的建构不仅促进了知识结构优化,还促进了能力提升。从本丛书中大量的学科学习案例中可见,最初提问所建构的问题系统通常指向知识结构,而在问题解决的过程中,通过追问形成的问题系统更多指向思维过程,这就促进了能力形成。面向未来的学习,必须从知识为主逐步转向能力为主,而这正是问题化学习的核心价值所在。

问题化学习,有个"化"字在里面。什么叫"化",即彻头彻尾、彻里彻外。问题化不仅针对学校内的学习,也针对学校外的学习,不仅适合基础教育,也适合终身教育。2016年宝山区在成立问题化学习研究所、创建实验基地校时,研究团队提出了"培养问题化学习者",这个命题立意很好,就是要培养学生,使其具备一种有效的终身学习能力和方式,为孩子的终身发展奠基。

十分重要的是,与这项研究同步,一支不可多得的研究和实践团队成长起来,这与研究本身具有同等的价值。迄今为止,问题化学习在全国各地有42个实验基地与学校、9个学科团队、24个教师研修工作坊,拥有86位问题化学习品牌教师,这个团队是"跨学科、跨学段、跨地域"的。这中间有行政的支持,但主要是"自组织、自运转、自创造、自传播"的。每个学科团队平均每周有2次以上的研究课,每年组织2次专题论坛,随时进行体验研修,每个人都主持或参与小课题研究,最终形成了50多个专题报告和100多个教师个人成果,累积了1000多个研究课例,到目前为止整个团队在教育权威出版社已出版9本问题化学习研究著作。

这支充满活力的团队,有三句话令人印象深刻:一、一个人可以走得更快,但一群人可以走得更远;二、"激活每个细胞、擦亮每个品牌",团队的活力在于作为基础的个体活力的激发与碰撞;三、成就每一个人,一个优秀的团队"没有失败者"。"问题化学习"的研究与实践不仅改变了团队教师的教学行为,更坚定了团队对于教育理想的终身追求。教师个体活力与团队活力的生成与持续机制具有重大的理论和实践价值，同时也为基础教育研究成果的深化和推广提供了榜样。

活力团队建设也是教师成长模式的创新。任何一个教学改革要成功，必须要有教师的参与和成长，而且同时要营造一个能充分交流、合作和分享的生态环境，即要形成一个有活力的专业共同体。问题化学习活力团队的成长是一个很好的榜样，它既有研究更有实践；既校本又跨校，甚至跨区、跨省；不仅有领衔人，而且还有各个学科团队的主持人，以及更小规模教师工作坊的"坊主"等；其活动不仅有线下的，还有基于网络线上的。这是一个有生命的全时域互动的专业共同体，且还在不断地成长中。

大约2014年的时候，我曾经建议问题化学习研究团队出一套课堂应用的简明读本，以促进实践推广与应用。今天，我看到团队开发的课堂实践手册很是欣喜。15年来活力团队形成了理论探索、实践指导以及课堂应用的三个层次的研究成果，同时开发了教师通识培训、课堂应用手册、教学专题研修三个层次的教师研修课程，而且这个开发工作还会伴随着研究的深入持续地进行下去。

15年持久的研究，团队的教育精神是主要支柱，但也离不开宝山区区政府、区教育局、区教育学院以及兄弟学校的关心与支持，我们对他们为上海基础教育事业的发展所作的贡献表示衷心的感谢。最后祝愿问题化学习研究团队，坚持初心，勇于创新，立足基层，成事成人。

张民生

2018年9月8日

序 二

大家认为中国的基础教育的优势是"基础知识比较扎实"。当然关于基础知识比较扎实的问题,也有争议,比如:"信息化社会,百度上都能查到,还要不要学那么多知识?"对于这个问题,我个人认为应该持辩证的态度。撇开知识论对知识的概念界定和分类,在当前背景下,即便我们从知识为本的课堂转变为素养为本的课堂,这个课堂恐怕依然离不开对学科知识的学习与掌握,知识都搞不明白,怎么在知识的学习中形成素养呢?不管将来机器人取代人类的工作到什么程度,作为自然人,成为社会人之后最基础的知识一定是需要的。因此,在我们现在的认识还不清楚或不完全清楚的情况下,需要思考和探索的是,如何将学科知识体系的建构与学生学科素养的发展以及学生真实的问题解决能力的培养统筹好。

但是,即便是"优势",我们也依然必须清醒地认识到这样一个问题:在当下的教学中,知识灌输和技能训练仍然是教师在教学实践中的基本方式。在高利害考试评价的导向和作用下,教师们往往陷入纯粹的对"知识点"落实的追求,学科内容被碎片化、断点化。许多教师的课堂教学内容既不反映学科内容的逻辑完整性,也不反映知识体系的要素关联性,导致学生仅仅关心知识点的局部结论和考试要求,忽略了很多属于学科知识意义的内容。

因此,在落实立德树人的根本任务,进一步深化课程改革的今天,我们的课堂要把"知识为本"的教学转变为"核心素养为本"的教学,把以讲授为中心的课堂转变为以学习为中心的课堂,必须大力推进学习方式和教学模式的改变。这是因为学科素养的落实不仅仅是教学内容的选择和变更,而且是必须以学习方式和教学模式变革为保障的系统改进与深化。

要真正实现学习方式和教学模式的改变,需要深刻理解人是如何学习的,回归学习的本质,回归对于问题的探求。并且在这个过程中,学习者能够对外部世界有一个探求,同时实现对自己的精神家园的一种建构,这应该是我们学习的本意。因为学习不再只是"把外部世界的知识装进我的脑袋里去",而更应该是在持续地自我发现问题和自主解决问题中,探索世界、认知自我、发展理性。

这就让我想到问题化学习,问题化学习在学科知识的建构与问题解决能力之间找到了一条结合之路。纵观国际国内的课程改革,我们要解决好学习的内容、学生的学习方式,以及老师在学生学习过程中的作用这三者之间的关系,并建立起"学习的意义",这是一个关键问题。

问题化学习让我们看到了教学是以学生学习为主线去设计的,必须让学生真实的学习过程能够发生并且展开。问题化学习试图让我们的孩子在学习中,在对系列问题的追寻中慢慢形成知识结构与认知结构,从低结构到高结构,从本学科的结构到跨学科的结构,从知识世界到真实世界。以认知建构的方式去重组问题、重组内容,在问题与问题的联系中,在综合地带和边缘地带进行知识的碰撞,建立知识与知识之间、知识与经验之间的联系,进而慢慢地形成一个能力结构,这就是问题化学习作为一种方式变革课堂、实施课程的独特价值。

今天,我们在思考教育改革的过程中,要坚持扎根中国与融通中外相结合,既要"扎根中国",也要"融通中外"。在这样的背景下,我们来追溯问题化学习的历史渊源。中国古代的教育家孟子有个主张——"自求、自学、自得",这是他在学生讨论问题的时候提出来的。《礼记·中庸》中关于学习的五个方面"博学之,审问之,慎思之,明辨之,笃行之"被称为"为学之治"。朱熹曾经说过:"读书无疑者,须教有疑。"可谓小疑则小进,大疑则大进,无疑则无进。朱熹认为:"指引者,师之功也。"近代教育家蔡元培说:"最好让学生自己去研究,教员不讲也可以;等到学生实在不能用自己的力量了解功课时,才去帮助他。"陶行知也说过:"发明千千万,起点是一问。"叶圣陶说:"学生不甚了解的文章、书本,要使他们运用自己的心力,尝试去了解。"我们重温先贤关于人的学习的论断和思想,敬畏之心油然而生!

我们生活在一个充满问题的世界中,问题无处不在。人类思维的价值主要体现在"发现问题"以及"解决问题"上。一个人能不能成功,体现在他/她能不能面对问题,有多大的潜能去发现问题,现有的答案能否满足他/她的好奇心。苏格拉底说:"没有一种方式比师生之间的对话,更能提高沟通能力,更能启发思维技能。"如果我们在课堂上形成了很多问题去激发学生的思维和讨论,或者说学生自己在真实情景中发现了很多问题,而且问题往往没有固定的所谓"正确答案",那么学生可以各抒己见,教师乐于评论,师生界限就趋于模糊。我们的教师更像一位引导者、助学者。这样的情景,中外教育先贤都是倡导的。

所以我们从孟子、苏格拉底这些大哲学家、大教育家的教育实践中,可以寻找一点"问题化学习"的历史与文化渊源。亚里士多德曾经说过:"思维是从疑问和惊奇开始的。"爱因斯坦也认为提出问题比解决问题更重要。没有问题,就没有进步。可见提出问题,对于我们个人的成长与进步、社会的发展与创新,多么重要。这是因为提出一个问题往往可能预示了一个伟大的发现,至少能让学习者建立起主动的"学习的意义"。

大家都说中国的学生在与国际学生共同学习的过程中,总是没有问题,我们的学生总是等着老师讲解、给答案。如果提不出问题,对知识的把握肯定是肤浅的,并且缺乏主动的学习意义。苏霍姆林斯基认为,在人的心灵深处,有一种根深蒂固的需要,这就是希望自己是一个发现者、研究者、探索者。而在儿童的精神世界上,这种需要特别强烈。所以我们要回归孩子的天性并进一步生长他们的智慧。问题是所有科学发展的起点,是科学研究的灵魂,也是人探索世界、认识社会、发现自己的动力源泉,是实现自我觉醒与心灵成长的原生力量。

中央一台节目《开讲啦》有一期邀请了南京紫金山天文台副台长常进研究员讲解暗物质,他是中国暗物质卫星的设计者。有人问:"搞清楚暗物质,对于我们今天的生活会带来什么影响?"他说:"我不知道。"当初爱因斯坦发现相对论与量子力学的时候,大家都不知道这两个发现会对人类带来什么样的影响。但是今天人类社会的大量成果都是由这两个最基础的科学发现所带来的。因此他说:"我是准备失败的。"但是现在他的研究已经走在整个世界的前列。如果一旦破译了暗物质的秘密,这个发现将会对今后人类社会的发展,带来不可估量的巨大影响。所以说科学和知识的增长,永远来自于问题,越来越深化的问题,越来越能够启发新问题的问题。正是这些源源不断的问题,更新了我们对世界的发现。所以说,这些人类重要的思想与问题化学习有着历史渊源。

再来谈谈问题化学习的现实价值。人工智能时代,大家在预测:"有多少个岗位,可能未来会不存在?"人类重复的劳动、机械的劳动,按照一定规则去进行的劳动,都有可能被替代。因此在这个时候,全世界的人都在考虑:"我们的教育要培养人的什么能力与素养,未来才能立于不败之地?"未来我们要培养学生解决复杂问题的能力、社会与情感的能力、批判性的思维和创造力。而问题化学习,正是在源源不断的新视角、新发现、新思考、新行动中释放学习者无穷无尽的创造力。

问题化学习不仅需要贯穿于学科的知识结构形成过程中、学习的认知结构建立过程中、问题解决的能力结构建构过程中,更重要的是问题化学习回归了教育的本源,那就是学习者主体精神的确立。因为一个面向未来的问题化学习者,不是冷淡的旁观者,而是主动的探索者,当他/她发现许许多多的为什么,并且通过行动,寻找到这些问题答案的时候,就像由火花燃成火焰一样,会产生许许多多属于他/她自己的思想和情感火花,形成独立思考的习惯。

问题化学习研究已经坚持了15年。一项教育研究真正要体现它的成果,肯定不是短时间的。我非常钦佩坚持15年做这项研究的问题化学习研究团队。这个团队是一个攀登"珠穆朗玛峰"的团队,在新的时代,面对我们的课堂从"知识为本"转变为"核心素养为本"这样一个在基础教育教学改革珠穆朗玛峰上插上国旗的光荣而艰巨的任务,他们是在追寻教育的规律,追寻人的学习规律,让我们今天的学习、有限时空里面的学习能够获得更大的成果。而这个学习成果,不仅仅是从一般意义上去了解知识的描述性意义,而是从"人"的发展角度去把握人类知识背后的文化精神,让我们每一个孩子通过这样的学习,实现他们人生的价值,我想这是非常有意义的一项研究。

尹后庆
2018年9月8日

目 录

主编寄语　　1
前言　　7

第一部分　追问学习概论

第一章　追问导论　3
第一节　问题化学习之沿革　　3
第二节　追问的内涵与意义　　12
第三节　追问如何发生　　22

第二章　追问的类型与视角　26
第一节　问题的基本形式　　26
第二节　15种视角与思维发展　　29
第三节　追问与学科核心素养　　39

第三章　追问建构问题系统　42
第一节　追问形成问题系统　　42
第二节　13种问题系统建构　　47

第三节　问题系统与学习路径　　　　　　　　　　　62

第四章　孵育学生追问　　　　　　　　　　　　　　69
　　第一节　学生追问的价值　　　　　　　　　　　　69
　　第二节　"孵"——追问需要条件　　　　　　　　73
　　第三节　"育"——追问需要养成　　　　　　　　76
　　第四节　培养学生课堂追问的四阶段　　　　　　　85

第五章　追问的学习生态　　　　　　　　　　　　　90
　　第一节　追问的学习生态系统　　　　　　　　　　90
　　第二节　学习生态与共同体建设　　　　　　　　　94
　　第三节　学习共同体中的追问　　　　　　　　　　104

第六章　追问的学习评价　　　　　　　　　　　　　112
　　第一节　学生追问的能力进阶　　　　　　　　　　112
　　第二节　学生追问的能力维度　　　　　　　　　　117
　　第三节　课堂观察与评价　　　　　　　　　　　　123

第二部分　学科课堂实践

第七章　语文课堂中的追问学习　　　　　　　　　　135
　　第一节　追问与语文核心素养培育　　　　　　　　135
　　第二节　工坊研修　　　　　　　　　　　　　　　153
　　第三节　课例推介　　　　　　　　　　　　　　　163

第八章 数学课堂中的追问学习   177
第一节 追问与数学核心素养培育   177
第二节 工坊研修   191
第三节 课例推介   202

第九章 科学课堂中的追问学习   215
第一节 追问与科学学科核心素养培育   215
第二节 工坊研修   226
第三节 课例推介   242

第十章 史地课堂中的追问学习   253
第一节 追问与史地学科核心素养培育   253
第二节 工坊研修   275
第三节 课例推介   281

第十一章 艺术课堂中的追问学习   290
第一节 追问与艺术学科核心素养培育   290
第二节 工坊研修   298
第三节 课例推介   309

参考文献   320

主编寄语

一次《市民与生活》的节目上,上海人民广播电台的秦畅老师问:"能说说你们培育'问题化学习者'的意义在哪里?"我说:"打个比方吧,我们是想孩子将来在遇到问题的时候,是把问题当成一个麻烦,还是将问题看作是对自己的一个挑战?当他(她)面对一个新情境时,是沿用老的套路来解决问题,还是享受这个新问题所带来的全新生命体验?这是两种不同的生命状态,我们希望他(她)是积极的并且是乐在其中的。"

我们着力培养的是面向未来的"问题化学习者",也就是面对不可预测的世界时表现出"主动适应性能力"的人。"问题化学习者"的关键能力包括自主发现与提出问题的能力、聚焦与解决核心问题的能力、持续探索与自我追问的能力、深度建构问题系统的能力,最终学会自主规划学习任务与步骤,持续思考行动与合作创造学习成果。因此,"问题化学习者"是学习的自主建构者、问题的合作解决者与人生的自我教育者。

撬动以"教"为中心的课堂

15年来,问题化学习实践的聚焦点在于基于学习方式变革来实现课堂转型。然而,这一切并非容易,更确切地说,这是一条非常艰难的道路。二期课改初始,面对有限时间内自主探究的学习较难实现学科知识体系建构的问题,问题化学习直面基础型课程学习方式转变,即通过学生自主提出问题来撬动以"教"为中心的课堂,通过学生持续追问形成的学习过程重建课堂结构,通过学生自主建构问题系统形成的学习路径个性化引发教学支持的全面调整,通过学生合作解决问题改变师生互动方式,优化课堂生态。

15 年课堂变革之路

15 年来,问题化学习的研究从教学设计起步,深入学科的实践,探索课堂形态、研究学生学习、学校的整体实践、区域研究的整体架构与推进、母体学校的全面实验。

2003 年,国家基金课题立项,教学设计起步;2004 年,建立区域学科团队,开展基于设计的研究,深入学科实践;2008 年,基于典型课例分析技术,探索多元课堂实践形态;2011 年,基于"读懂学生"课堂,开展田野研究,研究学生学习;2012 年,立足行动研究范式,确立"实验学校"整体推进;2014 年,建立区域项目组,进行全面推广实验;2015 年,举办首届"问题化学习"全国教育研讨会,全国 16 个省与直辖市实践问题化学习的学校与教师代表参与了本次会议。2016 年 9 月 1 日,问题化学习母体实验学校——上海市教育学会宝山实验学校正式开学,问题化学习从着力于课堂转型走向培育"面向未来的问题化学习者"的学校整体改革实验。2016 年 9 月 10 日,宝山区问题化学习研究所成立,担负起问题化学习研究、培训与推广的重任。

建立课堂新的逻辑起点

与一般意义上"基于问题的学习"的区别是,问题化学习是广义的问题解决,最显著的特征是:通过系列的问题来引发持续性学习活动,它要求学习活动以学习者对问题的自主发现与提出为开端,用有层次、结构化、可扩展、可持续的问题系统贯穿学习过程和整合各种知识,通过系列问题的解决,实现知识的整体建构、学习的有效迁移与能力的逐步形成。

问题化学习有一条首要原理,即"以学生的问题为起点、以学科的问题为基础、以教师的问题为引导","三位一体"产生有效学习问题。问题化学习有一个核心特征,即是一种"基于问题系统优化的学习",学生在老师与同伴的帮助下持续提出问题,自主建构问题系统,在问题系统化、系统图式化、图式可视化中建构知识体系,寻找学习路径,发展学科思维。这两点构成了课堂实施的逻辑起点。

"学生的问题"、"学科的问题"、"教师的问题"以及"解决问题的学习环境"构成了问题化学习课堂的基本要素。"学生的问题"是课堂的关键要素。以学生问题为起点,表现为学生主动提出问题,对于问题化学习的课堂,做到这一点是最难的,但要突破传授式的课堂,这恰恰又是最关键的。通常学生的问题提出来后,老师往往会面临失控的课堂,那么,问题化学习是通过一个怎样的课堂机制,把失控的课堂逐步建构为一个高度自组织的课堂,而不是一个由教师主控的课堂呢?这是基于问题化学习这一学习方式变革课堂的路径探索的关键。

首先,以学生的问题为起点,在任务之初,学生先行提出问题,动机系统启动。在解决问题的过程中,学生生成新的问题,不断追问。在问题解决之后,学生反思与拓展新的问题,元认知系统、认知系统综合发生作用。其次,以教师的问题为引导,表现为教师的驱动性问题、推进性问题与引申的问题。教师的问题不仅仅只是通过设问去启发学生思考,更多时候是勾出学生的问题,辅助学生解决问题,培养学生的能力。教师关键是要摸到学生的真问题,并把学生的问题当问题,在学生的问题与学科的问题之间作对接与转化。

自组织的路径之一是课堂"核心问题的聚焦"。对于"以学生问题为起点、以学科问题为基础、以教师问题为引导"三位一体的课堂而言,聚焦核心问题既是面对混乱局面的自然选择过程,也是课堂集体学习的价值体现。核心问题的聚焦即是"三位一体"中的"体",问题化学习三位一体原理体现了学生、教师、教材(文本的作者、故事中的角色、历史人物、历史学家、自然定律的科学发现者等)之间基于核心问题不断进行对话的过程。

自组织的路径之二是"问题系统的建构"。问题化学习强调连续性地提出问题,系统化地解决问题。问题"化"表示一种基本状态,同时也是一个矛盾运动的过程,是在发现问题中解决问题,又在解决问题中发现新的问题;小问题的提出化解大问题的解决,新问题的提出深化老问题的理解。问题化是问题与问题之间的连接,问题化学习是问题与问题解决之间的连接所形成的无穷无尽的新发现、新思考,从而生成智慧。问题与问题之间形成具有内在关系的问题系统,不是罗列而是逻辑的关系。问题系统从一开始"知识的问题系统"逐步成为通过追问而产生的"思维的问题系统",问题化学习从优化知识结构逐步走向促进能力形成。

自组织的路径之三是"合作解决问题"。合作是问题化学习的课堂的自然选择,合作支持并促进问题的发现与提出、组织与聚焦、解决与分享、反思与拓展。课堂作为一个复杂系统,合作成为其从无序走向有序的自组织路径。问题化学习以孩子们在学习中真实产生的问题作为学习的起点,并在一个学习共同体的自主对话与交往中,深化问题的解决,增值学习成果。合作改变了课堂互动的方式,从而建构了新的课堂生态。

我们积累了具有本土创新价值的两条中国经验,即强调核心问题和问题系统在知识建构与问题解决中的意义,突破了 PBL(基于项目/问题的学习)模式在基础型课程中的实施困境,建立了具有鲜明特色的中国式 PBL。问题化学习不仅是认知的,还是元认知的,更是主体精神的培育。在学生"自主发现与提出问题、聚焦与解决核心问题、持续探索与自我追问、深度建构问题系统"中,问题系统的形成过程以及基于问题系统优化的学习过程,同时是动机系统激发、元认知系统发展和认知系统优化协同作用的过程。学科的逻辑顺序与学生的心理顺序,通过"问题系统化"、"三位统筹"的过程统一为"学习的认知逻辑"。

"问题化学习"在课堂上让我们看到了所有的教学是必须以学生学习为主线去设计的,必须让学生真实的学习过程能够发生并且展开。课堂以"问题的发现与提出、问题的组织与聚焦、问题的实施与解决、问题的反思与拓展"为基本线索形成学习的基本过程与课堂的一般流程。

然而在实践层面,这些课堂结构与课堂机制的形成并不是一蹴而就的。学生有一个培育的过程,教师自己也有一个成长的过程,课堂就在这个过程中不断生成。学生从一开始仅仅提出自己感兴趣的问题,到提出有探讨价值的问题,到逐步学会判断核心问题,还能够提出一系列的问题,再到能够为核心问题的解决自构问题系统,为解决问题设计学习任务,乃至为完成任务设计学习步骤,这是学生围绕着问题化学习实现自主学习的进阶路径。

15年来基于学习方式的变革经历了三阶段演进:"变教师设问启发学生思考为让学生自己提出问题"——"让学习主动发生";"变教师组织问题推进为培养学生自主建构问题系统"——"让学习深度发生";"变教师追问为培养学生相互追问,自我追问"——"让学习持续发生"。

15年来基于问题化学习的课堂实施经历了三阶段推进:2004年基础型分科课程先行,突破了高考考试科目课堂学习方式的转变;2012年开始进行"基于单元学材的问题化学习"课堂实施,突破了单课时实施在课堂结构、教学时间、教学流程上的桎梏;2015年开始利用问题系统连接三类课程的教学实施,探索在课程视野下基于问题化学习的分科课程、综合课程、跨学科项目的整体实施与课堂转型。

所以说学生提问、学生追问、学生建构问题系统,解构了传统以"教"为中心的课堂,而三位一体产生有效学习问题,核心问题的聚焦与解决、问题系统的形成与优化,以及合作解决问题,又建构了以"学"为中心的课堂新结构,从而促使孩子们的学习主动发生、深度发生、持续发生。

实施问题化学习课堂的八条建议

一、真正地做到以学生的问题为起点,让学生的问题推着课堂往前走,教师推着学生往前走。二、通过引导聚焦核心问题的解决,确保课堂有大空间的核心问题,核心问题体现学生的真实疑难与学科的核心素养,所以要逐步培养学生聚焦核心问题的能力。三、设计合适的学习活动有效解决问题,把传统课堂中教师主导的问题解决转化为学生自主合作解决问题。四、通过师生、生生互动追问深化问题的解决,培养学生通过追问破解核心问题,寻找学习路径,并在解决问题的过程中丰富学习经历与体验,发展学科思维与元认知。五、问题系统的建构体现学科学习的逻辑与思维,培育学生自主建构问题系统促进深度学习。六、通过协同分享使成果增值。七、在课程视野下实践问题化学习的课堂,从课时走向单元,从学科走向育人,从课堂走向全时域学习。八、通过合作支持问题化学习的全过程,建立合作学习的课堂生态与学习共同体的文化。

对于问题化学习的研究与实践,我们既要有进入各门学科教学课堂实践的务实态度,也要有超越具体学科教学的理论视野;既要有进入课堂进行变革的实践勇气,又不局限于课堂教学的研究视域。对于问题化学习研究团队而言,这只是一个开始,任重而道远。

王天蓉

于 2018 年 6 月

前　言

基于问题化学习17年的研究与实践基础,我们越来越认为"学会追问"是成长为问题化学习者的必由之路。追问不仅是学习的深化,也是哲学的启蒙;不仅是科学的探索,也是自身的反省;不仅是对世界的发现,也是与自我的对话。

记得2017年问题化学习教育年会上,我的汇报主题是"追问是可以培养的"。为什么会有这样一个主题?这是因为我们的课堂在实践了很多年后遇到了瓶颈,而且一直突破不了。大家对问题化学习课堂的理解就是一开始由学生提出自己的问题,到问题解决的时候,也就是课堂的后半部分,又成为老师主导的课堂了。但是如果课堂只有起初的学生提问,没有过程中的学生追问,其实还不是问题化学习。问题化学习中的提问,是个相对概念。很多时候第二次的提问(追问),就是为了解决第一个问题而进行的再次提问。有的老师意识到了这个问题,但是他对学生的追问没有培养,或者说自己也不那么会追问。

于是,在2018年问题化学习暑期教师研修中,围绕"追问是可以培养的",我们的研究团队进行了头脑风暴,各学科各学段都来探讨如何引导学生追问。那次的活动我和大家探讨"追问之研究"在问题化学习发展过程中的实践缘起与学理基础,梳理了问题化学习的三个发展阶段,那就是怎么变"教师的问"为"学生的问",怎么变"教师推进问题系统"为"学生自建问题系统",怎么变"教师追问"为"学生追问",从而厘清"学生持续追问"在整个问题化学习发展脉络中的历史地位与关键价值。

所以我们需要充分认识到真正的问题化学习是贯穿整个学习过程的,或者说为了解决这个大问题,老师需要站在学生的立场去真切地体会,甚至重温学生的思考过程,然后引导学生不断地自我追问、相互追问,最终解决这个大问题,并把问题的解决不断推向深入。然而学生的追问是需要培养的,是需要引导的。

那么,追问可以培养吗?经过实践,答案是肯定的。追问作为问题化学习的关键要素，不仅是发展学科核心素养的基本方式，也是学生发现学习路径、实现自我教育的有效途径。本书不仅探讨追问的学习意义，揭示追问发生的心理机制，还根据问题化学习核心团队的最新研究成果，为读者提供了 15 种追问视角以及 13 种问题系统建构的方式，以对标学科核心素养的实践路径，让学生掌握追问的具体策略。

本书共分两大部分：第一部分"追问学习概论"共六章，具体包括第一章"追问导论"、第二章"追问的类型与视角"、第三章"追问建构问题系统"、第四章"孵育学生追问"、第五章"追问的学习生态"、第六章"追问的学习评价"；第二部分"学科课堂实践"共五章，具体呈现语文、数学、科学、历史、地理、艺术等学科领域的课堂实践，每一章具体分为"追问与学科核心素养培育"、"工坊研修"和"课例推介"，为读者提供引导学生学会追问的学科视角、问题类型、课堂实施策略以及典型课例。因此，本书也是在学科核心素养背景下中小学教师进行学科教学实践，寻找课堂改革突破，实现自我提升的专业用书。

《学会追问》书稿撰写分工如下：王天蓉、顾稚冶、王达老师负责第一部分的撰写，其中，王天蓉老师撰写了第一章、第二章、第三章、第六章，王达老师撰写了第四章，顾稚冶老师撰写了第五章。第二部分中，成根娣、杨旭红、刘吉朋老师撰写了第七章，张小刚、顾峻崎、高振严老师撰写了第八章，陈玉华老师撰写了第九章的主要内容，蓝文仙、缪同梅老师撰写了第十章，顾稚冶、陈岩老师撰写了第十一章。最后，王天蓉、顾稚冶、王达老师就大家完成的书稿进行了审读、修改与完善，顾稚冶老师对最后的文稿进行了文字与图表勘误。在这里，要特别感谢长宁教育学院赵传义老师，在与我共同修订第八章时付出了巨大的心力与无私的帮助，以使老师们的实践智慧得以更好地呈现。

此外，我们还要感谢周斌、王金玲老师参与了第九章部分内容的撰写，郭玉老师参与了第十章部分内容的撰写，他们都为学科学习的实践提供了案例。也要感谢沈依菲、严维莉、朱忠伟、高伟伟、沈志昊、王玉娟、陈中阳、顾毓敏、吴思颖、高丽等老师，他们同样为各学科课堂的实践提供了精彩案例。特别感谢华东师范大学出版社教育心理分社社长彭呈军与编辑孙娟，从策划 2015 年入选《中国教育报》

教师喜爱的100本书的《问题化学习：教师行动手册(第二版)》开始，相继为我们研究团队出版问题化学习研究的系列丛书作了宝贵指导、精心设计与细心勘误。我们还要感谢问题化学习研究团队所有的成员，是你们矢志不渝的共同探索与实践创新才使团队的研究走向一个新的历史阶段。

  学习的本质，就是发生改变。如果没有发生改变，学习并没有发生。追问的本质，就是重新思考，"再一次探寻"。在追问中我们持续探索、学会审辨，进行反思，实现自身的修炼与提升。

王天蓉

2020年1月12日于上海

第一部分
追问学习概论

第一章 追问导论

第一节 问题化学习之沿革

一、问题化学习的探索之路

1. 什么是问题化学习

问题化学习与一般意义上"基于问题的学习"的区别是,它是广义的问题解决,最显著的特征是通过系列的问题来引发持续性学习行为的活动,它要求学习活动以学习者对问题的自主发现与提出为开端,用有层次、结构化、可扩展、可持续的问题系统贯穿学习过程和整合各种知识,通过系列问题的解决,实现知识的整体建构、学习的有效迁移与能力的逐步形成。

问题化学习课堂实施的首要原理是"以学生的问题为起点,以学科的问题为基础,以教师的问题为引导","三位一体"产生有效学习问题。问题化学习的核心特征是一种"基于问题系统优化的学习",学生在老师与同伴的帮助下持续提出问题,自主建构问题系统,在问题系统化、系统图式化、图式可视化中建构知识体系,寻找学习路径,发展学科思维。这两条构成了课堂实施的逻辑起点。

2. 问题化学习的实践演进

2003年以来,问题化学习的课堂探索基于学习方式的变革经历了三阶段的演进:

第一阶段:"变教师设问启发学生思考为让学生自己提出问题",解决"学习主动发生"的问题。区别于碎片化问答,我们讲求将问题系统化,系统化组织问题,从而使知识结构化。实践表明实验学校学业测评绿色指标显著提升,其中学生学习动机指数提升最为显著。

第二阶段:"变教师组织问题推进为培养学生自主建构问题系统",解决"学习深度发生"的问题。实验数据表明学生思维广度与深度有显著提升。

第三阶段:"变教师追问为培养学生相互追问、自我追问",解决"学习持续发生"的问题。学生在追问中深度建构问题系统,进而发现学习路径、精致认知结构、发展学科思维,从而实现动机系统、元认知系统、认知系统的综合发展。

3. 中国特色的研究之路

问题化学习具有中国特色,与通常的质疑学习及 PBL 模式(Problem based learning,基于项目/问题的学习)不同,问题化学习贯穿于各种学习活动,是人认识世界与认识自己的基本方式,具有较大的包容性。PBL 模式是结构不良的真实性问题解决,基本学习方式对应国内的研究性学习,较难兼顾学科知识体系的建构,在一定程度上会遭遇知识碎片化风险。问题化学习是一种"基于问题系统优化的学习",学习者提出问题后在老师与同伴的帮助下自主建构问题系统,寻找学习路径、发展学科思维。

问题化学习 17 年的研究形成了具有创新价值的两条中国经验,即强调核心问题和问题系统在学习者知识建构与问题解决中的双重意义;突破了 PBL 模式在基础型学科课程中的实施难题,构建了具有鲜明中国特色的新的学习方式。

课堂实施的"首要原理",强调了"学生问题为起点的主体意义与动机价值",加之"以学科的问题为基础,以教师的问题为引导"的三位统筹思考,在操作层面基于问题较好地解决了学生、教师与学科之间关系。

二、问题化学习的原理与方式

1. 问题化学习的结构模型

如图 1.1 所示,在问题化学习的过程中,面对任务情境,学习者自主发现并提出问题,问题井喷后初步构建问题系统,厘清并聚焦核心问题,破解核心问题的过程中需要持续探索与追问,追问可再形成特定的问题系统,最终解决问题。提问、追问及问题系统建构的过程,是学习者知识体系建构、经验获得及智慧生成的过程,同时实现学习的主动发生、持续发生与深度发生。问题化学习的另一个维度是互动维度,即学习者基于问题同事物(客观世界、教材),同他人(朋友、教师),以及同自身对话的过程。

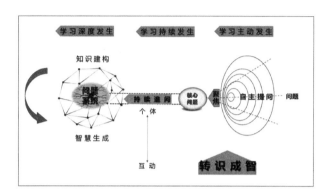

图 1.1　问题化学习的结构模型

在问题化学习的过程中,学习者提问、追问、问题系统的建构不仅是知识建构的过程,同时也是动机系统激发、元认知系统发展以及认知系统优化尤其是思维发展的过程。在这样的机制下,实现"转识成智"的心理过程,变简单的知识获得为智慧养成、智慧生成的过程,从认识客观世界之意义的"认知性实践",走向融通建构伙伴关系的"社会性实践"与探索自身模式的"伦理性实践"。

2. 自主提出问题

对于问题化学习而言,学习的开端始于学生自主发现并提出问题,如若学生在学习中没有提出自己的问题,我们认为真正的学习并没有发生,至少没有主动发生。学生"自主提出问题"是问题化学习的起点,也是问题化学习的出发机制。

纵观人类社会,无论是思想的发展史,社会的进步史,还是科学的发现史,技术的革新史,都是在不断地发现新问题中解决问题,又在解决问题中发现新的问题;而每一个独立的个体,都是在不断地自我追问中追寻自己的精神家园。只是在现代知识的海洋中,我们似乎迷失了自己。让我们回归对问题的探求,并在这个过程中找回应有的智慧,这或许才是学习的本义。所以说,问题化学习是对学习本源的回归。

但是,在实际的课堂中回归学习本源并不是一件容易的事情。老师们常常觉得:到最后都是解决问题,这个问题为什么不可以由老师直接来提出呢?费了半天工夫让学生发现并提出,最终还是回归或引导到课程需要解决的问题上,何必又绕这么大的一个圈子?换而言之,同样都是解决问题,解决学生自己提出的问题,与解决老师提出的问题,究竟有何不同?

用孩子们的话说:"上课就是老师提问,我们回答问题,我们回答不出,老师就自问自答。"当这样的一种由教师主动并持续发起的课堂变成是一种常态的话,求学的本质就发生了变化。于是当我们鼓励孩子们自己提问时,孩子们却质疑:"如果课堂里都是由我们提出问题,那要老师做什么呢?"长期被动地学习导致孩子们最终被老师"拽"着、"拉"着、"拖"着甚至"求"着学,却忘记了求学之本质是孩子们到学校探求学问。

伽达默尔曾说,我们可以将每一个陈述都当作是对某个问题的反应或回答,而要理解这个陈述,唯一的办法就是抓住这个陈述所要回答的那个问题。因此,问题以及问题解决的过程远比答案更重要。要使学习更具有个人的意义,就让他们从自己的问题开始吧。因为"科学和知识的增长永远始于问题,终于问题——愈来愈深化的问题,愈来愈能启发新问题的问题"。(波普尔)

如何"自主提出问题",具体来说包括学生乐于提出自己的问题、能够提出有价值的问题、能够清晰地表达问题,以及理解倾听他人问题。

乐于提出自己的问题:首先面对情境、现象或描述,乐于提出自己感兴趣或不理解的问题,与他人分享;接着敢于说出自己真实的困惑与兴趣,并知道自己的问题与特定领域的学科问题之间的联系;进而能够明确自己的困惑,提出自己的问题,学会判断不同问题的重要性。

能够提出有价值的问题:首先能在帮助与指导下提出与特定领域知识、学科或主题有关的问题;接着能够主动思考,提出体现该领域学科视角的问题以及有探讨价值的问题；进而能够基于学科思维，提出有核心价值的问题。

能够清晰地表达问题：首先能将自己的问题表达完整，让他人明白；接着能清晰地表达自己的问题，学习将自己的问题与他人的问题整合归纳，表达出更合理的问题；进而能够说清楚不同的问题以及它们相互之间的关系。

理解倾听他人问题：首先注意倾听老师与同伴的问题，能听清楚他人的问题，并指出问题中的关键信息或用自己的话重新表达他人的问题；接着养成边听边想的习惯，能及时补充与完善他人的问题；进而及时记录与分析他人的问题，能归纳与整理他人的问题。

3. 聚焦核心问题

问题化学习课堂实施的首要原理是"三位一体"产生有效的学习问题[1]，即"以学生的问题为起点，以学科的问题为基础，以教师的问题为引导"。其一，强调了以学生的问题为起点的主体意义与动机价值；其二，加之"以学科的问题为基础，以教师的问题为引导"的三位统筹思考，在操作层面基于问题较好地解决了学生、教师与学科之间关系。

"核心问题"[2]是指在学科基本问题的观照下，依据学科在本课时的重点问题，在充分考虑学生的起点问题（生活经验、知识基础与认知冲突、学习动机与兴趣点）后，产生的课堂的统领性问题，它是最能集中体现"学生疑难为起点，以学科问题为基础，教学意图为导向"的"三位一体"的设计取向。在问题化学习的起步阶段可以由教师课前预设，在课上抛出。到了发展或成熟阶段则可以通过学生的筛选或思考得出。

此外，学生的起点问题不仅仅是任务之初的问题，也包括了在学习过程中产生的新问题，这可以作为新的学习起点；其二，核心问题的聚焦即是"三位一体"中的"体"；其三，问题化学习"三位一体"原理体现学生、教师、教材（文本的作者、故事中的角色、历史人物、历史学家、自然定律的科学发现者）之间基于核心问题不

---

[1] 王天蓉,徐谊.有效学习设计：问题化、图式化、信息化[M].北京：教育科学出版社,2010：68.
[2] 王天蓉,徐谊.有效学习设计：问题化、图式化、信息化[M].北京：教育科学出版社,2010：81.

断发现与交融解决的对话过程。

当以"教"为中心的课堂被学生的问题撬动之后,"三位一体"聚焦核心问题是避免课堂走向"学生中心"的风险,重新回归到有效的学习中来。凸显以学生的问题为起点,兼顾以学科的问题为基础、教师的问题为引导的"三位一体"原理在坚守"学习中心"的基本理念时,也使课堂不致于陷入"学生中心"的危险。

衡量核心问题是否有效要考虑的基本方面:

(1) 问题的解决对达成主要教学目标起决定作用;

(2) 问题基于学习者的原有认知基础,能引起学生的认知冲突,保留适度挑战;

(3) 问题有一定的探究空间、思维含量与开放度;

(4) 问题统领课堂的主线索,能够解决学科基本问题的关键性问题。

"聚焦核心问题"对于学生而言,需要逐步培养其学会判断核心问题,首先能在他人引导或指导下感知核心问题与聚焦的过程;接着能在伙伴合作中学会判断并聚焦核心问题以及初步学会归纳问题(把很多小问题归纳成一个大问题);进而学会独立判断并聚焦核心问题。

4. 持续探索追问

持续探索追问是在问题化学习的过程中,针对已有问题,或初步解决的问题的答案、结论、解决方案再一次进行追究探讨。如果说提问是问题解决之初的问题,是初始问题,学习由此主动发生,那追问则是问题解决过程中或之后进一步提出的后继问题,学习由此深度并持续发生。

追问伴随着问题化学习的全过程。其中通过追问厘清问题,通过追问聚焦核心问题,通过追问分解核心问题,通过追问持续深化问题,通过追问反思问题解决,通过追问拓展问题视域。因此,追问是构成问题化学习过程的基本元素。

学生追问的能力进阶包括追问出一个问题,而且学会从不同视角进行追问,以及持续、深度地追问。从能力维度看,首先可能包括了独立与互动的维度,也就是教师引导下的追问还是独立自主有意识的追问,是在学习共同体中的相互追问还是关注自我反省与内在精神对话的自我追问。其次是关键性维度,包括能否通过追问厘清、聚焦核心问题,即抓住牛鼻往前走,也包括通过追问分解核心问题,明确路径与解决问题的先后顺序,即庖丁解牛破难题。最后是创新性维度,通过追问之后,寻找到一条不一样的路径,不拘一格辟蹊径,创新了原有的思考方式,也包括通过追问之后,打开了一个新的局面,柳暗花明又一村,离开了原有的思考框架。

5. 建构问题系统

问题化学习是一种通过系列问题的推动来实现持续性学习的活动。对于学习来说,其中一个重要的假设前提就是学生通过系列问题的解决,掌握知识、获得智慧。因此,对于"系列问题"(更准确地说是问题系统)的研究与思考本身也成为问题化学习的重点内容之一。[①]

问题化学习不仅强调在学习的过程中以学生对问题的自主发现与提出为开端,同时通过问题解决过程中学习者持续地探索与追问,形成特定的问题系统。这一追问及问题系统建构的过程,就是学习者学习经验及智慧生成的过程。

问题系统是指在一个整体中具有内在关系的诸多问题所构成的问题集合。问题系统具有整体性、层次性和从属性,其表现形态可有问题集、问题链或问题网。组成问题系统的两个基本依据是知识的内在联系与学生的认知规律。知识的内在联系在具体的学科课程中,通常是指一门学科的概念、原理和规律具有内在联系,这种内在的本质联系构成了这门学科的知识结构。学生的认知规律,则包括符合学生当前年龄特点的认知规律,也包括特定学科学习的基本规律。

学生学习中的问题不应该孤立存在,任何一个问题都可能(也应该)存在于一个问题系统中,这个问题系统应该是一个有机的整体,问题与问题间相互联系,相互作用。作为教师,既需要考虑要素问题,即知识维度上对内容信息的问题化、要素化,又要考虑问题间的关联,即认知维度上的系统化、结构化,从而让学生问题的解答产生"各要素在孤立状态下所没有的新质",也就是亚里士多德所说的"整

[①] 王天蓉,徐谊. 有效学习设计:问题化、图式化、信息化[M]. 北京:教育科学出版社,2010:47—48.

体大于部分之和"。所以,问题系统是一种建立在科学分析基础上的、简约凝练了的、在一个系统内问题与问题之间是有内在联系的学习问题集合,并且这种集合不是体现为问题的静态罗列,而表现为动态的、内在逻辑化的问题联结。我们认为以系统的概念来替代集合的概念体现问题化学习的本质特征。①

◆ 问题系统化:问题化学习是一种基于问题系统优化的学习,通过致力于建构一个问题系统来优化学生的知识结构与认知过程。

◆ 系统图式化:无论图式的获得是自动的还是策略的,都要通过教学使图式或心理模型更精致化、结构化。只有当学生头脑中有关问题或问题系统的图式更精致化时,才能提高他们在问题解决时进行类型识别的准确度,从而轻松自如地解决问题。

◆ 图式可视化:图式的获得与完善则是借助于可视化的认知工具——思维导图的教学应用,这也是促进图式获得、图式归纳与图式建构的有效认知工具。大量的学与教表明,广泛采用 Inspiration,Mind Map 等思维导图工具进行教学实践,有助于学生迅速表征对问题的理解,促进图式归纳与获得,从而有效解决问题,提高学科学习与教学的效能。

学生学会建构问题系统,首先能将问题与问题之间形成逻辑关系,并理解问题系统代表的学习路径;接着在自建或合作建构的过程中,学会从多个维度建构问题系统,并能理解不同问题系统所代表的学习路径;同时能够完善问题系统,或对他人的问题系统提出自己的见解,并对比自己的问题系统解释不一样的学习路径;进而能够结合不一样的问题系统,整合和完善问题系统。

6. 合作解决问题

学习是对话与修炼的过程,是学习者在问题的求索中发现世界、认识自己、实现交往。合作不仅是相互学习,共同解决问题,也是实现相互分享、欣赏与彼此交融的过程。

在问题化学习的过程中,合作发现问题是指合作的学习环境能够让学生更安

---

① 王天蓉,徐宜,冯吉,等.问题化学习:教师行动手册(第二版)[M].上海:华东师范大学出版社,2015.

全地表达自己的问题,并在交流中澄清问题,在互学中生成新的问题。合作聚焦问题是指"以学生的问题为起点,以学科的问题为基础,以教师的问题为引导"三位一体聚焦课堂核心问题,合作的价值就是共同来判断最重要的问题,并在这个过程中学习他人不同的视角。合作解决问题是指针对任务成员相互依赖、各司其职共同解决问题。合作分享成果就是通过互动分享使信息增值、知识增值,使智慧生长、生命成长。

  学生的问题解决力包括独立解决问题的能力,即学会独立运用领域或学科路径解决问题。也包括合作解决问题的能力,首先能够在组长的带领下参与解决问题,认真倾听同伴发言,提出自己的想法,并按照任务分工完成自己的任务。接着能够对小组解决问题有贡献,倾听同伴发言并积极补充,能够提出自己的想法并接纳整合他人观点,按照任务分工与同伴协同完成任务。进而能引导同伴解决问题,组织伙伴有步骤地讨论与解决问题,并通过追问启发的方式帮助组内其他伙伴解决问题。还能够学会交流与汇报,首先能够在教师的引导下按照汇报要求与流程完整表达自己的想法,或基于任务单提示进行交流与汇报,清晰地表达自己的想法。接着能够按照任务单提示参与小组的集体汇报,完成自己的汇报任务,能够接纳整合同伴的意见后发表自己的想法。进而能代表小组,并归纳小组同学的意见进行汇报,或能够整合其他小组的意见进行再交流。

三、追问在问题化学习中的意义

  只有提问,没有追问,还不是问题化学习。多次的主动探寻与查问就构成了追问,也形成了解决大问题的路径,建构了具有内在联系的问题系统。(如图 1.2 所示)

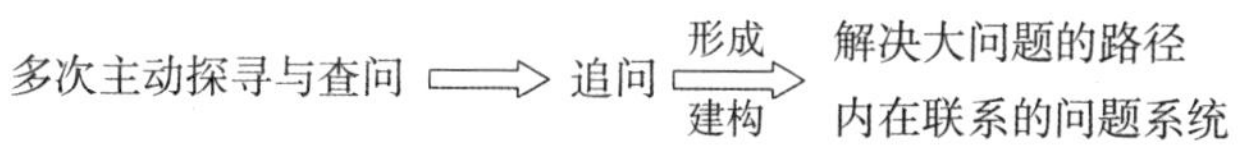

多次主动探寻与查问 ⟹ 追问 —形成→ 解决大问题的路径
           —建构→ 内在联系的问题系统

图 1.2 追问在问题化学习中的意义

追问凸显了问题化学习的一个特质,小问题的提出化解大问题的难点,新问题的提出深化老问题的解决,问题化学习就是在这样一个不断推演的过程中得以持续、延展与深入。追问是大问题解决过程中的解构与建构过程,解构是对大问题的分析与破解,建构是追问形成的问题系统从而寻找大问题解决的路径。

追问贯穿于问题化学习的全过程,是构成问题化学习整个矛盾运动的基本学习活动,也使得问题与问题之间实现了认知性的连接,追问的过程也是学生深度建构问题系统的过程。

第二节 追问的内涵与意义

一、追问与提问

1. 什么是追问

何为追问?追问就是追根究底地查问,多次地问。意指针对之前已有问题,以及问题的答案、结论或解决方案再一次进行追究探讨。

追问不仅是学习的深化,也是哲学的启蒙,追问是哲学的一种运思方式。世界上所有的学问,都是从"追问"开始的。人类文明的进程,就是由一系列的追问及对其种种解答所构成。哲学的追问是一种寻根究底的问,哲学追问"问题中的问题",追问最古老、最原初的问题,也是最深刻、最普遍的问题。科学追问"存在者",哲学追问"存在"本身。哲学在追问途中不断反思人和自然、人和社会、人和自身的关系,通过追问向所有思考人类前途和命运的头脑发出呼唤。[①]

追问不仅是哲学的运思方式,追问也是科学的探究求索、人文的感悟自省、艺

---

① 王勇.论哲学的追问精神[J].法制与社会,2012(14).

术的审美对话。佐藤学认为,学习是对话与修炼的过程,是同事物(客观世界、教材)的对话,同他人(朋友、教师)的对话,同自身的对话。这是一种文化的、社会的、伦理的实践。通过这三种对话的实践我们能够建构知识和经验的意义,建构人际关系,形成自身的内心世界的意志、思考与情感。佐藤学就是这样把"学习"视为三种状态来认识的——建构客观世界之意义的"认知性实践",建构伙伴关系的"社会性实践",探索自身模式的"伦理性实践",并倡导学习的"三位一体论"。人与自然的对话,人与社会的对话,人与自我的对话,都可以基于追问实现更有效的对话。

图1.3 追问实现三种对话

从个体的视角,人对世界的探索包括向外学习与向内学习。向外的学习是一个对外部世界的发现与探索之旅,向内的学习是个体对精神世界的自我觉醒,在自我追问中寻找自己的精神家园。孔子说:"学而时习之,不亦乐乎。"这里的"学"、"习",应该主要指向外的寻求。但在《论语》中,我们还看到曾子曾经说过"吾日三省吾身",这里的"三省吾身",说的就是向内的反省,检讨自己在品德与修养方面存在的不足之处。因此"学习"的内涵,可以理解为知识上的向外寻求与灵魂上的向内反省,既有助于个人领悟到更深刻的真理,又有助于个人人格的完善。因此,向外的寻求,可以通过追问探索自然与社会,了解外部世界的构造,揭示事物之间的关系。而向内的反省,则可以通过自我追问来思考人生的价值与意义,与自己的灵魂进行对话。

总而言之，追问不仅是一种意识，也是一种习惯，更是一种生成智慧的能力，是一种探究、求索、对话、自省的方式。追问还是一种人生的状态，人总是在不断地自我追问中，寻找自己的精神家园。

追问具有再构性，就是"重新思考"。

追问具有回溯性，就是"追根究底"，向上追溯、向前推导。

追问具有推进性，就是"进一步思考"。

追问具有持续性，就是"接二连三"地问，"一而再、再而三、三而不竭"。

2. 追问与提问的区别与联系

提问是问题解决之初的问题，是初始问题，学习由此主动发生。追问是问题解决过程中或之后进一步提出的后继问题，学习由此深度并持续发生。

提问具有定向的功能、组织的功能、激发的功能。追问是一种深究，这种深究表现为追根溯源、持续探索及深刻反思等。

提问与追问都是一种主动思考的外显行为，如果说提问可能会关乎知识内容本身（当然也会关乎学习思维），那么追问更多时候是指向思维的，思维包含了学科思维以及解决问题的一般性思维。学科思维很多时候关乎学科核心素养，就如数学建模、科学探究、史料实证，它通常涉及学科特定的学习思考方法。解决问题的一般性思维涉及元认知系统，对于终身学习具有很大意义，它与学科思维一起发生作用从而优化知识结构，精致认知结构，提升思维能力与品质。

3. 追问与问题化学习

追问贯穿于问题化学习的全过程，其中通过追问厘清问题，通过追问聚焦核心问题，通过追问分解核心问题，通过追问持续深化问题，通过追问反思问题解决，通过追问拓展问题视域。追问推动学习的进程，问题化学习就是在这样一个不断推演的过程中得以持续、延展与深入。

二、追问的主体

教师引导提问与学生自主提问是两种不同的心理状态,同样教师引导追问与学生自发追问也是两种不同的心理状态。教师有效的引导当然能够让学生投入到思考中去,但从长远的目标来看,还需要让学生自己成为发动机,成为终身学习者,这就需要将教师的追问转化为学生相互之间的追问与自我追问。

很多同行问:"在课堂里老师做到有效追问都很困难了,现在你们要培养学生自主追问,是不是太超越了?"但是实践告诉我们,孩子的追问是可以培养的,不仅可以培养,还可以让孩子获得丰富的发展。

1. 学生追问学生

那么,如何"变教师追问为培养学生相互追问,自我追问"。具体会涉及到几种情况:一是学生追问学生。学生追问学生更多的是对原有问题的答案、结论或解决方案存疑时,对提出问题者进行的追问,也或者是在合作互助的过程中"通过追问让对方认识到自己的问题",其主要的学习意义在于持续探究与相互启发。

2. 学生自我追问

二是学生追问自己。学生追问自己的问题,例如:"我是怎样发现这个问题的?我的计划是否明确?我接下来做什么?我怎样做更好?对于这个任务,完成目标需要哪些条件?反思一下自己解决这个问题的过程、方法与步骤,与别人相比较,觉得是否合理,有没有需要完善的地方?"学生追问自己的意义更多是学习的自我反思、监控与调节,涉及元认知系统与自我系统。

3. 学生追问教师

三是学生追问教师。有时候是进一步的追究与请教,有时候是质疑。无论是请教还是质疑,学生追问教师意味着其认知水平通常达到较高的水平。

4. 教师追问学生

四是教师追问学生,在这个过程中,我们从来都不排斥教师作为最有引领力的追问者角色。教师作为优秀的问题化学习者，作为追问者的价值一方面是通过追问把孩子的学习与思考推向深度，另一方面还在于"孵"出学生的追问。

此外，由于互动追问的组织方式发生变化，其中包括个体对个体追问——个别学生对个别学生、学生对自己，也包括个体对群体追问——个别学生对小组追问，个别学生对班级追问，还包括群体对群体追问——小组对小组追问等，这些多元的组织方式带来的丰富互动，相较于传统课堂师生问答的交往方式，已有质的区别。

三、追问的维度

追问什么？追问与提问的差异就在于追问是对于前一个问题以及问题的答案、结论或解决方案再一次进行追究探讨。

1. 追问问题与结论

在问题化学习中，追问发生于对前一个问题的再探究，其中一种是针对某个具体问题的追问，如原有问题是："冬夜的灯光在文中出现了几次？"追问："这几次表达都一样吗？不同的表达作者想要说明什么？"另一种是对核心问题进行追问，如核心问题："为什么说小小的天窗是唯一的慰藉？"围绕这个问题，孩子们可能会追问："为什么是小小的天窗？""为什么天窗是唯一的慰藉？""慰藉是指什么意思？"在这个过程中逐步分解问题，从而寻找到解决核心问题的切入口与通道。还有一种对问题解决的答案、结论进行追问，比如"慰藉"通常是指在心灵上获得安慰与抚慰，可对此解释进一步追问："那慰藉在文中又具体指什么呢？作者通过天窗获得了怎样的慰藉呢？"

2. 追问过程与方法

也可以对问题解决的过程与方法进行追问，如原来通过文献研究获得初步结论"夏朝是中国的第一个王朝"，于是追问："这些文献资料是否可靠？单一资料证史的方法科学吗？""《全球通史》认为商朝是中国的第一个王朝，为什么同一段历史有不同的解释？如何处理不同史料？你如何作出准确的判断？"通过追问进行搜集、判断、比对、推论,以及寻找多重证据等,而这些都是进行史料实证的基本过程与方法。

3. 追问意义与价值

浙江省高新实验学校郑金平老师在《杨修之死》一课中提到,有学生关注:"杨修死后有什么价值?"老师认为,当大部分读者在关注"杨修为何而死?杨修是怎么死的?"时,有人追问:"即便杨修死了,是否也有价值?杨修之死有何价值?"追问的内涵与意义就给了我们更宽的视角。因为追问不仅指向问题所涉及的内容与结论,也可以指向过程与方法,还可以直指意义与价值。

此外,对于学习本身,我们也可以引导学生有意识地追问自己学什么,怎么学,学了以后怎么样。前者是对于学习内容的思考,中间是对于学习过程与方法的反思,后者是对于学习价值的判断。

四、追问的学习意义

追问发展了学生什么?追问的价值在于通过持续的探究使动机系统、元认知系统与认知系统得到发展。

1. 追问与动机系统发展

动机是由一种目标或对象所引导、激发和维持的个体活动的内在心理过程或内部动力。

动机系统包含了"有没有兴趣"即学习者的情绪状态,"重不重要"即学习者对学习任务的重要性核查,"有没有信心"即学习者对完成此项任务的自我效能感,由此产生综合动机指数。

追问为何自动启动了动机系统?首先,学习者的追问体现了一种持续探索的精神;其次,学习者的追问也展现了一种自信与胜任力;最后,学习者的追问与求索过程体现了自主发展的需求。所以,一个追问者是一个乐学者。

2. 追问与元认知系统发展

元认知系统被研究者和理论家描述为负责监控、评价和规范所有类型思维的运作,有时将这些功能简单地归结为负责执行控制。

元认知系统具有四种功能:目标设定、过程监控、清晰度监控、准确度监控。如果说动机系统确定人是否投入意向活动,那元认知系统则用来建立该活动的目标,并对整个任务执行的过程及有效性进行监控。

追问为何自动启动了元认知系统?首先,当学习者锁定了一种事物并对其进行深究,就锚定了再度学习的目标;其次,持续追问既是一种认知的过程监控,也让学习者发现了学习路径。所以,一个追问者是一个会学者。

3. 追问与认知系统发展

认知系统通常包含了识记、理解、分析、应用、评价与创造的心理过程。

人们比较容易理解追问本身就是一个认知过程。但追问对于认知系统的价值主要体现在:一是追问的过程就是经历问题解决的过程,二是追问在内化知识的过程也是在精致学习者的认知结构,同时发展学科思维。所以,一个追问者是一个善学者。

五、追问的教学意义

学生自主提出问题与持续追问撬动了以"教"为中心的课堂,学的方式、学的动力、学的能力的综合变化引发师生关系、课堂结构、教学流程、课堂生态等一系列深刻转型。

1. 学生自主追问改变师生关系

《礼记·学记》:"是故学然后知不足,教然后知困。知不足,然后能自反也;知困,然后能自强也。故曰:教学相长也。""教学相长"原意是就教师自身的教与学而言的,后引申为师生之间相互促进:一方面教师的引导使学生得到发展;另一方面学生提出问题和要求,又促使教师继续学习,不断进步。

学生自主追问,可以改变传统课堂中较为单向的教师传授方式,学生的追问可以是向老师请教、询问,也可以是质疑、探讨,从而体现更民主的师生关系。

2. 学生持续追问改变教学流程

通常课堂总以教师预设的线性路径展开教学,如果课堂可以让学生展开持续追问,那么学生持续追问形成的学习过程重建了课堂结构。一方面学生在自主学习中的自我追问、自建问题系统带来学习路径个性化,课堂很难按照原先预设的路径按部就班地进行下去。另一方面个性化的学习路径引发教学支持的全面调整,需要教师在一定程度上放弃原先预设的程序,更多提供丰富的学习资源、必要的学习支架,以及开放研讨的方式从而使更多的学习者获得尽可能充分的学习机会。

3. 学生互动追问改变课堂生态

学生在合作学习中追问改变了课堂师生的互动方式,课堂生态发生了变化。

课堂教学是认知过程与集体过程的交织,课堂的基础是集体逻辑。一个学习共同体解决问题,可以观察生生互动追问的课堂如何传播信息,如何加工知识,问题得到几次解决后从而获得学习经验。合作中的讨论追问、对话互学过程将学习对象进行深度加工,从而丰富学习经历与过程,更好地促进知识内化、能力形成与性格养成。孩子们经历独立思考,伙伴互问,以及班级共学,学习视角可以得到多次拓展,体验可以得到多次提升,整个班级会增加很多学习的经历。

首先,追问深化问题解决,合作的价值将教师的追问转化为学生相互之间的追问。其次,追问的价值就是促进"合作讨论"从"互说"、"互教"走向基于倾听的"互问"、"互学"过程,因为后者要追问,必然先要倾听对方在说什么。

课堂互动的三个主体是"老师"、"同伴"和"自己"。如果我们改变单一的教师追问主体,增强生生互动追问,就可以重建课堂的生态,从以"教"为中心的课堂走向"学习共同体"。只有教师追问与师生互动的课堂(图1.4),事实上还是教师主导的。从图1.5信息传播的路径就可以发现,如果是学习共同体的课堂,由于互动的方式在发生变化,更多时候是学生相互之间的互动,包括组内互动、组间互动,多元互动就形成了更为复杂的信息传播方式,知识就在这个过程中不断加工得以增值。

图 1.4 教师中心的课堂

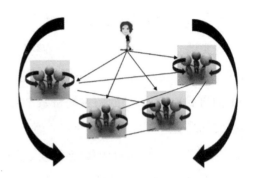
图 1.5 学习共同体的课堂

所以说教学不应是一位老师对应四十个学生的点对点路径,而是由不同的组合方式形成的学习共同体之间的互动过程。问题化学习以孩子们在学习中真实产生的问题作为学习的起点,并在一个学习共同体基于追问的自主对话与交往中,深化问题的解决,增值学习成果。生生之间的追问改变了课堂互动的方式,从而建构了新的课堂生态。

团队成员上海市宝山区实验小学张伶俐老师说,问题化学习的课堂应该犹如全班同学打一场"思想乒乓球"一般,在不断地补充、追问与探讨下,老师和学生之间,学生和学生之间形成一个复杂的信息流,知识发生"化学反应",智慧碰撞产生新的思想。

六、追问的教育意义

如果说教育的价值从根本上是学生主体精神的培育,问题化学习的意义在于让孩子获得主动探索世界的精神能量,同时也让学习者在不断地自我追问中寻找自己的精神家园。而追问的教育意义是促进孩子成为学习的自主建构者与人生的自我教育者。

1. 通过追问成为学习的自主建构者

建构什么?建构主义理论的代表人物瑞士心理学家皮亚杰,他提出了认知结构说。

通过动机系统、元认知系统建构认知结构,从而建立起思考的经验,形成、优化或发展认知图式。同时,通过追问形成的问题系统建构起知识体系。追问的价值使得这样的建构过程在学习者身上主动发生,教育的本源在于培育学习者的主体价值,这也是教育的应有之义。

2. 通过追问成为人生的自我教育者

曾子说:"吾日三省吾身,为人谋而不忠乎?与朋友交而不信乎?传不习乎?"意思就是我每天多次反省自己,追问自己:为别人办事是不是尽心竭力了呢?同朋友交往是不是做到诚实可信了呢?老师传授给我的学业是不是复习了呢?如果说教育的本源在于培育学生的主体价值,那么教育的终极意义与最高境界是学习者成为自我教育者,是学习者在追求真、善、美的过程中学会自我认识、自我监督和自我评价,通过自我追问进行自我反思、自我审辨、自我批评从而实现自我教育。

3. 通过追问思索生命成长的历程

在不同的阶段,生命追求的目标不同。儿童想要捕捉他们的世界,青年想要构建他们的身份,中年人追逐他们的生活目标,老年人探索意义及和谐。在这个过程中,我们可能会追问自己:世界是怎样的?我是谁?我要走向何方?哪里是我的目标?何处是我的归宿?……

不过,在所有的生命年龄阶段中,存在着一种持续地朝向更加自我导向和选择性的发展,一个人借此逐渐地把自己从外部束缚中解放出来。尽管有着巨大的个体生命过程的差异,贯穿于生命年龄段中的学习方向的差异,似乎突出地表现为一种从社会束缚中的逐步解放、在学习兴趣中的个体化以及学习的日益增长的个人责任感。[1] 于是,随着年龄的增长,这种追问愈加体现出一种自我判断与一种自我选择。

---

[1] (丹)克努兹·伊列雷斯.我们如何学习:全视角学习理论[M].孙玫璐,译.北京:教育科学出版社,2014:230.

第三节 追问如何发生

一、转识成智：追问的心理机制

安德森在最新修订的布鲁姆教育目标分类学中把目标分为两个维度，知识维度与认知维度（识记、理解、应用、分析、评价、创造）。按照马扎诺的教育目标二维分类学理论，其中一个维度是知识的领域，另一个维度是思维加工的水平，思维加工的水平分为认知系统、元认知系统与自我系统（也可以理解为动机系统）。

由于追问是一种持续深入的认识加工过程，同时也是一种主体行为。就如之前所述，追问既具有认知功能，也具有元认知功能与动机功能。因此，这个认识过程是学习者主动的加工过程，从而把知识内化为自己的知识，活的知识。

教育是关乎人类文化传承与智慧发展的事业。何谓智慧？华东师大已故哲学家冯契教授在他的《智慧说》中作了精辟定义：智，法用也；慧，明道也。天下智者莫出法用，天下慧根尽在道中。转识成智是佛教用语，领悟佛教"真理"就是有漏（有烦恼）的八识可转为无漏（摆脱烦恼）的八识，从而可以得到四种智慧的过程。

转识成智在问题化学习中可以理解为在学习的过程中以学生对问题的自主发现与提出为开端，同时通过问题解决过程中学习者持续地探索与追问，形成特定的问题系统。这一追问及问题系统建构的过程，就是学习者学习经验及智慧生成的过程。从这个意义上说，问题化学习就是从原来知识的接受获得，转化为让学生亲身体验"知识的生成和建构"，也就是转识成智的过程。

二、如何促进追问发生

1. 产生追问的根源

要促进学生追问发生,就要思考追问发生的根源。追问源自于惊讶,是一种强烈地想要进一步追究的心理状态,这种心理状态源自于困顿,源自于想要求证、想要厘清、需要反思等。

2. 促进追问的发生

促进追问发生的三个目标,就是"促进追问主动发生、促进追问深度发生、促进追问持续发生"。

让追问主动发生,就是学生除了在教师引导的情境中被激发,发现问题后有追问的冲动,还能够在看似平常的背后主动思考,在显而易见的背后无疑处生疑,这是追问的较高境界。

让追问深度发生,就是不只是在同一个层面上思考,而是养成进一步深入思考的习惯。深入思考的方向可以有很多,除了溯源是什么,还可以追问为什么,除了探讨怎么样,还可以思考假如以后又怎么样,等等。具体的追问类型与视角可见第二章。

让追问持续发生,就是有了初步结论之后并不轻易放下,做到一而再、再而三、三而不竭。

学生追问与教师追问不同,如果说教师的追问是一种更高层次的设问,那么学生的追问则是持续探索的真实过程。追问对学生的学习提出了更高的要求:促进学生追问发生的四项原则是关注倾听、主动参与、注重培养、加强互动。

关注倾听:追问需要学生在学习的过程中认真倾听,听清楚搞明白前一个问题的解决,才能进一步提出更深入的问题。

主动参与:追问需要学生主动参与,如果说任务驱动本质还是一种"被主动"学习的话,提问与追问是孩子主动学习心向的显性表征。

注重培养:追问是自然发生的,追问虽可以培养,但培养之后是学习者面对新情境自然而然提出新问题的过程。

加强互动：追问也体现了不同个体、不同群体之间学习良性互动与持续深化的过程，在关注互动追问的同时也需要关注学生的自我追问，自我追问更多是向内的学习，内隐的学习，元认知的启动与动机系统的激发。

在具体教学过程中，促进追问发生也可以有具体的操作策略，如联系之后就可以产生比较的问题、归纳的问题、求证的问题、引申的问题、扩展的问题、转化的问题、潜在的问题，两难之后可以有审辨的问题，移情之后可以有想象的问题，否定之后可以有辩证的问题，自省之后可以有反思的问题，追究之后可以有递进的问题、求证的问题等。

三、持续追问的发生机制

思维具有连贯性，追问是促进思维连贯的一种实现方式。持续追问具有方向性，比如探索源头的刨根问底、整体把握的系统思考、对立统一的辩证思考等。

1. 刨根问底

比喻追究底细。老舍在《老张的哲学》中提到："一辆汽车碰在一株老树上，并没伤人……谁能刨根问底的要证据。"刨根问底一种是溯源性追问，追其根源究其底细。持续追问还有一种是推进性的探索，就是对未知的世界进行探索，是往前推进。

2. 系统思考

如果说刨根问底与前行探索是一种线性的思考，那么系统思考就是整体的、立体的、动态的与综合的思维形式，由此带来的追问就是对事情全面思考，不只就事论事。是把想要达到的结果、实现该结果的过程、过程优化以及对未来的影响等一系列问题作为一个整体系统进行研究。它是指以系统论为思维基本模式的认知状态，它不同于创造思维或形象思维等本能思维形态。系统思维能极大地简化人们对事物的认知，给我们带来整体观。

3. 辩证思考

辩证思维是指以变化发展视角认识事物的思维方式，通常被认为是与逻辑思维相对立的一种思维方式。在逻辑思维中,事物一般是"非此即彼"、"非真即假",而在辩证思维中,事物可以在同一时间里"亦此亦彼"、"亦真亦假"而无碍思维活动的正常进行。正是因为世间万物之间是互相联系、互相影响的,而辩证思维正是以世间万物之间的客观联系为基础,要求观察问题和分析问题时,以动态发展的眼光来看问题。辩证思维是辩证法在思维中的反映,联系、发展的观点也是辩证思维的基本观点。对立统一规律、质量互变规律和否定之否定规律是唯物辩证法的基本规律,也是辩证思维的基本规律,即对立统一思维法、质量互变思维法和否定之否定思维法。所以说,辩证思考就是从对立统一、动态发展的角度去追问。

第二章 追问的类型与视角

第一节 问题的基本形式

在麦卡锡(Bernice McCarthy)的 4MAT 模式中,曾采用"四何"问题分类法,即"是何、为何、如何、若何"。华东师范大学祝智庭教授将"由何"问题引入归类之中,形成了"五何"分类法。麦卡锡认为,具体—行动型学习者偏好是何(what)类问题,关注概念;具体—反思型学习者偏好为何(why)类问题,关注意义;抽象—行动型学习者偏好如何(how)类问题,关注应用;抽象—反思型学习者偏好若何(if)类问题,关注创造。

如果在原来问题的基础上用"五何"问题进行追问,会另有深意。追问"是何",得其表意,索其本意。追问"为何",知其然后,究其所以然。追问"如何",懂其原理,学其应用。追问"若何",观其现状,思其变化。追问"由何",追根究底,溯其源头。

一、追问"是何"

例如,在小学数学三年级第二学期《小探究》①一课中,有这样一个教学片段:
师:这个图形的周长是多少?面积又是多少?
生1:这个图形的周长是3乘4等于12个格子,12个正方形。

---

① 执教:上海市宝山区第一中心小学,王蔚。

生2追问:周长指的是什么?(追问"是何")

生1:周长是图形一周的长度。

师:那它的周长究竟是多少?

生1:是"3+3+4+4=14"根小棒的长度之和。

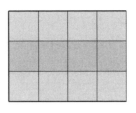

图2.1 《小探究》格子图

很多时候,学生在学习了周长概念以后,头脑中会把周长与原来学过的面积概念相混淆。面对学生出现的错误,可以鼓励学生相互追问,充分辨析后点出错误的本质原因,暴露学生的原有认知。再搭一搭,算一算,想一想,帮助学生进一步直观地区分图形的周长与面积,对概念的本质属性进行深入了解。

二、追问"为何"

例如,在读五年级课文《采蒲台的苇》①时,孩子们问:"文章题目是'采蒲台的苇',课文只有四小节写芦苇,很大一部分内容在写人,这是为什么?"

马上有同学说:"作者想借苇来比喻人!"

老师追问:"可是,作者为什么要借苇喻人呢?"(追问"为何")

又有同学说:"一定是苇和人有很多相同之处。"

由于对于大部分同学而言,理解"为何题目为苇,实质写人"并不困难,于是老师就借机追问:"为什么作者要借苇喻人?"这是大部分学生的障碍点。

三、追问"如何"

当学生说了"一定是苇和人有很多相同",于是老师又追问:"那你们知道有哪些相同,字里行间又如何体现?"于是学习的重点放在了作者为何要借苇喻人,字里行间又如何体现。

---

① 执教:上海市宝山区第一中心小学,宋莉芳。

对于语文学习来说,不仅只是搞清楚事情写了什么、为什么而写,从语言学习的角度,更要搞清楚作者是怎样写出来的,也就是进一步追问:"字里行间又如何体现?"在问题化学习的课堂中,在学生的认知临界点上,教师可以适时追问,但老师的追问需要进一步转化并培养学生相互追问与自我追问的习惯,在得到一个初步答案的时候,引导学生追问"为什么"、"究竟是什么"、"又是怎样的"等问题,慢慢地把这样的追问变成孩子们的自觉学习要求,他们就从"学会"走向"会学"了。

四、追问"若何"

例如,在小学一年级《厘米的初步认识》一课中,学生初步学会了用厘米刻度量尺来度量直的物体的长度,但在进一步的探究活动中发现了新问题,由此追问:"如果长度不是整厘米的物体,怎么表示?如果在度量时,尺不够长,怎么办?如果是度量弯曲的物体的长度,该怎么办?"让孩子多追问几个"假如",就可以帮助自己换个角度看问题,或变化一下条件进入新的探究。

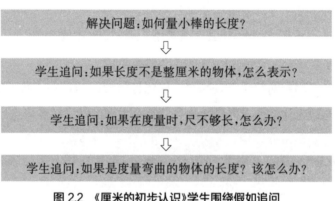

图 2.2 《厘米的初步认识》学生围绕假如追问

五、追问"由何"

追问"由何"就是想要了解事情的来龙去脉,追根溯源,通常可以帮助学习者把握事物的发展过程,培养历史的视野。例如学生在学习"黄金分割"时追问:黄金分割是怎样被发现的?这就要了解当时数学家毕达哥拉斯是在怎样的情形下发现黄金分割的,对于整个数学的发展意义何在,这涉及数学史的学习。

第二节　15种视角与思维发展

一、比较的问题

比较两者之间的异同。比较的问题涉及的是对比思维,即通过对两种相同或不同事物的对比进行思考,寻找事物的异同及其本质与特性。

例如:郑和与哥伦布,谁更伟大?两个都是航海家,从历史的角度,可以研究两人出航的原因与作用;从地理的角度,可以研究两人出航的航线,比较航程、出访国家与地理价值;从经济学的角度,可以探究与比较两次航行的经济背景以及对本国经济发展的影响;从国际关系的角度,探究与比较两次航行推行的对外政策与国际观念,以及对到访国家与地区的影响。

引导学生追问:他们之间有什么不同?有什么区别与联系?

培养策略:要培养学生对事物差异的敏感性,很多时候可以在比较中发现问题。所以,出现两幅不同的画,相同的文字出现在不同的语境中,不同材料之间的比较,观察事物发生发展的变化,比较人物之间的异同,对时、人、事、物进行纵向、横向多个维度比较,是思考问题引发追问有效策略。

二、分解的问题

如果一个核心问题或主问题太大,学生无从下手,就可以分解成若干子问题分步骤解决。涉及到的分解思维就是把一个问题分解成各个部分，从每个部分及其相互关系中去寻找答案。

例如：《天窗》中"为什么小小的天窗是唯一的慰藉？"这一问题就可以分解为"为什么是小小的天窗？"、"为什么是唯一的慰藉？"、"慰藉是指什么？"等问题来解决。

引导学生追问：对于这样一个……你的脑海中产生了哪些问题？要解决这样一个大问题，你觉得我们可以分成几个小问题来解决？可以按照怎样的步骤来解决？试着给它们排一下序。

培养策略：根据关键词提问；把对象要素化后提问；从是什么、为什么、怎么样等基本维度去思考并追问。

三、递进的问题

递进，是指按一定顺序推进，由浅入深。递进的问题，是层层推进、逻辑推演的思维过程。如同数学运算中的多步运算，有修辞手法的递进，是指按照大小轻重本末先后等一定的次序，对三种以上的事物依次层层推进。

例如：如果要解决"为什么说'天下所有慈母的跪拜，包括动物在内，都是神圣的'？"我们应该怎样来层层解决？

1. 为什么藏羚羊要向老猎人跪拜？
2. 藏羚羊的一跪为什么是神圣的？
3. 为什么说天下慈母的跪拜都是神圣的？

引导学生追问：谁能往下提个问题？谁能说说接下去我们应该思考什么问题？你觉得我们应该进一步研究什么问题？

培养策略：递进复句常用的关联词语有"又、更、而且、况且、何况、甚至、尤其、不但……而且、不仅……而且、不但……反而、尚且……何况、别说……连"等。通过关联词语让学生进行自我追问，促进深入思考。

四、求证的问题

求证就是验证,可以证实也可以证伪。就是用自己掌握的知识和经验去验证某一个结论的思维。求证的结构包括论题、论据和论证方式。求证的思维也会综合运用多种思维方法。

例如:周长相等的长方形,长宽越接近,面积越大,如何验证?

例如:我们是如何知道夏朝历史的?

例如:你在文本中找到哪些依据?

引导学生追问:如何知道?如何验证?从哪里可以找到依据?从中我可以得出什么结论?通过文献/观察/调查/实验……根据……原理……因此获得了……结论。

培养策略:在不同的学科中,求证的问题其验证的过程与方法会有所不同。科学中我们可以采用实验验证的方法来求证,数学中可以采用举例验证或演绎推理等方法来求证。在语文阅读中,我们通常会询问,你在哪些地方哪些词句中可以看出,找到了依据,由此你认为并得出怎样的结论等。而历史求证的方法是一个"通过什么途径、判断信息真伪、思考证据的充足、进行史料的分类、比对与归纳,然后进行判断与推论"的过程。

五、举一反三的问题

举一反三:反:类推,推及,推论。列举出一件事情,进而以此类推知道其他许多事情。从一个问题,类推及另一个问题。这涉及到演绎思维:把一般规律应用于一个个具体事例的思维,在逻辑学上又叫演绎推理。它是从一般的原理、原则推及到个别具体事例的思维方法。

例如:周长与面积的关系,周长一定的条件下,怎样拼长方形,面积最大或最小?是否所有的长方形都具有这样的规律呢?面积一定的条件下,怎样拼长方形,周长最长或最短?是否所有的长方形都具有这样的规律呢?

引导学生追问:根据这个事例总结出来的原理/道理,如何再能举一些例子?要把这个原理/道理运用到其他地方去,对此你有什么问题?

培养策略:孔子曾对他的学生说:"举一隅,不以三隅反,则不复也。"意思是说:"我举出一个方面,你们应该要能灵活地推想到另外几个方面,如果不能的话,我也不会再教你们了。"后来,大家就把孔子说的这段话变成了"举一反三"这个成语,意思是说,学一件东西,要灵活地思考,运用到其他相类似的东西上。

六、审辨的问题

审辨:审慎地辨别。体现了求真的态度、开放的思想、独立自信地鉴定问题,以理由和证据进行系统性分析,体现了求知欲与愿意自我修正的认知成熟度。审辨式思维又称批判性思维,是求真、公正、反思和开放的精神态度,以及分析、推理、判断、开创等的思维能力。例如:《规则》[①]一课中:

老师:如果我要完成树叶书签的作业,我到底该不该去采摘树叶呢?

两难:要完成作业,可是树叶也是有生命的?

小朋友:作业和生活/生命,哪个更重要?

老师:如果一定要摘,我们怎样做可以减少对树的生命的伤害?

引导学生追问:我们可以对原先的想法做一个反思,所以伴随着"假如……是否……难道……到底……究竟……"。不过批判性思维不等于否定,而是谨慎反思和创造。所以,紧接着会思考的问题是:所以现在,我又该如何判断?通过这些,我有哪些新的认识?从哪些方面可以帮助我得出结论?

培养策略:设计复杂的情境、两难的情境;帮助学生判断新的问题,然后重新思考,讨论思考的标准,可以有开放的结论。引导学生勇于质疑、确证、确认或改正一个人的推论或结果。

---

① 执教:上海市教育学会宝山实验学校,顾俊蓉。

七、辩证的问题

辩证的问题：将对象作为一个整体，从其内在矛盾的运动、变化及各个方面的相互联系中进行思考，以便从本质上系统地、完整地认识对象。首先是逆向的思考，然后运用辩证法的规律进行思维，包括对立统一、质与量互相转化、否定之否定三个规律。

例如："康乾盛世"又称康雍乾盛世、康雍乾之治、康乾之治，是中国古代封建王朝的最后一个盛世，同时也被认为是中国封建社会的回光返照。

一些史学界及教科书中，将此时期称为康乾之治。西方传统史学界对此有不同看法，支持的人称这段时期为"High Qing"，即清朝的高峰期。不支持的人则指出此期间制度僵化，对内实行民族压迫、对外闭关锁国，盛世局面下隐藏着巨大危机，清朝遂陷入衰败。

- 如果反过来看，就是一种逆向思维，比如："康乾盛世到底盛吗?"
- 如果对立统一的看，就是一种辩证思维，比如："康乾盛世盛中有衰吗?"
- 如果以变化发展的视角认识事物，依然是辩证思维，如目前很盛，未来还盛吗？在中国历史长河用传统史学话语叙述，恐怕是封建时代的鼎盛时期，但在世界历史格局用近代化全球视野叙述，又该如何判断？

引导学生追问：反过来思考，"由 A 及 B，可不可能由 B 及 A?"从反面想否定式思考"假如……是否……难道……到底……究竟……"。从发展变化的角度引导学生提出问题：现在是，未来还是吗？在这里是，到了那里，还是吗？

培养策略：引导学生反过来思考问题，或从反面想，看看结果是什么。引导学生从时间与空间两个维度思考，也可以提供引起矛盾冲突的学习材料，帮助学生找到事物矛盾的两个面，对立统一辩证思考问题。

八、引申的问题

引申：由原意产生新意。例如：(1)他打了人；(2)打掩护；(3)打理公司。第(1)句中的"打"使用的是它的本义；而第(2)(3)句中的"打"使用的是它的引申义。引申的问题通常是问题之外的问题，是在问题之外，找到新的意义与视角。但新问题是由原来的问题引申发展出来的，而且与源问题有一定的意义联系，否则不能称之为引申的问题。引申的问题涉及侧向思维(Lateral Thinking)，思路活泼多变，善于联想推导，又称"旁通思维"。

例如：故有"橘生淮南则为橘，生于淮北则为枳"之说，隐喻"一方水土养一方人"，是何缘故？

引导学生追问：在引导学生提出引申的问题时，多建议他们："我们不妨放下，离开这里，假设自己是他山之石，又该如何攻玉？你会关注什么，有什么不一样的视角，你会有什么新的发现，会提出什么问题？"

培养策略：侧向思维的要义在于"他山之石，可以攻玉"，借助系统之外的信息、知识、经验来解决面临的难题。也或利用事物间的相互关联性，拓展新的问题。通常可以通过创设新的情境、角色扮演或拓展联想提出新问题。

九、扩展的问题

扩展：是指向外伸展。扩展的问题包括：(1)围绕一个主题/话题，不同角度扩展出来的问题；(2)由原来的问题延展出去的问题；(3)为了追求不同的答案求异的问题。扩展的问题涉及横向思维、平行思维、求异思维。

例如：美术课《中国山水画构图留白》，探讨中国山水画构图留白给人哪些美的意蕴时，扩展的问题：山水画如何实现写实向写意的转变？留白中的未完成与长卷、章回小说、戏剧、组重性建筑的未完成是否有联系？连接到了文学艺术。扩展的问题：是什么因素促进了山水画中构图留白的形成？南宋政治变革引起的

"残山剩水"意识,还是江南水乡的视觉影响,或是文学抒情诗意的弥漫,连接到了政治。扩展的问题:北宋时期,北方山水派系和江南山水派系各自的特点是什么?其画风是否与南北方的山水地貌、风土人情有联系?连接到了历史、地理。

引申与扩展的问题可以为某个主题的学习打开新的视窗。在跨学科、跨领域学习中,还可以以问题为纽带实现学科之间、领域之间的连接与贯通。

引导学生追问:无论从同一个主题出发进行扩展,还是从原来的问题扩展出去,是何、为何、如何、若何、由何、奈何、缘何是头脑风暴的思路。然而,扩展的问题没有固定的思维,根据具体的问题在不同的领域与境遇中去思考,就会发现不一样的问题。求异的问题可以多问一下:"还可以是什么?还有不同的想法吗?"

培养策略:扩展的问题需要帮助学生从不同的视角、不同的领域、不同的情境去扩展出新的问题。如果说递进的问题追求的是一种思维的深度,那么扩展的问题追求的就是思维的广度。

十、转化的问题

转化:在解决问题的过程中遇到障碍时,把问题由一种形式转换成另一种形式,也可交叉组合,化繁为简,化难为易,即转化。涉及转化思维、交叉思维、组合思维。

例如:解读《愚公移山》[①]
老师板书:　　　　　愚公　　　　　　移　　　　　　　山
学生提问:　　　　　愚公是谁?　　　 为何移?　　　　什么山?
　　　　　　　　　　愚公是一个怎样的人?　怎么移?
　　　　　　　　　　为何叫"愚"公?　　 为何坚持移?
　　　　　　　　　　　　　　　　　　　 最后怎么样?
问题重组:愚公在怎样的情况中如何移山,由此可以看出愚公是一个怎样

---

① 执教:上海市宝山区共富实验学校,李帆。

的人？

引导学生追问：转化思维可以引导学生思考：我可以把这个新问题转化为怎样的老问题来解决？找到一个问题看起来毫无关系的两头，然后联系起来思考一下，多问自己：它们之间有关系吗？我若声东，恐也击西。或用一句话连起来把几个问题说一说，也许就是一个组合思维的问题。

培养策略：可以经常把一些看似没有关系的事物或问题放在一起，让学生联系起来思考一下。或者也可以在平时的教学中，允许不同的小组，或小组内不同的成员在一个大的主题内解决不同的问题，然后试着让他们讨论彼此之间有什么联系。很多时候，老师要把学生的问题进行转化。

十一、潜在的问题

潜在：存在于事物内部尚未显露出来的。学生的问题有三种情况：其一是知道自己的困惑并能清晰表达的；其二是意识到自己的问题但不能清晰表达，也就是口欲言而未能之貌也；其三，就是自己没有意识到问题，也就是潜在的问题。潜在的问题涉及渗透思维，就是在分析问题时，看到错综复杂的互相渗透的因素，通过对这些潜在因素关系的分析解决问题。

例如：第一届"中国学生好问题"大赛中有一位张铭烁小朋友问了一个问题："为什么大腿比小腿粗呢？不是应该粗的在下面吗？现在怎么细的支撑粗的？"

大家一开始觉得这个问题很粗浅，大腿比小腿粗，大家觉得这就是常识，恐怕也是动物和植物的区别。但是这确实是小学生的真问题！在和小朋友的交流中，张铭烁小朋友谈到，为什么建筑和植物大多是下面粗上面细，但动物则不同？从力学上看好像不合理，但是除了支撑力，会不会还有其他的因素？所以后来我们觉得这个问题包含很多潜在的探究价值。为什么动物的四肢通常是靠近躯体的要粗一些，然后越来越细？植物的根茎粗细有什么特点？建筑一定是下粗上细的吗？房屋建筑、桥梁建筑，不同的建筑结构不同，支撑的方式也不同。

引导学生追问：潜在的问题就是在寻常处追问：为什么？在司空见惯的地方

追问：为什么不是那样？苹果为什么非要往下掉而不是往天上飞呢？为什么《史记》不被称为四大名著之一？

培养策略：要在无疑处生疑，寻常处质疑。也可以帮助引导孩子在看似无关的事物之间，发现潜在的联系与问题。

十二、聚焦的问题

聚焦：聚焦是一个物理术语，是指控制一束光或粒子流使其尽可能汇聚于一点的过程（focus）。聚焦是成像的必要条件。聚焦的问题，一般是指面对一大堆问题时，需要找出事物的主要矛盾，也就是核心问题。核心问题对于整个问题系统而言，具有统领作用，解决这个核心问题，就能牵一发动全身，最终其他的次要矛盾（次级问题）就能迎刃而解。核心问题的聚焦涉及"统摄思维"、"核心思维"与"集中思维"。

引导学生追问：这些问题中，你觉得最重要的问题/最关键的问题/最有价值探讨的问题是……

培养策略：聚焦核心问题的办法与策略在第一章问题化学习的原理与方式中已有谈及，这里不再赘述。

十三、归纳的问题

归纳：指归拢并使有其条理（多用于抽象事物），也指一种推理方法，这涉及到由一系列具体的事实概括出一般规律和共通结论的思维（跟"演绎"相对）。

例如：根据它们共同的特点，你从中发现了什么规律？

引导学生追问/线索：如果把这些问题综合起来，你觉得能够解决问题的大问题是……谁能把这几个问题合起来说一下……

培养策略：老师可以让孩子们头脑风暴，说说自己的问题，再把碎片化的问题进行一下梳理，合并同类项，相同或相似的问题可以用一个大问题来归纳；或者也可以小组讨论,把几个小问题合成一个大问题。

十四、反思的问题

反思:回头、反过来思考。反思的问题是学生通过自我追问促进、监控以及回顾思考解决问题的过程。这涉及到问题产生的情境与条件的判断,也涉及到元认知思考。

例如:上海大学附属中学蔡龙浩同学,在第一届"中国学生好问题"大赛中提了一个问题:"我们是如何产生疑问的?"

引导学生追问/线索:对于元认知,我们要引导孩子们自己学会思考:我是怎样发现这个问题的?检查一下自己的计划是否明确,我接下来做什么?我怎样最好地来处理下一步,下个挑战?当我达到这一步时,我做过什么?什么是有效的?什么行不通?别人先我做过哪些尝试?对于这个任务,哪种问题类型可能对我最有帮助,我需要怎样来改变我的研究计划?反思一下自己解决这个问题的过程、方法和步骤,与别人相比较,觉得是否合理,有没有需要完善的地方?等等。

培养策略:元认知追问策略更多地是在提出问题与解决问题的过程中,之后,可以引导学生回顾自己的思考历程,从而获得这种思考历程的经验提升,这也是一个反躬自省的过程。在教学中,教师可以启发学生学会追问自己:我刚才是如何解决这个问题的?解决这个问题我思考了哪些角度?我如何提出更具体的问题?我将按照怎样的顺序来解决?我设想的顺序与同学的思考和老师的建议是否一致?如果不同区别又在哪里?……自我追问不仅仅是一种策略,也是一种习惯,学习者如果形成这样的学习与思维习惯,将来就能成为自建构的学习者。

十五、奇妙的问题

我们把一些通过灵感思维、直觉思维、跳跃思维,以及幻想与想象而非逻辑思维的问题称为奇妙的问题。

例如：如果你是嫦娥或月兔，你想对人类说什么？

引导学生追问：假如你是，假如你在，奇妙的问题就是假如假如假如……当然，也可以不是，或者，为什么不是这样呢……

培养策略：事实上，灵感思维、跳跃思维、直觉思维、想象与幻想思维很难通过技术理性的方式达到，恰恰是更多地给予空间、给予自由的环境。

第三节　追问与学科核心素养

一、追问学科基本问题

学科的基本问题关联着对学科的本质理解，它包含了这门学科是什么，以什么为研究对象，在课程中我们主要学习什么，将按照怎样的方式去学习，通过学习我们最终将收获什么。所以，学科的基本问题，既是关于这个学科的本体论问题，也是认识论与方法论的问题。

例如，数学是一门研究现实世界空间形式和数量关系的学科，数学学科最基本的问题就是探讨数与形的问题，数学最主要的方法就是逻辑推理。又如历史是研究人类社会发展过程的学科，我们不仅关注曾经发生了什么，而且还会追问回到当时的历史现场如何认识和解释，处于不同的时空条件下又如何认识和解释，在今天或者用未来的视角又如何审视过去，等等。因为学习历史不仅是让学生了解史实，更需要发展唯物史观、时空观念、史料实证、历史解释、家国情怀这些学科素养。

化学老师告诉我们，要理解化学是一门怎样的学科，可以这样追问：物质具有哪些元素（原子）？这些元素（原子）构成了它怎样的结构？这样的结构使其具有怎样的性质？如果改变物质的元素与结构能否创造新物质？

又如在语文阅读理解中，最基本的问题可能包含了这样几个方面：(1)文章写了什么？怎样写的？（2）为什么这样写？（3）这样写好/不好在哪里？（4）我同意不同意作者的观点？（5）如果我是作者/文中人物？（6）对我有什么启示？

学科学习的目的，不仅仅是掌握这门学科的基础知识与基本技能（狭义），经常追问学科的基本问题，可以帮助学生深入理解学科的本质。

二、追问核心问题对接学科核心素养

核心问题是指在学科基本问题的观照下，依据学科在本课时的重点问题，在充分考虑学生的起点问题（生活经验、知识基础与认知冲突、学习动机与兴趣点）后，产生的课堂的统领性问题，它是最能集中体现"以学科知识为基础，以学生疑难为起点，以教学意图为导向"的"三位一体"取向。在问题化学习的起步阶段可以由教师课前预设，在课上抛出。到了发展或成熟阶段则可以通过学生的筛选或思考得出。衡量核心问题是否有效要考虑的基本方面：（1）问题的解决对达成主要教学目标起决定作用；（2）问题基于学习者的原有认知基础，能引起学生的认知冲突，保留适度挑战；（3）问题有一定的探究空间，思维含量与开放度；（4）问题统领课堂的主线索，能够解决学科的关键性问题。①

核心问题的把握要对接学科的核心素养。例如历史老师告诉我们要探讨："夏朝是中国的第一个王朝吗？"这只是一个史实问题，但如果追问"你是如何知道的？"却是一个史料实证的问题，史料实证是历史学科的核心素养，是指对获取的史料进行辨析，并运用可信的史料努力重现历史真实的态度与方法。

三、追问建构问题系统发展学科思维能力

学科思维能力是指学习者在认识和把握某一学科的过程中形成的特有的思维能力，其思维品质也与该学科科学研究的特征相匹配。例如，地理学科高中课

---

① 王天蓉,徐谊.有效学习设计：问题化、图式化、信息化[M].北京：教育科学出版社,2010.

程中指出,综合思维与区域认知是地理学科的基本思维方式与能力。又如,在历史学科核心素养观照下,历史学科思维能力是以历史知识为依据,分析解决历史问题和现实问题并预见未来的能力。通常认为,在历史的认识活动中逐渐形成和发展科学的历史观,即辩证唯物主义和历史唯物主义,并用它来考察和解决社会历史问题,是发展历史学科思维能力的关键。

  例如,在史料实证的过程中,我们会不断追问自己:从哪里获得史料信息?(获取途径)史料信息是否真实可信?(鉴别真伪)这些资料足够吗?(证据充分性)如何对这些史料进行分类,单一资料证史的方法科学吗?除了文献资料还有哪些资料史料价值更高?(分类比对)历史资料解读准确吗?(理解判断)通过不同史料我发现了什么?我能得出初步的结论吗?(归纳推论)……这些具体的问题关乎历史学科核心素养——史料实证,发展了历史学科的具体思维能力。持续追问形成的问题系统最终促进学科思维能力的形成。

第三章 追问建构问题系统

第一节 追问形成问题系统

一、什么是问题系统

问题化学习是一种通过系列问题的推动来实现持续性学习的活动。对于学习来说,其一个重要的假设前提就是学生通过系列问题的解决,掌握知识、获得智慧。因此,对于"系列问题",更准确地说是问题系统的研究与思考本身也成为问题化学习的重点内容之一。

1. 问题系统的哲学基础

问题可以从微观(单个问题)、中观(问题系统)或宏观(问题全域)三个层面来考察。"问题的中观特征是指问题的系统特征或一个问题域的特征。在现实世界,问题既有一定的独立性,又是相互联系、彼此制约的。一个学科、一个部门、一个领域的诸多问题构成一个问题集合或系统。"① 问题的中观特征是研究问题系统的基础。

2. 问题系统与系统论

"系统"是指"处于一定的相互关系中的与环境发生关系的各组成部分的总体"。② 对于"系统"传统上有两种认识,一种认为系统是静态的、可分解的,它由各

---

① 张掌然.问题的哲学研究[M].北京:人民出版社,2005:214.
② (奥)路·冯·贝塔朗菲.普通系统论的历史和现状[J].王兴成,译.国外社会科学,1978(2):66—74.

种相互独立的要素累加形成,也就是整体等于部分之和。事实上,我们的实验科学从创立到现代实验活动都遵循了这样一种概念范式,即把复杂的现象分解成基本的部分和过程;另一种认为系统本身存在变数,它更类似于有生命的机体组织,虽然它是可以被分解的、被认识的,但组织的各要素间并不孤立存在,它们间存在着紧密联系,相互发生着作用。为了理解组织的完整性,应当既认识各组成要素,也认识它们之间的关系。当代的普通系统论正是建立在此认识论基础上的。

我们提出的问题系统基于普通系统论的观点,它指向问题的中观特征,即问题的系统特征或一个问题域的特征。以此为出发点,我们认为,学生学习中的问题都不是孤立存在的,任何一个问题都可能(也应该)存在于一个问题系统中,这个问题系统应该是一个有机的整体,问题与问题间相互关联,相互作用。教师既需要考虑要素问题,即知识维度上对内容信息的问题化、要素化,又要考虑问题间的关联,即认知维度上的系统化、结构化,从而产生系统"各要素在孤立状态下所没有的新质"[①],也就是亚里士多德所说的"整体大于部分之和"。

由此,我们提出了学习中的问题系统的优化。就是以普通系统论为认识论前提,以知识的内在关联性与学生的认知规律为思考前提,依据系统论思想,以促进有效学习为出发点,研究结构化的、系统化的整体如何优化知识结构、优化认知过程,提高教学效益。

二、追问的问题系统

1. 从知识的问题系统走向思维的问题系统

我们在认识某种动物的时候,通常可以通过如下几个问题获得对动物的基本认识。其中包括:它长什么样子?——体貌特征;吃什么?——食性;住什么地

---

① 黄正元.认识系统与系统认识——谈系统论视域下的认识论[J].兰州学刊,2009(4):25—28.

方？——栖息地；如何运动？——运动方式；活多久，生命周期有多长？如何繁衍后代？与人类的关系如何？其实认识昆虫如此，认识其他的动物也是这样一种认知结构，这样一个如何认识动物的问题系统。

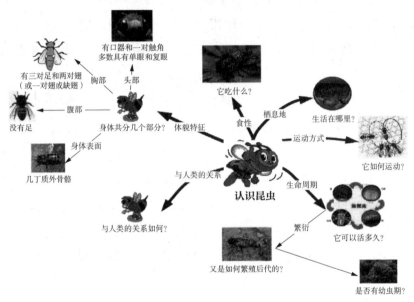

图 3.1 《认识昆虫》问题系统

从这个认知结构最终形成的问题系统看，这是一个关于动物知识的问题系统，并没有涉及科学思维水平。如何从一个仅仅涉及"知识的问题系统"走向侧重于发展"思维的问题系统"呢？这就需要在追问中发展学生的科学思维，"科学思维"主要包括模型建构、科学推理、科学论证、质疑创新等要素。其中包括基于经验事实构建理想模型的抽象概括过程，分析综合、推理论证等科学思维方法的内化，也包括基于事实证据和科学推理对不同观点和结论提出质疑、批判，进而提出创造性见解的能力与品质。

如图 3.2 所示，对于科学探究而言，通常我们可以有这样一组追问：一是观察现象，提出问题：你发现了什么？你有疑惑吗？你想知道什么？这个现象是有规律的还是偶然性的？还伴随着什么现象？为什么会有这种现象？二是进行必要的文献调查：前人是否有类似的发现，他们用什么方法、怎么解释这个问题？三是猜想假设：是什么原因导致这一现象的？四是实验验证：用什么可以证明假设？我得到的数据支持原来的假设吗？根据得到的数据我发现了什么？怎样根据数据来解释现象呢？五是综合考虑：考虑更多的可能因素，比如考虑这些因素的综合作用。六是深入下去：为什么这个因素与现象具有因果关系？更深层次的机理是什么？七是推广开来：这个结论若换个对象是否仍然成立？有没有例外，为什么会例外？这个规律有何应用价值？八是结果表达：我该如何表达研究结果，该如何撰写报告、发表见解、答辩论文？是否用擅长的方式表达探究的结果？（语言、文字、图表、模型等）在探究的过程中你有什么感受与体会？你倾听了别人的探究结果有没有好的建议？这是思维的问题系统。

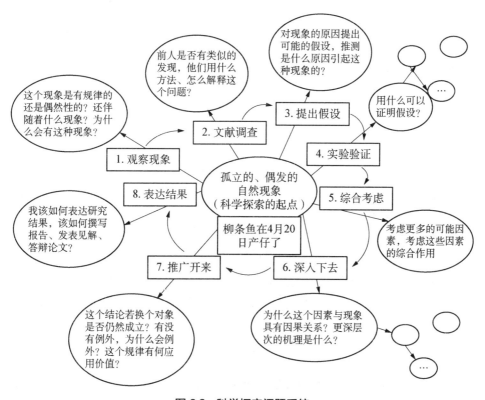

图 3.2　科学探究问题系统

2. 学生追问建构问题系统的价值

一个体现知识内在关联性与认知规律的问题系统就可以看成是一个有效的图式/心理模型。这里有一个非常重要的地方,那就是图式一旦追问建构而成,会具有怎样特别的意义。由于问题具有认识论与方法论的意义,不是简单的事实性知识的累加。因此,图式一旦由追问建构的问题系统构成,特别是系列的问题组成,图式就更能体现认知行动的顺序,也更具有程序性知识包的特性。例如在之后我们所列出的大量不同学科领域、不同形态功能的问题系统,都能体现这一倾向。就算是概念与原理这些本身并非属于程序性知识的知识,一旦通过追问建构起来,如历史教学中用问题系统呈现某一历史事件,它就不是简单的历史事件的陈述,而具有了对历史事件如何进行分析的程序性知识,而其中抽提出来的关于历史事件分析的基本方法与程序,在心理学上被称之为"有空位的槽"问题系统(分析历史事件的问题系统),就可以看成是关于历史事件分析的图式或心理模型。

其次,问题还具有定向、激发、组织、评价的功能,而所有这些功能似乎都与图式应该具有的功能非常接近。所以图式一旦由问题组成,并且由学生自主追问建构而成,可能就会更好地发挥这些认知功能。

三、建构与优化问题系统

追问可以形成问题系统,追问也可以优化原有的问题系统。如果形成问题系统,我们认为就好比学习者形成了自己的认知图式。认知图式的形成与发展运用皮亚杰理论,一种是同化,一种是顺应。同化是指把外部环境中的有关信息吸收进来并结合到学习者已有的认知结构(也称"图式")中,即个体把外界刺激所提供的信息整合到自己原有认知结构内的过程。顺应是指外部环境发生变化,而原有认知结构无法同化新环境提供的信息时所引起的学习者认知结构发生重组与改造的过程,即个体的认知结构因外部刺激的影响而发生改变的过程。

在问题化学习的过程中,对于新问题的解决,如果原有认知结构里的问题系统能够基本解决这个问题,做局部的扩充与优化,则认为是同化。如果原有认知结构里的问题系统不能解决这个问题,要重建问题系统,则认为是顺应。因此,围绕核心问题的解决,追问可以建构新的问题系统,也可以在已经建立的问题系统的基础上进行追问,起到补充、修正、优化问题系统,或重组与改造形成新的问题系统的作用。

对于学科学习而言,我们在实践中形成了一些经验,比如:

1. 面对一个新问题的解决,可以通过学生尝试追问,建构问题系统。

2. 注重对追问的过程进行反思与回顾,归纳形成问题系统。

3. 追问可以集中进行,通常是一种头脑风暴,也或者是针对某一个问题、某一个结论的批判性思考。追问也可以融入较长的学习进程中,最后通过对整个学习经历的回顾,最终形成问题系统。

4. 可以让学生尝试独立建构问题系统,然后集体互动,通过追问优化问题系统,如果学生独立建构有困难,则可以通过小组头脑风暴共同建构一个问题系统。

5. 注重从解决一个问题到解决一类问题,形成问题图式。

第二节 13种问题系统建构

一、建构问题集

根据知识的内在要素或思维的结构模型,形成整体认知的问题集[①]。比如说,在语文阅读中围绕"较量"这一课题进行追问,就可以产生"谁来较量?""为什么较量?""较量什么?""如何较量?""较量的结果如何?"等一系列问题,而这些问题,就构成了对初读文题的问题系统。

---

① 王天蓉.基于问题系统优化的教学设计[D].上海:华东师范大学,2013.

表 3.1　问题集

问题系统	图形特征	图形示例	
问题集	辐射图：星状图/放射图	星状图	放射图

二、建构问题链

根据问题的层次或推演过程，形成线性的问题链。从上述的一些案例中不难发现，问题链体现的是一个层层递进，不断延展深化的过程。如果说问题集是围绕一个知识主题的结构要素，或围绕一个中心/主题进行发散性追问，它考验的是思维的广度与全面系统性。那问题链更多是围绕一个主题/命题的变化、追溯、深究或推进，它考验的是思维的深度与逻辑深刻性。比如爱迪生之所以能成为伟大的发明家，跟他的刨根问底的追问劲是分不开的。对大家司空见惯的"母鸡孵蛋"现象，爱迪生迷惑不解地追问："为什么母鸡能孵小鸡，我就不能呢？"（提出质疑）在这个问题的背后，可能又有一连串的追问——是啊，母鸡能孵出小鸡，人却为何不能？——是鸡蛋认人吗？还是孵的方法不一样？还是母鸡和人的体温不一样？（猜想假设）——那母鸡的体温又是多少呢？如果用一样的温度，就能孵出小鸡吗？（实验验证）——除了鸡蛋，用同样的方法，鸭蛋、鹅蛋、鸟蛋是否也能孵出雏来？（推广开来）……

表 3.2 问题链

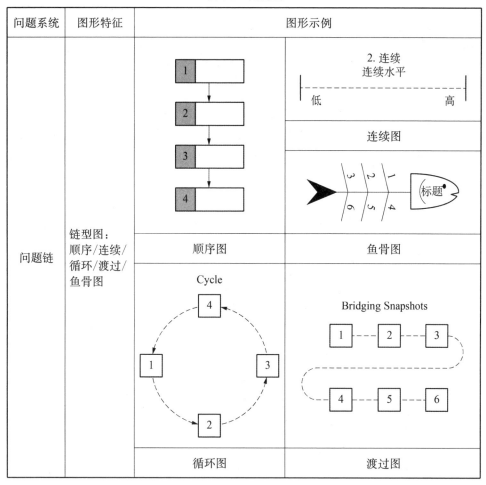

三、建构问题网

通常围绕中心问题追问出很多次级问题,而次级问题通过追问又产生次生的次级问题,最后发现不仅核心问题与次级问题之间存在关系,而且次级问题与次级问题之间也存在一定的关系,从而形成一个复杂的关系网。这是由中心向周围追问形成问题网的一种路径,还有一种是先从次级问题开始,通过追问衍生更多的问题,然后归纳出一个核心问题,同时建立先前诸多问题与核心问题的关系,以及彼此之间的关系,这是又一种路径。通常核心问题与辅助问题的解决,形成纵横交错的问题网状系统。此类模式生成性强,可以用来帮助学生厘清线索。①

通过所示例子可以观察到,通常围绕一个核心问题的开放式探究,追问生成诸多问题,而这些问题之间的推进、联结,最终就形成一张纵横交错的问题网。如果说问题集体现的是一种全面性思考品质,问题链体现的则是一种深刻性思考品质,而问题的网状结构更是在思考的广度、深度以及逻辑严密性方面都提出了较高的要求。

表 3.3　问题网

问题系统	图形特征	图形示例
问题网	网状图:地图/围绕核心问题的复杂关系图	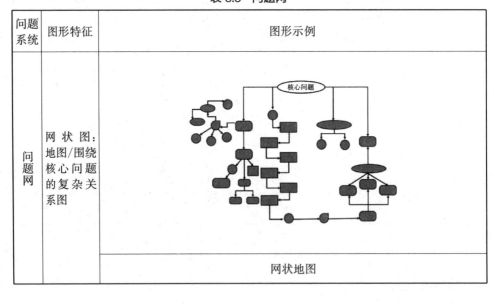
		网状地图

---

① 王天蓉,徐谊. 有效学习设计:问题化、图式化、信息化[M]. 北京:教育科学出版社,2010:58.

续 表

问题系统	图形特征	图形示例
问题网	网状图：地图/围绕核心问题的复杂关系图	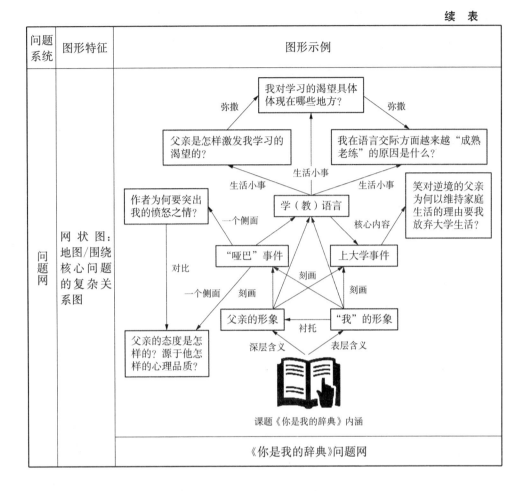 《你是我的辞典》问题网

四、建构问题域

为了区别于中观层面的问题集、问题链与问题网，我们把基于问题宏观特征（即问题的跨域特征和全域特征）的问题网络称为问题域。不仅每一科学、每一领域自成问题系统，而且不同科学、不同领域之间还相互联结，形成更大的问题域。在问题域中，不仅各个问题系统或局域之间建立起复杂的系统联系或域际联系，如科学问题系统与技术问题系统和艺术问题系统之间的联系，而且也使每个系统内的具体问题与其他系统中的问题建立起错综复杂的联系。这种模式更适合综合领域的探究学习,并且可以发展学生的多元智能,在一个主题引领之下,实现跨领域的知识整合,在更大范围内帮助学生架构知识体系。

如,我们课题组开发的从 K1—K12 的综合探究活动——"蚂蚁探究"中,共分为十一个模块:

模块一　蚂蚁形态观察

模块二　蚂蚁类别探索

模块三　蚂蚁行为研究

模块四　蚂蚁的特殊行为研究

模块五　蚂蚁遗传探索

模块六　蚂蚁与蚜虫、瓢虫

模块七　蚂蚁生化、生理研究

模块八——蚁穴建筑研究

模块九——环境生态探索

模块十——蚂蚁算法研究

模块十一——蚂蚁的文学、文化研究

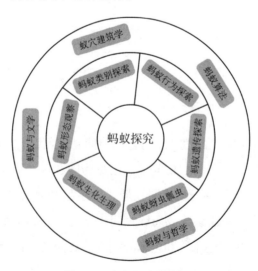

图 3.3　"蚂蚁探究"问题域

由于是一个综合性的探究,涉及多层次、多领域、多样性。其中,蚂蚁形态观察,蚂蚁类别探索,蚂蚁行为研究,蚂蚁的特殊行为研究,蚂蚁遗传探索,蚂蚁与蚜虫、瓢虫,蚂蚁生化、生理研究属于生命科学领域的研究,而蚁穴建筑研究涉及工程力学,蚂蚁算法研究是数学领域的研究,环境生态探索是与很多方面有交叉的领域,还有涉及文学、文化的研究。由于一开始是一个生命科学领域的探索,为了区分各个领域与生命科学的远近关系,就在原问题系统的基础上,进一步梳理了关于蚂蚁探究的问题域。

表3.4 问题域

问题系统	图形特征	图形示例
问题域	部分、整体,核心区域、关联区域	
		问题域

五、更多问题系统

1. 矩阵问题系统

根据问题的类型、层次,可形成各种类型的问题两维表,通过把问题进行双向定位促使问题集合的简约、凝练和有效性提高。通常来说,此类模式适合指向目标的学习,可直接检测所提问题与学习目标的联系。

案例:角和直角①(二年级第一学期)

教学目标:(1)通过动手操作、观察等活动,初步认识角,知道角的各部分名称。(2)认识直角,能用纸折出直角,并能用已知的直角去验证直角。(3)让学生经历从直观到抽象的过程,形成初步的空间观念,培养学生动手操作、观察、比较等能力。(4)让学生逐步体验数学与日常生活的密切联系,激发学习数学的兴趣。

课堂问题矩阵:

表3.5 问题矩阵

由何	学解老问题	解决新问题	解决疑难题	发现新问题
是何	② 找你身边的物体的某个部分描一描。	③ 判断:哪些图形是角?揭示角的概念		① 用2根小棒搭出怎样的图形?搭的图形有什么相同的地方吗?
为何		⑨ 科学家当时为什么要探究角与直角?我们学习角与直角,在生活中又会有哪些应用的价值?		
如何	④ 能不能根据自己对角的认识,试着画出一个角呢? ⑦ 找找教室中的直角,用折好的直角验证。	⑤ 怎么知道这两个角(三角板)是完全相同的?能用什么方法验证呢?		

---

① 执教:上海市吴淞实验学校,杨志萍。

续　表

由何	学解老问题	解决新问题	解决疑难题	发现新问题
若何			⑥ 如果现在没有什么工具，只有一张纸，有什么方法可以得到一个直角？ ⑧ 折好的纸展开后有几个直角？	

2. 树状结构问题系统

可以从主题追问出专题，再从专题追问出问题，形成树状问题系统。

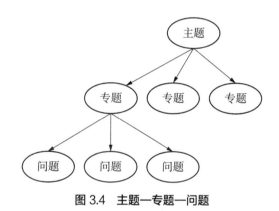

图 3.4　主题—专题—问题

例如，语文综合学习课程问题框架——"我的一张照片[①]"让六年级的学生初步学会以——主题（基本问题）、专题（单元问题）、问题（内容问题）的思维路径思考所学所做之事，逐步学会多元化的思维方式，使肤浅的说套话的思维模式有所改变，学会真思考、说真话、抒真情。

---

① 执教：课题组成员（语文组）上海市淞谊中学，蔡玉锐。

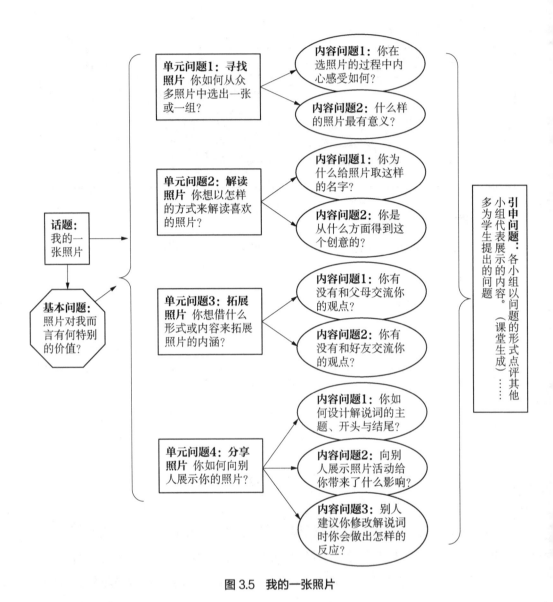

图 3.5 我的一张照片

3. 三角图系统

三角图体现的是对事物的重点思考,以及一分为三、三足鼎立、三生万物等东方智慧。如孙子兵法中谈到战胜的要素是"天时、地利、人和"。天时是自然气候,地利是地理环境,人和是人心向背。

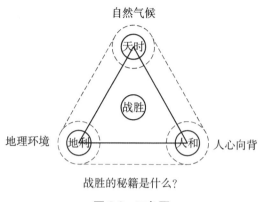

图 3.6 三角图

又如解读《背影》一课的问题系统。有一次,在聆听上海师范大学郑桂华老师的一次教学中,面对学生预习《背影》一文提出的 24 个问题:6 个关于背影,2 个关于家境,2 个关于结构,4 个关于"我",10 个关于父亲。郑老师设立了三个视角将问题进行归类:关于"父亲"的问题;关于"那时的我"的问题;关于"现在的我"的问题。如图 3.7 所示,将这三个视角形成问题系统:父亲怎么看待儿子?那时的"我"怎么看待父亲?现在的"我"怎么看待父子?那时候的"我"较现在的"我"有怎样的转变?为什么有这样的转变?而"为什么会有这样的转变"也是这节课的核心问题。关于"父亲"、"那时的'我'"、"现在的'我'"是这篇散文关于人物的三

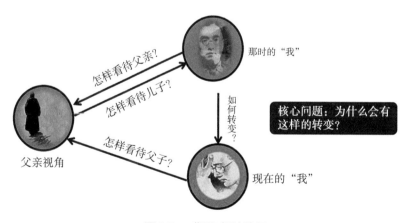

图 3.7 《背影》解读路径

个视角,由此构成了这节课的问题系统,也是一种解读的路径。

4. 坐标图系统

坐标图是从两个维度、四个象限的连续体进行分析的担架。

比如,如何进一步理解"康乾盛世"盛中有衰?从中国历史看,当时已达到封建社会的鼎盛时期,但是未来还会继续繁盛吗?而且,在康乾盛世的同期,西方正进入工业革命,而中国却逐步走向闭关锁国,所以,从整个世界历史发展格局看,"康乾盛世"还盛吗?

从过去寻找过去——客观与求真;从过去寻找现在——认同与参照;从过去寻找未来——规律与命运。因此,历史的"时空"至少包括关系递进的三个维度——自然时空、社会时空和心灵时空,这三个时空维度决定了历史教学的实践向度。①

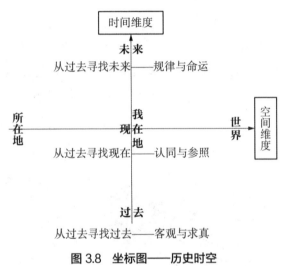

图 3.8 坐标图——历史时空

5. 维恩图系统

在比较两个事物之间的异同的时候,就可以用维恩图来思考问题,把相同的属性放在中间,把属于各自不同的属性放在两边。比如引导孩子"认识自己"的时

---

① 马维林.历史课程目标中"时空观念"的理解维度[J].教学与管理,2017(9):55.

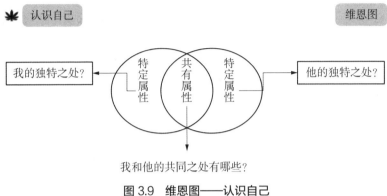

图3.9 维恩图——认识自己

候,思考自己与他人的异同。可以发现不一样的自己与不一样的对方,也可以在别人身上发现自己。不过虽然你我不同,但君子可以和而不同。

6. 太极图系统

太极图用来体现辩证思维。太极图在一定程度上体现了道家思想——虚实相生,有无相成,对立统一。比如,"康乾盛世"到底盛吗?如何理解"盛中有衰"?

7. 五行图系统

五行图也体现系统思维等。金水木火土,金生水,水生木,木生火,火生土,土生金,然后又是相生相克的。

图3.10 太极图

世界著名的管理顾问大师彼得·杜拉克在从事诊断顾问工作时,面对客户的一大堆问题,杜拉克默默听完后往往并不回答,却反问道:

"你最想做的事情是什么?"(目标)

"你为什么要去做呢?"(动机)

"你现在正要做什么事呢?"(流程)

"你为什么要这样做呢?"(方法)

"你这样做需要哪些资源?"(条件)

杜拉克不替顾客解决问题,而是帮助顾客认清自己的问题并系统思考解决。这个问题系统可以用五行图来表示。我们不能说目标、动机、条件、方法和流程是相生相克的,但至少是相互影响的。

图 3.11 五行图解

8. 圈形图系统

圈形(图 3.12)通常用来分析影响事物因素的核心关系,以及影响事物存在的情境因素等;圈形也可以用来表示包含与被包含、集合或域。圈形图体现了一种整体的思维。

比如秦岭与淮河分界线所产生的直接影响、间接影响和综合影响。直接影响,就是秦岭淮河为界的南北方在气候方面有何差异,这是地理学科的基本问题。然后它的直接影响,就是为何说"橘生淮南则为橘,生于淮北则为枳"。如果继续思考:如何理解"一方水土养一方人"?这是间接影响。最后追问:秦岭淮河与中国南北方历史格局的形成有怎样的联系?这是综合影响。

9. 螺旋图系统

螺旋图体现否定之否定的辩证思维,呈现循环模式发展。

宋代禅宗大师青原行思提出参禅的三重境界:参禅之初,看山是山,看水是水;禅有悟时,看山不是山,看水不是水;禅中彻悟,看山还是山,看水还是水。

第三章 追问建构问题系统

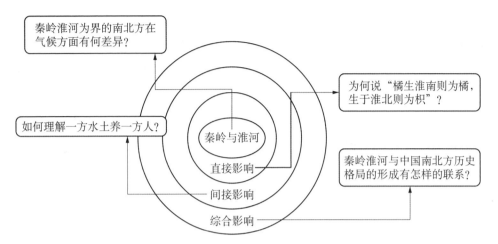

图 3.12 圈形思维导图—秦岭与淮河

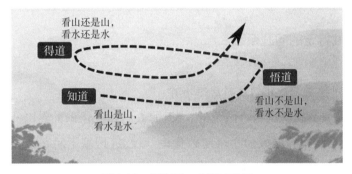

图 3.13 螺旋图—参禅三境界

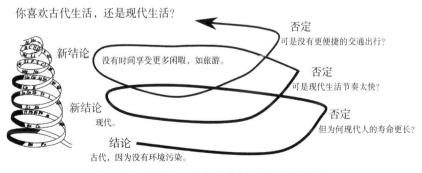

图 3.14 螺旋图—喜欢古代生活还是现代生活

王达老师有一节课的设计,其中有个问题是让孩子探讨:"你喜欢古代生活,还是喜欢现代生活?"大家一开始会有自己的结论,孩子们会说:"我喜欢古代,因为那个时候没有环境污染。"对吧?但是我们会有一个质疑,会追问:"那为什么现代人的寿命更长呢?"然后有新的解释:"对啊,我还是喜欢现代生活。"然后再追问,"可是现代生活节奏太快,没有时间享受闲暇,比如旅游,但是古代有时间却没有便捷的交通工具把我们带到我们想去的地方,那又如何?"……这就是"否定之否定"的追问。

第三节 问题系统与学习路径

一、学科领域特定的问题系统

1. 基于问题系统优化的学科思维培养

由于问题具有认识论与方法论的意义,即人们如何认识世界以及用什么方法认识世界。因此,培养良好的学科问题意识,以及进行基于问题系统优化的学习也是发展学科思维能力的一条有效路径。而基于问题系统优化的学科思维培养,其实践路径包括了问题系统化、系统图式化、图式可视化。

每一个学科都有其特定的内在认知规律,学科学习过程中一组问题的解决最终形成特定的问题系统,也就是问题系统化的过程,它可以精致认知结构、发展学科思维。如果具体情境中的问题化学习过程最终抽象为代表一类学科学习的问题系统,那么认知结构形成的过程就是图式化的过程,是将来实现学习迁移的基础。

2. 科学探究与人文感悟[①]的问题解决路径

德国哲学家德罗伊首先提出,科学的方法是说明,但历史的研究方法必须是

---

① 王天蓉,徐谊. 有效学习设计:问题化、图式化、信息化[M]. 北京:教育科学出版社,2010:325—330.

理解,狄尔泰给人文科学方法论的独特性作了如下判断:"自然界需要解释说明,对人则必须去理解。"狄尔泰认为人文科学是与人类及其实践密切相关的,既然人文科学的主要任务是实践的,那么他们的理论主张就不应该仅仅概括为"是什么",还应该包括"应该是什么",应该包括一种价值判断系统。

就如下表所示,人文领域的感悟型问题与科学领域的探究型问题在解决的内容、过程、方法与目标等方面存在差异。

表3.6 科学问题与人文问题

	科学的问题	人文的问题
例举	为什么光的传播速度比声音的传播速度快?	人类为何需要互相帮助?
目的	求"真",认识客观世界	求"善",求"美",认识自己,相互理解
方法	通过观察与实验,归纳与演绎,体现客观性、可检验性、可重复性	依靠个人的实践与行动,体验与感悟,内省与反思,讨论与对话等。艺术思维、直觉思维、主观思维的大量参与,通过理解与体验
过程	经验事实→理论假设→经验检验→组织更广泛的经验材料→形成新的理论假设。	移情——内省——领悟等

从认识论与方法论的角度去认知科学与人文的差异是有必要的,因为这有助于我们把握不同领域学科学习的基本认知规律。但这并不意味着把两者对立起来。就如哈贝马斯也并不认为自然科学是去情境化的、消旨趣的。侧重点在于科学在求"真"的过程中通过探究认识周围的事物与客观世界。人文在求"善"、"美"的过程中通过感悟认识自己,理解他人。因此,认识两者的差异是为了更好地了解领域学习的规律与问题解决的路径。

3. 问题系统与学科学习路径

如语文学习中,包括阅读理解的基本问题系统,也包括不同文体类型的阅读问题系统,如议论文、说明文、记叙文阅读问题系统。又如写作的问题系统,作文主要就是写什么、怎么写这两大问题系统,当然还会有一个内隐的问题,那就是为什么而写。这些问题，分别解决选题立意、写作构思与写作技能的问题。其实写作就是一个不断自我追问的过程。

数学学习中，如概念与规则的学习，同类问题的解决。如果说科学发现是以探究为中心，其思维的核心也是探究思维。而工程实践则是以设计为中心的，其追问所体现的思维也是设计思维。工程设计类的实践探究活动通常具有明确的目的性，它的基本流程包括：一是分析问题，了解我的研究对象是什么？通过列举缺点、扩大功用、改进功效等方法，分析过去的产品有何缺点；二是明确目标，确立准备在哪方面进行改进？通过材质替代、外观美化、尺寸调整、结构优化、功效扩大等办法进行；三是设计验证，我如何来付诸实践？包括精心计算参数，巧妙设计图纸，反复测试数据等；四是运用完善，如果将产品运用于实践，结果会如何？通过对产品的推广不断发现新问题，通过降低成本发现新的改进点，从而促使产品的持续改进提升。还有一些更具体特定知识领域的问题系统，比如关于力的探究，通常会追问"力是怎么产生的，力的方向如何？是否有大小，影响大小的因素有哪些？又该如何测量？"等问题，构成问题系统。

二、解决问题的通适问题系统

1. 问题解决的一般过程

通常认为问题解决经历四个阶段：发现问题、分析问题、提出假设与检验假设。不过对于问题解决的模式，比较有影响的是杜威的思维五步法（杜威，《我们怎样思维》）：（1）疑难的情境。（2）确定疑难所在。（3）提出解决问题的假设。（4）推断哪个假设能够解决这个疑难。（5）验证假设。思维就是方法，就是在思维的过程中明智经验的方法。因此，教学法的要素与思维的要素是相同的。教学过程与思维同步发展也分为5个步骤：一是教师给儿童提供一个与其社会生活经验相联系的情境；二是使儿童有准备地去应付在情境中产生的问题；三是使儿童产生对解决问题的思考和假设；四是儿童自己对解决问题的假设加以整理和排列；五是儿童通过应用来检验这些假设。

2. 追问贯穿问题解决的过程

追问可以贯穿于问题解决的全过程,在问题化学习的视域中,我们把问题解决的大过程看成是解决核心问题的过程。提问与追问是一个相对概念,追问可以帮助我们厘清核心问题、分解大问题、深化问题解决的过程,追问的过程就是核心问题解决的过程,追问出来的具体问题,就形成了解决这个大问题的问题系统。在这个过程中,一般包括追问厘清基本问题、追问提出解决假设以及追问反思解决结果。

追问厘清基本问题:要解决所发现的问题,必须明确问题的性质,也就是弄清有哪些矛盾、哪个是主要矛盾、哪些矛盾方面,它们之间有什么关系,以确定所要解决的问题要达到什么结果,所必须具备的条件、其间的关系和已具有哪些条件,从而找出重要矛盾、关键矛盾之所在。

追问提出解决假设:在分析问题的基础上,提出解决该问题的假设,即可采用的解决方案,其中包括采取什么原则和具体的途径、方法。但所有这些往往不是简单现成的,而且有多种多样的可能。

追问反思解决结果(检验假设):假设只是提出一种可能的解决方案,还不能保证问题必定能得到解决,所以问题解决的最后一步是对假设进行检验。通常有两种检验方法:一是通过实践检验,即按假定方案实施,如果成功就证明假设正确,同时问题也得到解决;二是通过心智活动进行推理,即在思维中按假设进行推论,如果能合乎逻辑地论证预期成果,就算问题初步解决。特别是在假设方案一时还不能立即实施时,必须采用后一种检验。如果问题已经解决,那么追问的主要内容包括反思解决的过程与方法、相关问题的比较、同类问题的归纳、进一步研究的方向,比如"我是怎样完成这个任务的?还有没有更好的方法与路径?与之前解决的哪个问题有相通之处?我是否发展了自己的思维技能?"等。

3. 学科学习的启示

当然,解决问题还包括其他一些一般性策略,如算法式(algorithm)、启发式(heuristics),其中包括手段—目的分析(means-ends analysis)、顺向推理(working forward)、逆向推理(working backward),以及我们前面详细介绍的假设检验(generate and test)。

对于学科学习而言,一方面我们需要学习学科领域特定的学习思维、追问路径,另一方面也可以经常应用问题解决的一般过程与策略,这个对于跨界的学习以及解决结构不良的真实性问题,是终生受用的。

三、个性化学习路径建构

研究学生的追问,就是需要我们老师去判断、去捕捉、去读懂学生的问题,包括学生追问的视角与思考风格,追问的倾向与学习需求,问题呈现的思维品质、层次、主次判断等,也包括持续追问最终形成的个性化的学习路径。

1. 学生个性化问题系统与学习路径案例

比如,在阅读过程中,学生通过追问自建问题系统的过程也是寻找解读文本的路径。我们不妨通过上海市宝山区民办行知二中学生自建的问题系统来分析学生解读文本时个性化的视角与路径。

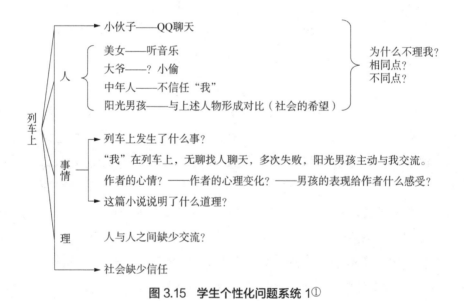

图 3.15 学生个性化问题系统 1[①]

---

① 执教:上海市民办行知第二中学,卞丽华。

在上述学生自己构建的"问题系统"中,学生首先将叙事类文本中的"人"、"事"、"情"、"理"这几个常见的要素进行分类。在"人"这个要素中,又将相对次要的人一一罗列,并且通过与"我"相关的核心事件建立联系,进而去分析作者借助核心事件所表达的情感态度以及价值取向。

结合叙事类文本的基本要素,从人、事、情、理四个角度入手设计解读的路径,通过列车上五个人物有何异同的比较,把握人物所构成的社会现象及作者的写作目的。通过这个"问题系统",学生能够建立起对文本的整体理解。

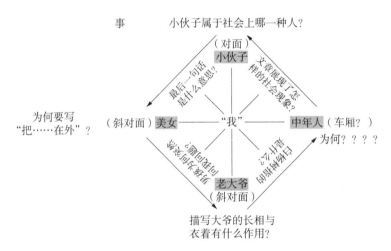

图3.16 学生个性化问题系统2

在上述问题系统中可以看出,学生抓住"我"这个主要人物,将次要人物与"我"之间发生的相关事件作为主要分析内容,进而分析次要人物之间的共同点和不同点,借此构建"问题系统"。学生从事、人、情入手进行解读,在分析事的过程中,以叙事者"我"为中心,构建人物关系网,由事到人,再从人的表现异同角度,探究文章展现了怎样的社会现象。

2. 对于教学的启示

限于篇幅,我们选择了两个问题系统提供给大家观察学生个性化解读的路径。运用图式理论,我们可以把特定的问题系统看成是学习者内部形成的图式或心理模型。学生自主追问形成的问题系统能够帮助学习者清晰自己的思考路径,而它对于教学的启示,一是让教师更好地了解学生的思考路径,因为查明学生的图式或心理模型可以更好地进行学情分析。我们可以去判断:(1)学生原有的图式(问题系统)是怎样的?(2)不同学生的图式(问题系统)的差异性和共同性是什么?(3)成功的问题解决者通常具有怎样的图式(问题系统)?(4)对不成功的问题解决者如何进行诊断与指导?(5)通过新手到专家的转变来追踪学习者心理模型的发展过程。(6)教师的图式(问题系统)与学生的图式(问题系统)如何相互作用?(7)运用怎样的认知工具使隐性的图式(问题系统)可视化、显性化?

其次,教师要通过教学使图式精致化以提高学习的效能。最后,在学科教学中建构特定的心理模型可以促进专家式心理模型的形成。比如,在问题系统中我们提出的科学探究的问题系统(认知模型),问题化作文审题立意的问题系统(认知模型)等,都可以通过教学使学生逐渐形成该领域所特有的一些具有较大包容性与学习效力的问题系统(心理模型),这在学科教学中是非常有必要的。

第四章 孵育学生追问

课堂追问是一门艺术,有效追问能帮助学生搭设思维的跳板,使之在更高层次上继续思考,促进学生思维向纵深处展开,进而深入透彻地理解学习内容,掌握学习方法。只是问题化学习所强调的课堂追问主体指向的是学生,关注的是学生追问学生、学生追问老师、学生追问自己的学习过程。当然,也关注教师追问学生,其目的却不仅仅是让学生回答问题,而是在于引发学生的进一步思考,能够在解决问题的同时,继续深入追问,从而建构更完善的问题系统,支持学生深度学习的需求。可见,问题化学习的追问需要符合"三位一体"的首要原理,即"以学生的问题为起点、以学科的问题为基础、以教师的问题为引导"的问题系统优化学习。这里就涉及到三个方面的问题:"学生的追问究竟是怎样的?""学科逻辑如何支持学生的追问?""教师的引导如何引发学生的进一步追问?"

第一节 学生追问的价值

学生追问的目的主要是为了解决学习中的困惑,达到理解与掌握某一知识或技能。为了使教师更好地解决如何在课堂中"孵育"追问的问题,那我们必须明确课堂中学生追问的价值,在思想层面先知先行。我们应该如何认识呢?首先需要我们认识到问题化学习中学生的课堂追问应该视作课堂的一种自然的对话过程,外显为"不懂即问"、"想问就问"的学习习惯,逐步成为问题化学习追问课堂的互动学习生态,形成一种适应集体与个体学习共融的可持续的学习能力。在这样的追问学习中,学习者不断地感受到学习的价值与意义,获得主动学习的内生动力,从而助推问题化学习力的形成与提升。那么究竟追问于学生的学习意味着什么?如何让学生在学习过程中深切地感受到?我们可以站在学生的立场上思考这些问题。

一、提升学习的意义

很多时候,教师会抱怨学生不会追问,或者追问的内容没有什么价值。这其中就包含了"视线"和"视野"的问题,也就是说"我们将以何种立场去追问"。对学生个体而言,追问的学习过程,必定是一种高效学习,因为提出问题的过程,是理解的过程,是进一步探究的过程,本身站在了"更广阔的角度"看待学习。比如说学生在学习中往往会针对感兴趣的问题进行提问,但是很少有学生会进一步追问:"为什么我们会对这个问题很感兴趣?这个问题中有没有我们不感兴趣的成分呢?我们不感兴趣的问题,对我们这个内容的学习重要吗?"这种追问,使学习变得更有意义。

从另一个角度来看,课堂学习的本质是对话、交往的过程,好的切入点往往是对某一个问题的深入追问。这只有在学生能从各种不同的立场、不同的视角提出自己的问题时,才能以一个很宽的视野得出较为正确的分析与判断。就如学生在探究"什么是成功?"的这一问题时,反问老师"难道有钱不是成功吗?"这一追问似乎触动了大多数学生的神经,都感觉这是个棘手的问题,似乎与教材所要表达的价值观不一致。其实,这个追问是将学习引向了深入。如果将学生提出的这个问题弄通了,这堂课的意义将会更深刻,但很多时候,类似能够凝聚起学生进一步探究欲望,触及学习灵魂的问题,却被老师刻意地忽视了,既有对学科本身理解不够的原因,也有不甚明了追问对于个体与集体学习意义的原因。所以依托个体的追问,形成学习的合力,产生更强的学习动力,追问打动的不仅是自己,也需要打动学习的同伴,一起参与学习。

通过学生的自主追问,可以激发学习者的内部动机,产生学习的挑战欲、好奇心,提升学习的意义,促进学习过程的主动生成与深度发展。

二、生成众智的过程

"集思广益"生成众智是人工智能时代人类生存所倡导的方式之一。课堂学习也是这样的一个过程,我们需要有一个发散的思维过程,依托课堂中包括集体的思考,完全能够随时进行一场头脑风暴。从追问的角度思考,学生可以在不断追问中找到学习的路径,达到学习的目的。比如说,我们在品读一篇小说的时候,我们可以出示主旨句,引导学生不断追问主旨句,生成学习问题:有的学生对主旨句中的关键词语提出问题;有的学生将主旨句与课题相联系提出问题;有的学生将文本的内容与句中所表达的意思相联系进行提问;还有的学生将已经提出的问题继续追问产生更完善的问题……这个追问过程本身就是理解文本的过程,追问已经关注到了文本内容、关键词语、前后联系、情感表达等问题,能够问出品读语言的基本方法与路径,不妨就学生的追问,形成问题系统,让学生循问自读,成就属于学生群体的阅读智慧,进而激发学生的阅读兴趣,提升学生的阅读能力。

很多教师会担心这样的追问过程会花费不少的课堂教学时间,尤其是那些习惯了将学习内容高结构化、高逻辑性灌输给学生的教师,更是理解不了追问的价值所在。如果就一堂课而言,这样的担心是必然的,但是如此灌输的课的弊端已经成为学生自主获取知识的障碍,关键的问题就是问题的提出不是学生自己思考所得,教师的自以为是会让很多学生的学习索然无味。反观问题化学习鼓励"提出问题、不断追问"的学习过程,下放学习的权利的同时,获取的是学生学习的智慧,长此以往必将缩短学习的所需时间,展开有效学习。

三、学会学习的需要

随着人工智能时代的到来,我们不得不意识到一般的学习对于目前学生而言的方便程度将不可预知地提升。打开某个软件，拍个试题，答案与解题思路立刻就能获取，甚至花个零钱，就能有老师给你面对面地讲解，这种讲解不亚于课堂教学。面对这样便捷的时代，学生是不是能够使用这些工具进行学习呢？撇开那些有定力、爱学习的学生，更多的学生被网络游戏绑架，沉溺其中，不能自拔。为何？因为学生既没有感受到时代于我们而言的美好，也不理解时代赋予我们的使命与责任。究竟我们为何学？怎么学？为谁学？恰恰是这些问题，让我们坚定地重新梳理学生学习的心理逻辑，其中发现的关键问题就是，学生在学习中不容易产生自己的问题，更不会在学习中不断自我追问。所以，当学生打开网络的时候，根本就不明白自己的问题在何处，更不知道自己的学习将走向何处！那真正解决问题的可能性也就没有了。

举个例子，当学生对碳酸饮料经常会出现喷出液体的现象感兴趣时，想了解这一现象的真相，对于学生而言已经非常简单，只要在网络上输入一个问题"汽水会为什么喷出来？"很快学生就能够找到答案：汽水就是二氧化碳气体的水溶液，工厂里制造汽水时，是通过加压的方法，增大二氧化碳的溶解度，让较多的二氧化碳溶解在水里。在摇晃汽水时会增加瓶中的气压，所以汽水在二氧化碳的作用下会喷出来。然而，如此轻而易举地获取答案真的好吗？对于刚涉及物理学的学生而言，是可以有很多追问的，如"加压的方法，如何让二氧化碳溶解于水？""溶解度是什么意思？""摇晃瓶子，为何可以增加瓶中的气压？""气压是什么呢？"在这些问题解决的过程中，或许学生还会提出"水的密度、二氧化碳气体与液体的密度是怎样的？""溶解平衡是什么道理？""摇瓶子的过程是不是做功？"等问题。最终，边追问边解问的学习过程，将"汽水会为什么喷出来？"这一问题的学习将学生引向对未知的世界进行深度探索，尽其可能知其然也知其所以然。所以，当学生有了提问意识，并孜孜不倦地追问，不断打破自身思维的局限性，使得学习可延展、可持续，学习便真实发生了。时代给予学生学习的更多便捷，而追问则成为了一种打开方式，将自我实现与学习的联系更为紧密。

第二节 "孵"——追问需要条件

问题化学习提出"追问是可以培养的"。那么如何培养呢？我们在实践中发现"追问"的培养要关注"孵"、"育"二字。"孵"就好比母鸡在孵小鸡的过程中，给予了足够的孵化条件，使得小鸡破壳而出。如果我们把"追问"看作是鸡蛋，那课堂需要具备适合"追问"的条件才能形成拥有高质量的追问课堂。

一、给予"抱团取暖"的温度

教师会经常反思："为何课堂追问不起来？"那不妨去问问学生："为何要在课堂中追问呢？"一般而言，学生会答："追问可以促进我们思维，追问可以让我深入地思考，追问可以让我们获取更多的知识。"诸如此类的答案都没有错，问题就在于学生不能将自己放在集体当中，去认识"追问"的价值。因为课堂学习应该成为集体智慧的获取过程，而"追问"的意义就是"抱团取暖"的过程，"团"为学习共同体，而"暖"就是智慧生成时课堂的温度与暖流。因此，当学生知道追问是在帮助同学一起学习，帮助集体更好地解决问题，学生会将追问当成一种自觉行为，才可能建立一种"我为人人，人人为我"的追问的课堂氛围。其中包括师生间、生生间的互相鼓励与激发、互相质疑与问难、互相解问与启发。试想，如果学生能够将自己放在传统意义上的"教师"地位，去激发他人的学习热情，点燃同伴的思维火花，而这就源于每位学生在课堂中的不断追问，从而提高学习的效能。如果说追问动因的获得是从自我走向他我，再从他我感受自我的过程，那么课堂追问会成为一种持续的学习状态，提升个体与集体的学习力，产生良好的学习效果。所以说，追问是需要有温度的，站在同一战线上的同理追问，或是不同立场的互质追问，都是对集体学习的一种支持，对同伴学习的一种尊重，对自我学习的激励，也是自我调控学习的过程,在情感与元认知上不断调节与提升。

二、养成"侧目倾听"的习惯

追问是在解决初始问题的过程中,不断提出新问题,提问者试图扫除一切认知障碍,最终能够解决问题的刨根问底式的提问过程。这就需要学习者在学习过程中集中注意力,倾听同伴的解问的方法与答案,才能够发现问题,及时追问,从而进一步厘清原有问题,清晰解问路径,充分解决问题。那么,对"倾听"是如何定义的呢?倾听,从心理学角度而言属于有效沟通的必要部分,以求思想达成一致和感情的通畅。在追问的意义中,"倾听"是指凭助人体感官,接受课堂学习中的各种信息,进而通过思维活动发现学习的困境与障碍,从而追问新问题,助推学习向深度发展。养成"倾听"的习惯有两层意思:一是要求听别人讲话要用心、要细心。"倾听",是细心听、用心听的意思,既是一种礼貌的举止,对说话者的尊重,也是一种全身心的投入。第二层意思是"会听",要边听边想,思考别人说的话的意思,能记住别人讲话的要点,然后对自己不明白的、不理解的内容进行追问,以更清晰深刻地知道同伴表达的真实意图。所以,倾听是课堂学习中不可缺少的一种习惯,是相互促进的,如此才能有效展开彼此间的对话与追问的学习。

三、拥有"稍等片刻"的耐心

学习的过程不是一蹴而就的,不能急于求成。对于学生追问的培育,也需要遵循这个原则。从学生不敢提问到敢于提问,从学生不自觉提问到自己愿意问,从学生只能追问一个问题到能够持续提问,这是一个漫长的过程,而且因人而异,必须循序渐进,切忌急功近利。为何说追问的培养只要"稍等片刻",这是一个心理距离,对于教师而言这个"稍等"往往是跨不过的一道坎。当学生的一个答案出来时,其实是有学生愿意追问的,但是老师迫不及待地替学生追问;当学生有追问的时候,老师不分析一下学生的真实意图就即刻解问;当老师讲到兴头的时候,也不顾学生是否听得明白,就一讲到底。此类种种,难怪学生不爱进一步提出问题,更不爱追问了。记得一位老师在上课时,总是在学生回答以后,停顿一下,总是给学生继续思考的时间,以便学生针对此问题的答案,进一步思考其正确性、合理性与全面性,从而追问。不要小看这一个小小的停顿,因为刚开始的时候,这个小小的停顿往往是很长一段时间,但坚持如此,这个停顿会激活学生真正的思考,这个"停顿"让课堂充满活力。所以我们在培育课堂追问的时候,必须有足够的耐心,直到小鸡破壳而出的那一刻。这时,我们才能够加快脚步,培育学生更有深度地追问。

四、激活"情境设计"的智慧

教学情境的设计对于学生在课堂中积极追问,起到非常重要的作用。在去情境化的教学中,学生直接接触现成的结论,知识直接横陈在学生面前,往往让学生失去获取知识的思考空间,不知道知识是为了解决什么问题,以及是如何得来的,这就给学生深刻理解学习内容带来了障碍,不利于学生思维的发展。所以,创设教学情境能够回溯知识产生的过程,从中发现问题,进而帮助学生深刻理解教学内容,发展思维能力,让学生自然地产生追问。这就需要教师善于从教学内容中巧妙地设计教学情境,善于将抽象的知识转变成有血有肉的生活事件,而生活事件中均包含或强烈或含蓄的情感因素与思维"焦点",产生情感与认知冲突,对学习内容产生追问。就问题化学习而言,我们对情境设计提出"两难之后"、"移情之后"、"否定之后"、"比较之后"、"自省之后"、"追究之后"等策略,以方便教师课堂实践。例如,教师布置学生开展制作树叶书签的作业,学生提出的问题一般是"如何制作书签?"可是,当教师在采摘树叶的场景里写几个字——"这是校园里的某某树。"学生就会遇到两难问题,即"学校的绿植能不能采摘?"在追究之后,还会提出审辨的问题:"是完成作业重要,还是爱护有同等生命的树重要?"当然,学生可能还会提出移情性的问题:"当老师看到我们采摘树叶时,他们会怎么想?"通过具体情境中的学习,学生可以清晰地感知所学知识能够解决什么类型的问题,又能从整体上把握问题之间依存的关系。这样,学生就能够牢固地掌握知识应用的条件及其变式,从而灵活地迁移和应用学到的知识。总之,创设、呈现教学情境是教师设计教学的一种智慧与能力,有利于克服纯粹认知活动的缺陷,使学习成为一种包括情感体验在内的综合性活动,对于学生追问的实现具有重要的积极意义。

第三节 "育"——追问需要养成

不可否认,有些学生天生就是一个发现者,对任何事物极具好奇心与探索欲,所以问题不断产生,推动学习的深入。但是,此类学生毕竟是少数,更多的学生在缺少足够的思考力的时候,是需要教师去示范、引领、传授方法的。就算是天赋异禀的学生,靠一些小聪明,而缺少思维的技巧、学科的视角,往往课堂追问也是零散、不聚焦的,解决不了问题。因此,追问是要"育"的,也就是需要教师培养与造就,说简单了,就是要逐步"养成"的。

一、"育": 基于"五何"问题的追问

什么是"五何追问"? 五何问题是问题的基本表达形式,按照问题的指向界定为"是何、为何、如何、若何、由何"。五何问题为课堂追问提供思维上的工具和脚手架,有助于判断问题探究的空间和价值,有助于促进学生高阶思维的发展。

2019年全国卷的高考作文《热爱劳动,从我做起》,就可以用"五何"问题来追问,见表4.1。

表 4.1 《热爱劳动，从我做起》中的"五何"

问题分类	追问
是何	我是谁？我代表什么？什么是劳动？
为何	现代生活，为何还要热爱劳动？
如何	怎样才是真正地热爱劳动呢？
若何	如果热爱劳动，我会给身边的人带去什么？ 假如智能时代机器人可以替代人劳动，人类社会将面临怎样的变革？
由何	劳动产生的根源是什么？人类劳动是如何产生的？

因为一篇演讲稿和一篇普通作文是不一样的，前者可以通过追问来建构起新的创意，建构起新的思考逻辑。从中我们可以发现：追问"是何"，可以得其表意，索其本意；追问"为何"，可以知其然后，究其所以然；追问"如何"，可以懂其原理，学其应用；追问"若何"，可以观其现状，思其变化；追问"由何"，可以追根究底，溯其源头。所以，教师要重视五何追问法，在课堂中经常训练学生五何提问，直到可以自己提出五何问题来思考与解决一个核心问题。建构五何问题的追问，思考视角将会清晰可见，学习也就有了思路。

二、"育"：关注思维品质的追问

学习有时候就像缝衣服，把新知识缝接到原有的知识结构中，也就是在知识与知识之间形成关联，建构知识系统，产生学习的意义。可是，大多数人只完成了获取知识，却忽略了"缝合知识"这一步，另一些人有了一定的缝合，但缝合得不够深入，没有融合一体，也使得学习深度大打折扣。为何无法缝合呢？其中"追问"能力的缺失，是主要原因，因为"追问"能将知识与知识之间的关联严丝合缝，连接成一体。可惜的是学生缺少追问的技巧与方法。究其原因，主要是学生不会调用各种思维技能，形成不了良好的思维品质。所以，我们要"育"的是学生的思维。为此，问题化学习提出 15 种追问视角，分别是：比较的问题、分解的问题、递进的问题、求证的问题、举一反三的问题、审辨的问题、辩证的问题、引申的问题、反思的问题、扩展的问题、潜在的问题、转化的问题、聚焦的问题、归纳的问题、奇妙的问题。具体描述与应用见表 4.2：

表 4.2　十五种追问的问题类型表

问题类型	基本描述	思维类型	教的策略	提出的问题
比较的问题	通过对两种相同或不同事物的对比进行思维，产生问题，寻找事物的异同及其本质与特性。	对比思维	对比一下，让学生观察、辨别，提出问题。	它们之间有什么异同？有什么区别与联系？
分解的问题	把一个问题分解成各个小问题，从每个部分及其相互关系中去寻找答案。	分解思维	对于这样一个……你的脑海中产生了哪些问题？要解决这样一个大问题，你觉得我们可以分成几个小问题来解决？	要解决这个问题，我可以提出这样的问题。
递进的问题	以目前的一步为起点，以更深的目标为方向，一步一步提出问题，以最终解决问题。	递进思维	谁能往下提个问题？谁能说说接下去我们应该思考什么问题？你觉得我们应该进一步研究什么问题？	常用关联词语"又、更、而且、况且、甚至、尤其、不但……而且、尚且……何况……"等提问。
求证的问题	就是用自己掌握的知识和经验去验证某一个结论的思维。	求证的思维	不同学科，求证的过程与方法有所不同？	如何知道？如何验证？从哪里可以找到依据？从中我可以得出什么结论？
举一反三的问题	把一般规律应用于具体事例的思维。	演绎思维	还有同类的问题吗？	我提一个问题？（与过去提问的视角、方法类似的问题）
审辨的问题	审慎地辨别。体现求真的态度、开放的思想、独立自信地鉴定问题，以理由和证据进行系统性分析，体现求知欲与愿意自我修正的认知成熟度。	批判性思维	设计复杂的情境、两难的情境；帮助学生判断新的问题，然后重新思考，讨论思考的标准，可以有开放的结论。引导学生勇于质疑、确证、确认或改正一个人的推论或结果。	用"假如……是否……难道……到底……究竟……"等词提问。

续 表

问题类型	基本描述	思维类型	教的策略	提出的问题
辩证的问题	将对象作为一个整体,从其内在矛盾的运动、变化及各个方面的相互联系中进行思考,以便从本质上系统地、完整地认识对象。	逆向思维、辩证思维	引导学生反过来思考问题,或从反面想,看看结果是什么。引导学生从时间与空间两个维度思考,也可以提供引起矛盾冲突的学习材料,帮助学生找到事物矛盾的两个面,对立统一辩证地思考问题。	"由A及B,可不可能由B及A?"从反面想否定式思考"假如……是否……难道……到底……究竟……"。
引申的问题	由原意产生新意,问题之外的问题。	侧向思维	侧向思维的要义在于"他山之石,可以攻玉"。避其锋芒,独辟蹊径地提出问题。	引申的问题是避开问题本身,在问题之外思考找到新的视角与路径,或解决问题,或拓展了新的问题。
反思的问题	促进反思的问题可以帮助学生自我计划、自我监控、自我调节。这些问题可以由老师引导,也可以由学生自己提示自己。	元认知	帮助学生思考自己是怎么思考的,思考自己是怎么做的。	学到了什么?有什么收获?是通过怎样的过程与步骤解决这个问题的?
扩展的问题	从同一主题/问题出发,是何、为何、如何、假如、由何、奈何、缘何是头脑风暴的思路。扩展的问题没有固定模式,根据具体问题在不同的领域与境遇中去思考,就会发现不一样的问题。	求异思维、平行思维、横向思维等	扩展的问题需要帮助学生从不同的视角、不同的领域、不同的情境中去扩展出新的问题。如果说递进的问题追求的是一种思维的深度,那么扩展的问题追求的就是思维的广度。	从同一主题/问题出发,是何、为何、如何、假如、由何、奈何、缘何是头脑风暴的思路。扩展的问题没有固定模式,根据具体问题在不同的领域与境遇中去思考,就会发现不一样的问题。求异的问题可以多问几个"还可以是什么?还有不同的想法吗?"
潜在的问题	预测可能出现的问题,思考解决的方法。	联想思维、推理思维	未雨绸缪,引导学生思考表面没有问题、现在没有发生,背后会有什么问题、将来有可能发生,假如将来发生时我们应该如何应对。	"你能看出背后的问题是什么?""有可能会出什么差错?""我们现在能做什么?"等。

续 表

问题类型	基本描述	思维类型	教的策略	提出的问题
转化的问题	多个角度观察同一现象,能用另个层次、另个方面、另个角度的问题,解决前一问题。	转化思维、交叉思维、组合思维等	引导学生从各种角度、层次思考,提出问题。	从这个角度,会有怎样的感受?那样思考,会不会更容易解决问题?
聚焦的问题	能够解决诸多问题聚焦而成的核心问题。	核心思维、统摄思维、集中思维等	能在纷繁复杂的问题中找到焦点、在零散的问题之间找到连结,引导学生找到核心问题。	能解决所有问题的一个问题是……?最重要的一个问题是……?等。
归纳的问题	从具体到一般。	归纳思维	引导学生学会归纳的方法,学习提出归纳的问题。	根据它们共同的特点,你从中发现了什么规律?
奇妙的问题	非逻辑的,奇怪的,妙不可言的、不可思议的问题。	灵感思维、跳跃思维、直觉思维、想象思维等	需要鼓励学生提出与他人不一样的问题。	我有一个大家想不到的问题……?

上表呈现的是追问的视角与类型,这些追问都需要相关的思维参与,通过教师的引导,帮助学生发展这样的追问技能。不过这 15 类问题并不能穷尽,因为思维灵活多样,所以追问的视角与类型也复杂多样。

问题化学习母体校的顾俊蓉老师曾经上过一节道德与法治课,学生要在那节课里面学习校园规则。这个校园规则,就是不能随便地破坏绿化、采摘植物,包括树叶。之前他们正好上过一节科学课,做过叶脉书签。老师觉得这是一个点,让孩子们探讨。其中就有一个研讨,即"我们现在要完成树叶书签的作业,我们要采摘树叶。你觉得,我们该不该去采摘树叶呢?"孩子们就会遇到一个两难的问题,既要完成作业,可是树叶也是一种生命,我们是不能随便采摘的。所以蓉蓉老师就问孩子们:"你们当时是怎么处理的?"有的学生睿智地说:"老师我是专门捡掉下来的叶子。"也有小朋友说:"老师我摘小一点的叶子,小一点的叶子更加嫩。"老师笑答:"真的如此?我不相信。"此时,一位学生诚实答道:"我是摘了一片正正好好的叶子。"意想不到的追问就在这个时候产生了。名叫张晓颖的学生说:"我想问大家,作业和生命哪个更重要?"这是一个好问题,是一个审辨的问题。这个问题没有一个标准的答案,需要开放的探讨过程。这样的追问依托的是教师两难情境的创设,调动了学生的审辨性思维,产生了新问题。我们可以采用像蓉蓉老师那样的教学策略,设计或者营造一个"两难"的复杂情境,让学生在这个过程中充分地去思考、表达、追问。长此以往,学生思维的张力,追问的能力会不断提升。

三、"育":建构学科逻辑的追问

从学习知识的过程来看,当我们遇到障碍时,得动用原先所有的已有知识去解释新知识,调用已有的学习经验,调动各种思维的技能,在不断追问的过程中解决问题,直到能够把新学的知识解释清楚时,意味着把新知识纳入了自己的知识体系,将知识漏洞完美缝合。这就是问题化学习者的学习过程,通过追问,明确核心问题,厘清各知识要点,获取解决问题的路径,建构问题系统,从而解决问题。这一定是深度解决问题的过程,学习中的追问将多点的思维贯穿起来,变成线性的、树状的、网状的结构。我们可以发现当学习的结果不断缜密与系统化时,即提升了自主学习的能力,而关键就需要学生在学习中不断追问去"缝合知识"。那么不同的学科与知识内容需要不同的追问深入学习,因此,当学生能掌握不同思维技能,追问出各种类型的问题时候,必须在此时将它们与学科学习紧密结合,建构起符合学科学习逻辑的追问。

先以小学语文课为例。语文老师都知道在理解句子的时候,学生会用抓住关键词语的方法来理解。学生会提出类似"为何要用这个词语?"或者"这个词语的含义是什么?"等问题。但是,学生还能追问出哪些问题呢?实际教学中学生很难追问出新问题,是因为学生缺少问的视角,而这个是需要教师教的。就以《在金色的沙滩上》一课为例,分析一下抓关键词理解句子,如何教学生能够从不同视角追问出有语文学习价值的问题。

问题"三变"

【课文内容】

课文写了一位小姑娘在海滩上为画家看衣服,却不肯收画家送给她的贝壳,并把画家故意丢在海滩上让她捡的贝壳还给了画家。课文赞扬了小姑娘诚实守信、乐于助人的美好品质。

【教学片段】

出示文中句子"小姑娘摇了摇头,说:'我答应了叔叔,一定得等他回来。'"

生问:小姑娘为什么要摇头?为什么一定要等叔叔回来?(抓住文中的关键词提问。)

师问:除了这个问题,你们还能追问哪些问题?(学生似乎提不出其他问题了。)

第一变

出示词语:"心想"。

师:有问题了吗?

生追问:小姑娘在摇头的时候,心里是怎么想的?

生:小姑娘想(联系后文):"答应了叔叔,就得等他回来。"

小姑娘想(联系前文):"老伯伯答应给我看东西,可是如果他也走了该怎么办呢?我得等下去。"

(学生基于文本各抒己见,并联系前后文辨析答案的合理性。)

第二变

出示词语:"难道"。

生追问:难道小姑娘没有想离开过吗?

生:小姑娘不想走!

("不想走?"我故意问道。)

意见立刻有了分化,有的说:"小姑想走,前面不是说了吗?天气热、时间也不早了,肯定想走!"有的说……

一些学生是坚定的卫道者:"小姑娘不想走,因为她答应了叔叔,所以要留下!"

师追问:是不想走,还是不能走?

生答:是想走的,可是不能走,因为答应叔叔必须要做到。

(在不断的追问中,学生最终感受到小姑娘是一个负责任的孩子。)

第三变

出示词语:"如果"。

生追问:如果小姑娘走了,结果会怎么样?

生:可能叔叔的衣服被海水冲走了。

生:可是,老爷爷答应小姑娘会帮助她的,结果叔叔还是会拿到衣服的。

生:老爷爷也不守信用走了,叔叔的衣服就被海浪冲走了。

生:就算小姑娘走了,衣服可能还在原地,叔叔会在涨潮时赶回来,也没关系。

……

【片段分析】

对于句子的提问,为何学生只会对关键词语提问呢?因为教科书中有这样的要求,所以教师常常会训练孩子对关键词语提问。换个角度看问题,告诉我们学生提问是要教的,而且学生很聪明一教就会。

进一步分析案例,问题"三变"可以给我们一些启示:"心想"的问题,是阅读中理解人物语言与行为的好问题,能对人物的境遇感同身受;"难道"的问题,是反问、质疑,能够激出学生的思维,像钟摆一样犹豫与彷徨,很有意思;"如果"的问题,是假设,是想象,会让不可能变成可能,也会让可能成为不可能,是阅读的延续,是奇妙的问题。

首先,这些问题的提出不仅仅使学习变得有趣,更重要的是这些问题对语文学习的意义重大,因为这三类问题建构了理解人物行为的语言品读问题路径,可迁移到一类文本的阅读;其次,三类问题培养了学生的思维,至少关注了"联系的思维、辩证的思维、发散的思维";最后,特别重要的是,这三问让"曲径通幽"的深度学习成为了可能,给予了学生思维技巧,提升了学生思维品质,并将思维引向深处。这样的学习过程,关注的是学习者的思维发展与情感历程,表现为对真实问题的思索与追问,就像一次旅行,笔直平坦的大道固然风景宜人,但穿过弯弯曲曲的小路获得的美景更打动人。

  以上只是教学生追问的一个典型课例,仅仅是冰山一角。当教师对自己所任教学科的知识要点有一个全面系统的认识,当教师对学习这些知识要点的方法了然于心,此时,我们不要急着告诉学生我们要怎么学,而是将这些知识要点的学习逻辑化、系统化,形成符合学科学习逻辑的系列问题,通过追问的方式,帮助学生理解掌握并且学会学习相关知识。

  我们来看数学学习的思想方法之一"特殊化方法"[①]。它指在研究问题时,从对象的一个给定集合出发,进而考虑某个包含于该集合的较小集合的思想方法。这种方法作用在当研究的对象比较复杂时,通过研究对象的特殊情况,能使我们对研究对象有一个初步了解。著名数学教育家波利亚曾举过一个颇为著名的例子:两人用同样大小的硬币轮流放置于一个长方形台面上,不允许互相重叠,谁放最后一枚硬币谁就获胜,现在的问题是,是先放的人获胜,还是后放的人获胜?这个问题使许多人感到困惑,但是用"特殊化方法"来追问的话,就很容易解决问题了。可以这样问"如果这个台面充分小,以致只能放下一枚硬币,那么会是谁先获胜呢?"答案显然易见。这个例子就是用数学特殊化的思想与方法追问的典型例子。当然,诸如"猜想与反驳""演绎与化归"等数学学习的思想与方法还有很多,如果数学教师能够在学生头脑中建立起符合数学学习逻辑的追问方式,那么学生学习数学不仅会有意思,也更有意义。

  我们再来看人文、自然、科学、艺术等类别的学科。这些学科都有其特殊的学科属性,如从理解的视角建构起浅释性理解问题、领悟性理解问题、赏析性理解问题、洞察性理解问题、移情性理解问题、自省性理解问题之间的联系与追问,对于人文学科理解范畴的学习会有很大助益;站在"人地协调观"的视野上,我们建构

[①] 顾泠沅.数学思想方法[M].北京:中央广播电视大学出版社,2016:181.

起"人对地的影响"、"地对人的影响"、"人与地如何协调"①等问题的追问视角,那么对于自然科学类学科的理解会更为积极与全面;如果我们从"审美观念"的角度提出追问,我们是不是可以从康德"审美观念"这一美学核心范畴的角度,建构起对其"知性"、"感性"、"理性"认识范畴的追问系统,使学生对美的理解更为深刻。学生在课堂学习中能追问出体现学科价值的问题,是与教师在学科上的见地与功底密不可分的,因为只有教师将学科学习的逻辑系统与学生一起用追问的方式建构起来时,追问才能够推动学生将学习推向远处、深处。

第四节 培养学生课堂追问的四阶段

我们已经知道追问的课堂不是一蹴而就的,是需要教师持之以恒、始终如一,与学生共同建立良好的学习生态与课堂形态。从实践经验来总结,我们发现追问的课堂会经历四个阶段的成长。

一、第一阶段:自然追问的阶段

追问比起一般意义上的提问要求更高,可以视作二度提问。分析以往的教学过程发现,原本课堂追问基本上是教师的工作,而且往往是优秀教师的课堂优势所在,因为教师的追问可以将学生的思维引向深处,能够直达教学目标,高效地完成教学任务。当然,我们不否认教师课堂追问的重要,但是更得看到,当教师习惯用自己精心设计的追问主导课堂的时候,也是在压制学生的积极思考、自主学习。因此,我们要鼓励学生在课堂中对学习伙伴的学习成果进一步思考,比如对教师的引导提出不同的看法,对同伴的答案进一步质疑,特别是听不懂的时候,一定要

---

① 韩红专.人地协调观素养分析[J].教学考试,2018(18).

敢于提出问题。这就需要课堂形成一种课堂追问的环境。

这个过程就是自然追问的阶段。教师要注意的有两点，一是鼓励，二是激发。鼓励学生在学习过程中不懂就问，想问就问，提出与同伴不同观点的问题，并对优秀的问题及时评价，给予精神与物质上的鼓励。激发更为重要，当教师发现学生对一些问题或答案还存在疑惑的时候，教师不要急于评价反馈，而是等待或刺激一下，让学生追问，从而更深入地解决问题。这个阶段的追问培育需要教师鼓励呵护与激发学生追问的积极性。

二、第二阶段：刻意追问的阶段

刻意追问是相对于自然追问而言的，是在学科学习中，学生能够运用思维技巧与学科技能，有意识地追问出与课堂学习相关的问题。刻意追问的阶段是学科学习中，教师通过创设追问的情境，培养学生追问的能力，促使学生形成学科思维，提升学科能力的学习过程。举个简单的例子，例如一位二年级的科学老师在教授《桥》一课时，出示了赵州桥的图片，让学生提问，有的学生问："这桥是谁造的？"有的学生问："这桥是怎么造出来的？"有的学生问："这座桥为什么有五个孔？"……当学生提出这些问题的时候，老师如何指导提问就有技巧了，一是需要从思维层面帮助学生思考，例如从二年级学生的年龄特点出发，对赵州桥的提问，我们需要调动学生的比较思维，在一般问题的基础上，引导学生发现细节："这座桥与另一座桥不一样。"然后进一步追问："不一样在哪？为何不一样？"（解决桥的建造工艺与科学原理的问题。）二是我们需要从科学学科的特点，引导学生追问"这座桥这样造牢固吗？""为何这座桥要有五个孔？"等问题。刻意追问的阶段，是引导学生学会对一种具体内容的提问，并抽象为对一类学习对象的追问。如有关"赵州桥"的提问，可以理解为对所有的桥都可以从这几个方面追问，再扩大范围，对所有的建筑物，我们都可以用这样的追问来解决该领域的问题。

这个阶段对于追问的培养非常重要，可以将学生的零散问题聚焦起来，形成学科思维，提出优质的问题，并帮助学生学会用此问题，解决一类问题。这个过程根据学习内容的不同,可以是长期的训练,也可以短期实现,是追问力培育的关键。

三、第三阶段：系统追问的阶段

对某一学习对象的系统追问是在刻意追问的基础上实现的。学生在对特定学科内容追问的时候会发现,要解决一个大问题,是在解决几个小问题的过程中逐步完成的。问题化学习将这个大问题称作为核心问题,而几个小问题就是解决核心问题的问题系统。在学习过程中,学生还发现在解决特定的学科问题时,几个小问题往往就是这么几个,八九不离十。也就是说,在解决某个具体的核心问题时,学生可以调用已有的学科学习经验,追问彼此相关的小问题,形成问题系统,来支持解决核心问题。

例如,我们在理解某一动词的时候,我们可以追问出以下问题:"这个动词具体指的是怎样的动作?""这个动词可以换成其他动词吗?""这个动词在文中想表达什么意思?"如果我们要理解一系列动词的时候,我们可以追问:"这些动词分别是什么意思?""这些动词能否替换、能否更换顺序?""这些动词连用表达了什么?"无论是对一个动词或者是对系列动词的连用,对动词的提问无非可以提出类似这几个问题。我们试想,如果学生在解决"如何理解动词在文中的含义?"这个核心问题的时候,连续追问出以上这些问题,形成问题系统,并解决这些问题,学生学习的能力是不是就会提升？我们把这种能力称作系统追问能力。当学生在学习中形成这种能力的时候,往往他们就具备了像教师一样的系统思考能力,那么学生在追问中自然而然地形成了自主学习的能力,学生也能像教师一样备课将成为可能。

四、第四阶段：超越常规的阶段

超越常规的追问阶段,是一个思维活跃、充满想象、充满创造的追问过程,不受学习内容限制,不受学习规范约束,学生在课堂学习中展示的是一场场"思想乒乓球"。学习中,打破师生问答的单边互动,成长为生生互动学习的过程。"思想乒乓球"的提出者是来自上海市宝山区实验小学的张伶俐老师,问题化学习的追问课堂就是要建立以学习为中心的课堂形态,就是问题在哪里发生,探讨在哪里发生,追问就在哪里,学习就在哪里。摘录张老师执教的《养花》一课的教学实录,感受一下学生的"思想乒乓球"。

片段一:学生自由发言,自由追问

生:这里的"摸住门道"的"摸"用得非常精巧。为什么?如果这里用的是别的词,比如:找到门道。用"找"突然间就觉得小了。

生:养花与老舍长年累月的接触有关,然后他慢慢地总结出来。

张伶俐:掌声送给他。我也感觉到养花之道是老舍慢慢总结出来的,慢慢摸索出来的。你说!

生:这里我有一个问题,"摸住门道"这个意思,就是指作者老舍的研究与实验。但是为什么第一小节却说:"我可还没成为养花专家,没有功夫去做研究实验。"

张伶俐:刚才说"摸"不是一个长期发现的过程吗?你看,她多么会联系上文学习。发现了新的问题。你来。

片段二:小结中的深度思考与追问

张伶俐:是的,这就是老舍爱花的生活,爱花、养花、写作,就是他的一种生活状态。是不是啊?好,今天我们的课也快结束了。你还有什么问题,期待下一课我们再来解决的呢?

生1:最后一小节,说:"有喜有忧,有笑有泪,有花有实,有香有色,既须劳动又长见识,这就是养花的乐趣。"可是他中间有"忧"和"泪",这应该是伤心的事,怎么就是乐趣了?

张伶俐:对呀。这个很大的问题,留到我们下一节课再来学习。

生2:老师我还有想说的,我发现大作家老舍,他写这篇文章《养花》跟我喜欢的他的一篇散文《想北平》一样。我发现了他的心思非常细腻,而且他能敏锐地捕捉到自己内心的触动。这样子,他的文章感觉就像在跟我们说话一样很自然,而且淋漓尽致。

生3:其实我刚刚也想说这个的,我觉得这篇文章要联系《想北平》一块儿学习。因为《想北平》写的也就是老舍平凡的生活,然后这一篇写的也就是老舍平凡的养花生活。

张伶俐:……

【片段分析】

这两个片段呈现的就是学生在课堂中的"思想乒乓球"的学习过程。首先这个过程中学生的追问是在学科学习的基础上进行的深度交流的过程,主要是以学生之间的互动为主,体现的是学科思维。其次,这个交流的过程是学生基于大量的课外阅读,也就是具备一定学科素养的状态下,建立了自我意识,提出了自我见解,并在学习中共享。其三,这个学习过程,不在教师的预设中,无论是学生的追问,还是解问,无论是学生的补充,或是质疑,足见学生的学习能力。所以,无论是哪个学科,哪个年龄段的孩子,当他们学会了追问,学会了学习,当他们真真实实成为学习的主人的时候,他们所爆发出来的学习潜能,会推动学习的深度开展。我们将拥有这种状态的课堂学习称为超越常规的阶段,而这种阶段往往是伴随着前三个阶段的磨砺逐渐形成的。

第五章 追问的学习生态

第一节 追问的学习生态系统

一、什么是学习生态系统

1. 生态系统与课堂生态

生态是指生物在一定的自然环境下生存和发展的状态,也指生物的生理特性和生活习性。生态系统,指在自然界的一定空间内,生物与环境构成的统一整体,在这个统一整体中,生物与环境之间相互影响、相互制约,并在一定时期内处于相对稳定的动态平衡状态。课堂教学中存在着教师与学生、学生与学生的互动,也存在着教师、学生与教材资源、学习环境之间的关系。因此,课堂教学中也同样存在着生命体与生命体之间的关系(师生、生生),以及生命体(师生)与非生命体之间(教材、环境)的关系,并且这种关系是互动的。用生态学的视角来研究课堂教学问题也就是"课堂生态"。美国教育学家沃勒于1932年在《教育社会学》中提出通过教师、学生、教学环境(教材包含其中)三个生态因子的整合,达到教学生态的相对平衡,最终达到教学效果提升的目的。

2. 问题化学习的课堂生态

在问题化学习"三位一体"理论中,"以学生的问题为起点、学科的问题为基础、教师的问题为引导"强调了"学生问题为起点"的主体意义与动机价值,加之"以学科的问题为基础,以教师的问题为引导"的统筹思考,在操作层面基于问题较好地解决了学生、教师与学科之间的关系。如果说学生、教师代表生物因子,学科资源代表非生物因子。那么回到生态学,生物因子之间、非生物因子之间以及生物与非生物因子之间的关系是通过能量流动在自然界中构成一个相对稳定的自然综合体。

能量流动是指生态系统中能量输入、传递、转化和丧失的过程,它是生态系统的重要功能。在生态系统中,生物与环境、生物与生物间的密切联系,可以通过能量流动来实现。在问题化学习的课堂生态系统中,"问题"是整个系统中的能量,"问题的发现与解决"则是课堂生态系统的能量流动,"问题化学习"是学生主动学习的内部动力(见图5.1)。

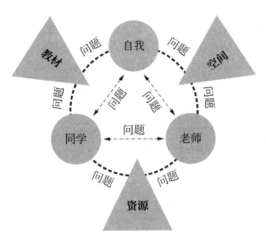

图 5.1　问题化学习生态系统

能量——问题;能量的流动——发现与解决问题;能量的转化——追问。

3. 构建追问的学习生态

生态系统的能量来源于问题,能量的流动在于发现与解决问题,连接在于问题系统。能量流动具有逐级递减的特性,但持续追问可以使得能量源源不断注入。换而言之,追问让课堂的学习"持续发生"。要构建追问的学习生态,除了传统课堂教师的追问,更要加强学生相互之间的追问与自我追问,可以调节各因子(学生、教师、学科、资源等)之间的关系,促进能量(问题)转换,从而改善课堂的学习生态,转变课堂的互动方式,形成学习共同体。

二、追问的学习生态的特征

问题化学习的生态系统,平衡在于三位一体,整体在于核心问题与问题系统,能量在于问题,能量的流动在于发现、提出与解决问题,能量的持续在于追问,交互在于师生、生生互动,共生在于学习共同体与合作解决问题。

1. 整体性

学习生态的整体性可以从学习的角度理解为参与课堂教学的各生态因子都是整体不可分割的一部分,并通过有机的组合以实现更高的学习效能。对于问题化学习而言,如何使得集体学习的效能(整体)大于各部分的组合,那就是课堂需要聚焦核心问题的解决、追问建构问题系统,以及合作解决问题。

2. 平衡性

学习生态的平衡性体现在各因子的关系平衡和状态平衡中,并处于动态平衡中。问题化学习"以学生的问题为起点、学科的问题为基础、教师的问题为引导"的三位一体原理,平衡了学习生态系统中学生、教师与学科之间的关系,并且这种平衡伴随着持续追问处于动态中。

3. 共生性

学习生态促进学习共同体中每一位学习者(学生、教师)的生命成长以形成完整的生命共同体。所有的生命都是平等的、有独特的价值,不可被压抑、被放纵或被孤立。一方面,在教学中教师要充分尊重学生,凸显学生在学习中的主体地位,创造学生追问的机会,促进学生生命的自主发展。另一方面,教师要促进合作,强化师生之间、生生之间互相追问、彼此共生的生态关系。

4. 交互性

首先,学习活动就是一个交互的过程,面对知识,通过"追问"这一能量"唤醒"学生的学习动力,而学生的学习动力又再一次通过"追问"获得知识。能量流动的过程,也是知识获得、智慧生成的过程。其次,佐藤学教授提出的"学习是对话的过程",表现的是三个维度的关系重建,即学习者与客观世界的对话、与他人的对话以及与自我的对话。而这种对话,可以通过追问去建构交互的关系。

5. 开放性

贝塔朗菲认为:"生命机体从原则上被定义为开放形态,生态系统只有在开放的环境中,在与外界环境不断进行物质、信息、能量的交换过程中,保持持久的生命力。"生态系统意味着开放,学习生态也表现在课堂学习时空的开放,同时也要求教师理念和自我精神世界的开放。追问使得问题化学习从课堂延展到全时域发生、全场域发生,实现科学世界与生活世界的连接,当下与未来的对接。

三、优化学习生态系统的策略

1. 关注学生的生态位,调节学习生态系统的平衡

在生态系统的结构中,生态位直接影响生态的平衡性。生态位是每个个体或种群在种群或群落中的时空位置及功能关系。在生态系统中,每一种生物因为其本身的特殊结合、生理特征和行为习惯,故具有自己独特的生态位。教师要关注每一位学生,遵循生态位分化原理,尊重差异,设置针对性的教学内容,遵循个性化的学习方法,创设包容性的学习环境,构建过程性的学习反馈,实现课堂中人际关系、学习目标、学习内容、学习方法、学习环境、学习反馈的平衡,充分发挥处于不同生态位的学生个体及群体之间的彼此依存、互相促进的作用,以保持系统的丰富多样和动态平衡。

2. 培养学生主动追问,赋予学习生态系统更多能量

要创建学习为中心的生态系统,就需要改变传统课堂中教师追问为核心的基本形态,变教师的追问更多为学生的自主追问,就可以改变课堂生态,让生态系统中每一位学习者成为学习的发动机、主动的发球者,成为能量的来源,从而赋予学习生态系统更多的能量。

3. 促进生生互动,激发系统内所有因子的活力

改变课堂师问生答的互动方式,促进多元互动,尤其是生生互动,变教师的追问为学生相互之间的追问。让学习共同体中的每一个成员通过追问卷入其中、投

入其中,让集体学习成为每一个乐手都在发挥作用的交响乐队,每一列车厢都自带发动机的动车组。主动追问与生生互动是改变学习生态的关键。

4. 运用合作解决问题,提升学习生态系统的功能

一方面,合作作为问题化学习的天然选择,它不仅支持并促进问题的发现与提出、组织与聚焦,同时也支持问题的解决与分享、反思与拓展。课堂作为一个复杂系统,合作就成为了课堂从无序走向有序的自组织路径。在学生与教师合作、学生与学生合作中,平等的对话自然展开,学习生态功能的强化,从整体上改善了学习生态系统,健康成长的生命体使学习生态系统处于良性循环发展状态。

另一方面,合作解决问题促进学习生态内的能量流动,优化能量传递与转化的效能,让更多的成员受益。在问题的产生、汇集、聚焦、实施、解决以及分享中,合作意味着更多的追问与对话,能量流动的质和量也发生了改变,信息加工、知识增值,学习变得更为深刻。

5. 追问构建问题系统,促进学习生态系统能量的转化

一个优质的学习生态系统不仅仅存在能量(问题),还能通过学习者的持续探索与追问实现能量的有效转化,使得能量的流动可持续、循环,后浪推着前浪生生不息,这样的生态系统才能实现学习的主动发生、持续发生与深度发生。碎片化的问题不能很好地实现知识的整体建构与学习的有效迁移,追问建构问题系统可以促进学生在学习过程中锻炼思维能力,促进智慧生成,实现认知升级。

第二节 学习生态与共同体建设

一、什么是问题化学习共同体

问题化学习共同体:以解决共同的问题为目标,以不断互相追问为认知情感纽带,以全时域发现问题、解决问题、建构问题系统为协同基础的学习者团体。问题化学习共同体的规模并不固定,如果是几个人彼此认可的需要解决同一问题,那么共同体就可能是一个学习小组(或者说合作小组);如果是全班学生统一聚焦共同的核心问题,那么共同体可能就是整个班级;如果问题的解决是全校师生甚至是整个社区,那么学习共同体的规模也是可以延伸和扩张的。总而言之,学习共同体的规模由问题解决的需要决定。

当学习共同体中提出问题与解决问题是一种常态,那么追问则是连接学习者合作解决问题的一种认知情感纽带。因为有共同的目标,学习者之间的提问、追问使得核心问题的解决得以层层深入。学习共同体不仅仅为了解决问题本身,因为在学习的过程中所产生的情感连接会使成员之间愈发紧密。另外,由于追问让学习得以延展,学习无处不在,学习无时不发生,学习共同体也因此成为一个更为开放的系统。

二、建构学习共同体优化学习生态

1. 建立倾听为基础的学习共同体,优化平和润泽的课堂生态

建立相互倾听的学习共同体是合作的基础,也是形成学习生态系统的基础环境,只有在"用心相互倾听的教室"里,彼此的发言都得到尊重,各种思考和情感才能得以顺畅地交流。尊重学生的教师擅长倾听,善于学习的学生擅长倾听。其中既包括教师倾听学生,读懂学生,也包括学生倾听学生,建立相互学习的关系,以及学生自我倾听,独立思考内化反刍。

2. 建立互学为纽带的学习共同体,重塑民主共生的学习生态

学习共同体中的合作体现一种互学关系。许多教师指示"懂的学生教不懂的学生",而这种方式实际上只是一种单向关系,没有互惠并不能体现真正的合作性,并且这种关系松散而难以维继。必须养成小组内的学生互学的习惯,教师多鼓励"不懂的学生请教懂的学生"。那么请教的方式是什么?询问、追问既是途径同时也可以建立起紧密的互学纽带。

3. 建立师生多元对话的学习共同体，创建交响曲式学习生态

课堂互动的三个主体是"老师"、"同伴"和"自己"。从追问的互动方式看，不应只是教师追问学生，更应着力培养"学生追问学生、学生追问教师、学生自我追问"的心态。在一个学习共同体中，互动追问的组织方式发生变化，其中包括个体对个体追问，具体包括个别学生对个别学生、学生对自己；个体对群体追问，具体包括个别学生对小组，个别学生对班级；群体对群体追问，具体包括小组对小组等。这些多元的互动方式改变传统课堂师问生答的交往方式，形成了更为丰富的信息传播方式与能量流动方式，创建交响曲式学习生态。

4. 建立合作解决问题的学习共同体，形成系统开放的学习生态

建立合作解决问题的学习共同体，包括通过合作促进问题的发现与提出，通过合作有效筛选与组织问题，通过合作有效聚焦核心问题，通过合作有效解决问题，在互动追问中深化问题的解决，通过合作支持问题系统的建构，以及通过合作分享汇报使学习成果增值，让学习的发生在知识内化、能力转化、时空变化上有更多可能，从而形成能量丰富、系统开放的学习生态系统。

三、追问的学习生态构建的实践基础

1. 学生的主体地位

在学习共同体中，学生、教师甚至家长等都可以成为学习者，然而在传统的学习关系中，学生的主体地位往往缺失或者还没有被引起足够的重视。在学习生态建构中，只有学生的主体地位得到充分的尊重，学生才能主动地接受各种信息，积极参与到学习中，而只有在这样的学习生态中，追问才能自然而然产生。《论语》中提到"知之不如好之，好之不如乐之。"对于学习者来说，只有激发学习的主动性和积极性，强化主体的责任感和愉悦感，学习的效果才是最好的，学生的"追问"并不是为了问而问，不是为了迎合老师的需求而问，而是出于对"学习"本身的需求而问。

2. 良好的师生关系

在追问的学习生态构建中,师生的平等地位、和谐关系至关重要。在这样的学习生态中需要学习者能大胆地思考和质疑,自由民主的交流氛围所具有的包容和开放性将有助于学习者思辨性、创造性思维能力的发展。优质的关系中师生互动大大扩展,有利于生成新的知识。

教师和学生在学习共同体中都是学习者和对话者,从学习的角度来看,倾听、复述、询问、质疑、追问、概括等技巧不仅可以提高思维质量也可以促进师生的良好关系。

表 5.1 交流技能

（1）倾听的技巧		
目的	怎么做	怎么说
• **理解**他人见解 • **鼓励**发言者完成发言	• 与发言者目光对视,认真听讲,不要"似听非听" • 点头、微笑,对所听内容表现出兴趣 • 不需要赞同(或反对),用积极的语调回应	• "我明白了……" • "嗯……" • "我知道了……" • "请继续……"
（2）复述的技巧		
目的	怎么做	怎么说
• **表明**你认真听了并且听懂了对方的话 • **理解**对方的情感表达	• 重申基本想法,强调事实 • 重申对方的基本感受,对他人的主要思想做出回应	"我明白了,你的意思是……" "那么你觉得……" "你一定觉得很愤怒,因为……"
（3）询问的技巧		
目的	怎么做	怎么说
• **求证**你的理解是否正确 • **求解**自己不清楚的观点	• 复述对方陈述要点,请对方判断是否正确 • 针对对方陈述的内容,提出自己的疑问	"如果我没理解错的话,你的想法是……对吗?" "基于你的阐述,你是要表达……不知正确与否?" "你说……是什么意思?"

续 表

(4) 质疑的技巧		
目的	怎么做	怎么说
• **辩驳**对方观点 • **质疑**对方陈述中的某一点	• 从对方观点的反面提出自己的问题 • 罗列对方陈述的要点,针对某一点提出自己的问题	"反过来想……难道你还认为是这样吗?" "你说的……中……假如……你还坚持你的结论吗?"
(5) 追问的技巧		
目的	怎么做	怎么说
• **补充**对方的观点 • **归纳**对方的思维过程	• 对比自己的结论,针对对方的遗漏提出问题 • 通过提问让对方清晰表述得到结论的过程	"如果这样……,你觉得还缺少什么?" "你是怎样发现这个问题的?" "当你达到这一步时,你做过什么,什么是有效的,什么是行不通的?"
(6) 概括的技巧		
目的	怎么做	怎么说
• **组织**重要的思想、事实等 • **建立**继续讨论的基础 • **回顾总结**要点	重述、反思和总结主要的思想和感受	"如果我理解了的话,你的核心问题是……" "我认为最重要的是……" "基于几位同学的交流,我可以概括为以下几点……"

3. 优质的问题情境

优质的问题情境能连结学生真实的学习需求与探究冲动,有一定探究的空间,结论不是显而易见,有后继学习的深入追问自然而然发生。因此,优质的问题情境决定了学习生态中的能量,即"追问"的质量,以及在学习者同自我、同伴、教师之间的流动效应。

4. 浸润的学习环境

对于"学习生态"的讨论中我们往往会忽略学习的物理环境——教室。我们总认为教室环境只是学习活动的一个背景,不要太热、太冷或太吵就可以了。但其实这个环境会在不易察觉的情况下影响教师和学生的感觉、思维和行为。例如，如果以"插秧式"排列座位，学生不能进行便捷的讨论是因为座位限定的空间阻碍了深度交流，也就是物理环境直接地影响了他们的参与。教室环境和学生行为之间的联系影响了良好的"学习生态"营造，而良好的"学习生态"又是孕育学生产生"追问"的土壤。

(1) 有利于增强安全感的环境设计

"安全感"和"安全"不同，"安全"是环境设计的基本要求，以学生的身体健康为第一位，而"安全感"是学生从环境中感知的符合学生心理的"舒适感"。合理的教室环境设计除了要注意减少分散学生注意力的内容以及行走路线的合理性，还应注意环境如何能培养学生的安全感这样的问题，增加他们的舒适感，会激发学生对学习任务的兴趣。

(2) 有利于呈现学生追问的环境设计

将追问的语言支架张贴在教室中，例如下表：

表 5.2　追问的语言支架

适用的场景	追问的目的	语言支架范例
发现问题	提出疑惑	"什么时候？谁？在哪里？做了什么？" "为什么会……" "怎样才能让……"
解决问题	判断某一个环节（事件）的合理性	"我认为对（不对），难道是……吗？" "我不确定，我不明白……是不是……？"
	分析讨论更宏观的想法	"这部分包括了……，对吗？" "我们可以就这个想法画一个图……吗？"
	假设结论（根据已知信息）	"我能够预测……吗？" "我认为将会发生……因为……你不这么认为吗？" "如果……将会发生什么事？"
	推断结论（答案）	"根据你的说法，我认为答案是……因为……，结果成立吗？"
小组汇报	表述步骤	"你们的意思是不是首先……接着……再……？" "第一步是……第二步是……最后一步……对吗？" "第一部分讲的是……吗？"

续　表

适用的场景	追问的目的	语言支架范例
小组汇报	描述某事物	用描述性的语言陈述事物细节
	对比不同事物的异同	"我们发现,他们都具有……特点,不是吗?" "他们的不同之处在于……对吗?"
	举例说明观点	"比如说……可以吗?" "这一点很重要吗? 因为……"
组间评价	评估	"我同意这一点,请问是不是……" "我不同意,难道不是……" "还有更好的解决办法……吗?" "最重要的因素难道不是……吗?"

- 设计"问吧",展示学生的"追问"

可以在教室中设计"问吧",学生可以将学习中产生但是不能在课堂上得到答案的问题贴在"问吧",学生、老师可以在这个区域展开课外的问答交流,让学习空间进一步延伸。

- 作品展示区,鼓励学习者互动留言"追问"

他人的作品也是自己深度学习的对象,在传统的教学中,我们总是来不及仔细去品读其他学习者的作品,来不及通过作品的理解来进行彼此的交流和对话。作品展示区,可以通过不同颜色的即时贴相互留言,互相赞赏,增进情感,也展开追问,彼此探讨。

(3) 有利于开展合作学习的环境设计

为了使学生在小组中能够有效地进行学习,同时也为了促使小组更快地形成,教室安排座位可以遵循这样一些基本要求:

- 小组成员应当面对面地相视而坐。
- 组与组之间应当保持适当距离,互不影响。
- 教室的安排应该尽量富有灵活性,方便学生变化小组形式。
- 尽可能让所有的学生都能始终和自己的小组同伴在一起。

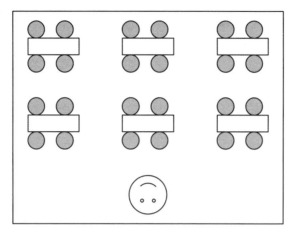

图 5.2 合作学习教室排座——前后围坐成组

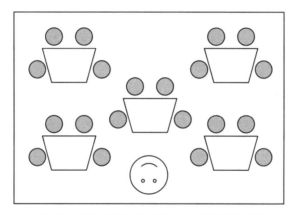

图 5.3 合作学习教室排座——U 形围坐成组

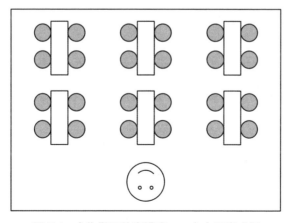

图 5.4 合作学习教室排座——左右围坐成组

(4) 有利于生发"追问"的设计

运用可以提高"追问"效率的工具，可视化、功能化的工具，初建课堂生态的时候可以通过一些激励性的工具或游戏鼓励学生说出自己的想法，养成习惯后可降低外部激励工具的使用。

① 计分牌

每个小组一个台式计分牌，发现问题、追问问题、解决问题都可以有相应的计分……除了配合规则外，计分牌本身具有效率功能，可以帮助老师提高评价的效率。

图 5.5 计分牌（图片来源网络）

图 5.6 追问卡

② 各式卡片

每个小组都有一些"求助卡"、"追问卡"、"发言卡"等。在小组讨论或者小组解决问题的环节，学生可以根据自身情况摆出相应的卡片，让每个学生有机会说出自己的问题，提高学生提问及追问效率。

③ 预学单

每个小组（学生）在课前收到本课的预学单，预学单中通常包含了本课的一些基础知识，学生通过学习在课前就尝试提出自己的问题。

④ 便利贴

便利贴的特性，加上合作解决问题的规则，可以让老师在较短的时间内收集到全班学生的所有问题，并且可以在学生作品上呈现学生的深度思考——"追问"。

《检索表》预学单

一、学习目标
1. 通过使用检索表初步了解检索表的作用；
2. 通过小组活动，初步学会编制简单的检索表对生物分类。

1、请仔细阅读《第二册科技探索学材》p29 页，回答以下问题：
1）地球上约有 35 万种植物和 150 万种动物，你都认识它们吗？如果有个生物在你面前，你却不知道它的名字，想一想你有什么办法认识它呢？

2）在 p29 页上，有一张检索表，请仔细观察并写出**第三次分类准则**：_____

3）(1) G 的特征有 _____。 (2) 猜想它是谁？_____
（3）猜想检索表的作用可能有：_____

2、下列是一张**检索表**，请仔细观察，思考并回答以下问题
（1）检索表内需要包含哪些内容？（多选题）
A. 分类对象 B. 共同特征 C. 不同特征 D. 分类准则
（2）观察"共同特征—分类准则 1-2"你有什么发现？是以哪种方式划分的？（ ）
A. 先划分最基本的差异，再划分较细的 B. 先划分较细的差异，再划分最基本的
（3）编制一个检索表的流程是什么？（请按顺序填写）_____
A. 找出生物的共同特征 B. 仔细观察生物 C. 找出之间的不同特征，确定分类准则
D. 进行编写，保证同组生物最少拥有一个共同特征。

针对蚯蚓、蜗牛、蝗虫、蝴蝶几种动物的分类检索表

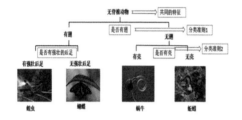

3、请仔细阅读《科技探索 2》学材 p29-33，提出 3-5 个与本课内容《**检索表**》有关的问题，我对《检索表》的问题有：

4、在日常生活中，你觉得哪些场所或什么时候也可以应用到检索表的智慧？（请列举三个）

5、"星目有问"：
在这个美丽的地球上，有许多种生物，你能帮助地区分这些生物吗？请查阅相关资料，找出这些生物的共同特征和不同特征，填在下表中。请查阅相关资料，**选择其中 1 组**，制作一张**图文并茂的资料卡片**介绍它们。

A 组

生物名称	各自不同特征	两者共同特征	四者共同特征
狮子			
乌龟			
蕨类			
荷花			

B 组（自己选择 4 种生物）

生物名称	各自不同特征	两者共同特征	四者共同特征

图 5.7　科学学科预学单（局部）

图 5.8　便利贴

第三节 学习共同体中的追问

一、学习共同体建设

如何确保合作活动能如预期顺利展开？教师对于一些常用合作技能要有所认识，并在日常班级学习生活中，有意识地培养学生。例如倾听的礼仪不仅仅在合作时需要，其实适合任何一种学习和生活场景。而关于"信任"、"言行一致"就是班级公约的一部分。总之，合作技能很多时候并不是特殊的，我们将其归类整理，是为了更清楚哪种技能适合哪一种场景哪一种角色。

1. 领导才能
- 能提出指导性建议以及管理组织流程，帮助小组完成任务
- 能允许小组成员发表不同意见，提醒每个人为自己的言行负责
- 能让所有成员形成"成败与共"意识
- 能鼓励小组成员为了目标而持续努力

2. 决策能力
- 听取他人建议，并能认真考虑他人的建议
- 明确小组提出的所有可能的方案，并能描述每个方案的利与弊
- 当小组需要得出定论时，乐于说出理由做出选择

3. 互相信任
- 说到做到，言行一致
- 表达不同意见时有礼貌
- 能客观评估自身能力
- 以积极乐观的心态参与到小组活动中

4. **话题转换**
- 认真听他人讲话,不随意打断别人
- 能理解他人发表的观点
- 能给出支持性陈述
- 能邀请他人对自己的意见给出回复

5. **积极倾听**
- 停止做其他事,专注地听
- 和发言人有目光交流
- 能用自己的话复述他人的陈述
- 能针对他人的陈述提出自己的问题

6. **情绪管理**
- 发言得体大方
- 大胆陈述观点,不要在意他人的想法
- 能够听取他人对自己的建议
- 能够区分个人需求和小组需求
- 当意见不同时,能包容地接受整个小组的决定
- 当遭遇失败时,能有信心重新开始

二、问题化学习过程中的追问

追问贯穿于问题化学习的全过程,其中通过追问厘清问题,通过追问聚焦核心问题,通过追问分解核心问题,通过追问持续深化问题,通过追问反思问题解决,通过追问拓展问题视域。

1. **发现与提出问题阶段的追问**

在这一阶段,追问的主要目的是为了厘清已经提出的问题。例如,在《小探究》一课中①,在对"面积相等的图形,周长会怎样?"这一问题的探究过程中,学生

---

① 执教:上海市宝山区第一中心小学,王蔚。

先根据已有经验做出猜测,然后画图来验证自己的想法。

生1:我觉得面积相等的图形,周长有时一样,有时不一样。(见图5.9)

生2:你的一样去哪儿了?(澄清问题)

生3:这里只看到了不一样。

生4:我是这样举例的(见图5.10)。我发现:图形面积一样时,周长有时相等,有时不相等。

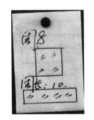 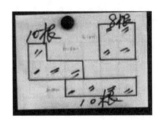

图5.9 面积相等的图形(一)　　图5.10 面积相等的图形(二)

师:要说明这个观点,他举的这三个例子够了吗?为什么?

生:……

"你的一样去哪儿了?"这样的追问,背后是学生之间观察与思维能力的差异。在这个过程中,学生间的追问帮助学生澄清他所要表达的"面积相等(比如同为4)的图形,周长有时相等,有时不相等(8与10)"。但上例中要说明不一定相等就需要既举出不相等的例子,也要举出相等的例子,而不在于例子的多少,这是举例验证数学问题的思考方法。

2. 组织与聚焦问题阶段的追问

到了第二阶段,就要想如何通过追问聚焦核心问题,构建问题系统。例如,在高中艺术课《清明上河图》一课中,学生通过"智慧共想法"的合作方式,收集整理全班的问题,到第二阶段,呈现出这些问题后,通过追问"学习《清明上河图》的意义是什么?"来确定核心问题——"《清明上河图》的赏析方法是什么?"再将之前第一阶段的几十个问题重新梳理,与核心问题一起构建出关于《清明上河图》赏析的庞大的问题系统。

3. 实施与解决问题阶段的追问

在这一阶段的追问中,我们可以看到学生在解决问题时基于证据的追问。例如高中历史课《康乾盛世》中,学生根据重重史料证据,一步步展开追问:"康乾盛世真的'盛'吗?"而在小学绘本课《十一只做苦力的猫》中,学生面对两难问题(采摘树叶做书签)追问:"究竟是作业重要还是生命重要?"在开放性问题"你喜欢古代生活还是现代生活?"中,学生转换视角追问道:"一方面古代生活中的自然生态没被污染,绿水青山令人向往。但另一方面古代生活交通不便,跋山涉水难以远足。对于我来说,是绿色家园更重要,还是便捷的生活、丰富的体验更重要?"等。无论是基于证据的追问还是探讨本义的追问,又或者是转换视角的追问,在这一阶段,追问无疑是培养学生审辨性思维的关键。

4. 汇报与分享成果阶段的追问

学生的作品完成了,学习是不是就结束了呢?首先,在学生作品展示的同时,互动"追问"式评价反馈,可以帮助学生重温学习目标,回顾学习重难点的突破的关键要素。例如,在小学美术课《夸张的面具》一课中,学生在欣赏他人作品后追问:"我看到你的作品中的眼睛特别夸张,你想表现什么呢?"类似这样的追问,让学生又一次厘清设计意图与表现手法之间的关系。又如初中科学课《动物的家》一课中,当每个小组上来交流自己的"动物之家"设计稿时,组际评价展开追问:"这个坡度的设计对于饲养乌龟有什么意义吗?""这样的空间设计对于喂食仓鼠是不是不太合理?"……追问的背后是进一步理解动物生活习性与居住环境之间的关系。

其次,课堂上不能解决的追问,鼓励学生课余进行小专题研究。例如小学三年级数学课上,学生对于"角"提出了各种各样的问题,很多问题都超越了课堂,老师梳理了学生的追问后建构了一个关于角的专题系列:"都有哪些角?""有比锐角还小的角吗?有比钝角还大的角吗?""放大镜下,角会变大吗?""如何画角?"……

三、学习共同体中的追问

1. "一度追问"与"二度追问"

第一次的"一度追问"到第二次的"二度追问"实现的是知识内涵的深化、理解探究的进一步。

例如学生在学习《论语》时,"子疾病,子路请祷。子曰:'有诸?'子路对曰:'有之。《诔》曰:'祷尔于上下神祇。''子曰:'丘之祷久矣。'"针对这一学习内容的"一度追问"集中于字面解释:

什么是"请祷"?

《诔》是一本书吗?

"神祇"的"祇"是什么意思?

……

当学生通过资料查询和老师的解释,知道了这段文字的意思:孔子病情严重,子路向鬼神祈祷。孔子说:"有这回事吗?"子路说:"有的。《诔》文上说:'为你向天地神灵祈祷。'"孔子说:"我很久以来就在祈祷了。"学生展开了"二度追问":

《论语》中只有"子曰"时才会用"丘",为什么?

《论语》中解释为"我"的字有"吾"、"予"、"我"等字,那么这个"丘"读 mou,是通假字"某",还是孔子的名"丘"呢?

孔子说自己很久以来就在向鬼神祈祷了,那么为什么《论语》中还有"子不语怪、力、乱、神。"这样的说法?这不是矛盾吗?

……

在这个案例中,我们可以看到学生从文字解释、段落理解的"一度追问"向文字表达规律和文章核心发问的过程,也就是"二度追问"。"二度追问"基于学生的原有知识经验,还有对《论语》前后内容的联系,因而引出孔子的"祷"真的就是向鬼神祈祷吗,还是对"仁"、"道"的追求?

2. 激发"二度追问"

为了使学习更深入,教师要激发课堂里的"二度追问",甚至第三、第四次追问。例如,在高中历史《考古与文献中的夏文化》[1]一课中,课前教师布置学生通过查找资料尝试自己解决这些问题,课堂上学生展示了百度百科等网络搜索的资料以及《上下五千年》《史记》这样的书籍资料。

(第一次提问)教师适时提问:"网络资料、现代文献和古代文献,哪一个史料价值更高?"引导学生思考史料获取的途径。教师帮助学生补充了更为完善的古代文献资料,如《左传》《竹书纪年》《礼记》《尚书》等,阅读这些文献记载,学生初步解决了这些问题,知道了夏朝的历史状况,并且得出结论——夏朝具备了国家的基本特征,夏朝是中国历史上的第一个王朝。

(一度追问)此时教师趁热打铁追问道,"夏朝真的是中国历史上的第一个王朝吗?文献资料真实可信吗?这些资料足够证明夏朝历史了吗?除了文献资料还有什么资料史料价值更高?"从史料分类和史料价值上引导学生进一步思考考古挖掘的证史价值。以"二里头文化遗存"为研究对象,教师和学生一起梳理夏朝的特征,并很快又得到了结论——夏朝具备了国家的基本特征,夏朝是中国历史上的第一个王朝。

(二度追问)教师追问:"夏朝真的是中国历史上的第一个王朝吗?考古资料解读准确吗?单一资料证史的方法科学吗?"引导学生思考文献资料和考古资料相互印证补充的研究方法,学生发现考古资料的部分内容可以与文献中的夏朝有所印证,那么学生也就自然而然地接受了"二重证据法"的历史研究方法,并感悟求真与探索的科学治史精神。

(三度追问)通过两次学习和证明,学生认为夏朝是中国历史上的第一个王朝了,此时教师再一次追问道:"夏朝真的是中国历史上的第一个王朝吗?为什么《全球通史》中承认的中国历史上的第一个王朝是商朝呢?"

这个案例,体现了教师层层推进的追问,但问题化学习的课堂体现的是学习

---

[1] 执教:上海市宝山区海滨中学,蓝文仙。

共同体之间的追问,我们更希望是师生、生生的互动追问,我们也把它比喻成是课堂里的"思想乒乓球"。

3. 课堂里的"思想乒乓球"

如下图所示,围绕一个话题:你喜欢古代生活还是现代生活?这个话题就是一个"球",把这个球打出去,这球可以是老师"发"的,也可以是学生"发"的,但是肯定是这个课堂的核心问题。打出去的时候有一个人起来陈述观点了,他说:"我喜欢古代,因为古代没有环境污染,人更健康。"老师说:"谁来接这个球?不要老是回到我这个地方,你们每个人要认真地倾听,然后接着他(她)的话讲,接着他(她)的话讲可以是补充,也可以是质疑,也可以是追问,也可以是不同观点的陈述。反正就是'接球'。"接下去又有一个同学"接球"了,他说:"我有不同观点,我觉得似乎现代更好。现代生活便捷、医疗发达,古代虽然没有环境污染,但是那个时候人的寿命反而更短,而现代人的寿命更长。"这时候又冒出来一个人,他有不同的观点,他说:"我觉得现代的生活工作节奏太快,无法享受生命的长度。"这会儿一个人又突然冒出来,他说:"我有追问,生命的意义在于长度吗?"……这个追问的过程就是思想乒乓球,一个球打出去,没有全部回到老师那里,而是不断有人接球,接着下去,一个接着一个,在学习者中间进行着思想的碰撞与能量的流动。

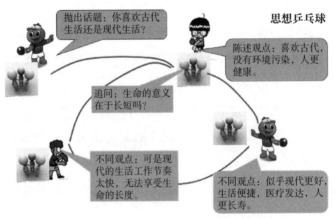

图 5.11 思想乒乓球——你喜欢古代生活还是现代生活

当然,打好课堂里的"思想乒乓球",不仅需要"发好球"(抛出好的问题),也需要"接好球"(通过追问补充质疑把球传下去),还需要老师该出手时就出手的"救球"(思维阻滞、观点雷同或一方败阵时),让更多学生参与打球,把问题的探讨推向多角度、深层次,最后需要总结好"球路"(梳理解决问题的路径、思考的方法与过程)。

第六章 追问的学习评价

第一节 学生追问的能力进阶

一、追问一个问题

1. 追问现有问题

就是对原来需要探索的问题范围或问题指向进行反思,进而提出新的问题或更明确的问题。

例如:夏朝是中国历史上的第一个王朝吗?

老师:对于学习历史而言,我们不仅仅需要知道具体的事实,我们更需要掌握的是"我们是如何获得这个事实的,我们如何证明这确实是事实"。所以,你们觉得仅仅获知夏朝是中国历史上的第一个王朝就是我们学习历史的核心吗?我们的问题应该是?

学生——我们是如何知道的?

2. 追问解决方案

就是对问题解决的过程、方法、路径进行反思,提出新的问题。

例如:你是如何知道夏朝是中国历史上的第一个王朝的?

学生通过百度搜索的网络资料与《中华上下五千年》获得基本结论——夏朝是中国历史上的第一个王朝。

老师引导:大家对于这样的文献依据是否有其他的想法,你的问题是什么?

学生追问:是否还有其他的文献?百度资料、现代文献、古代文献,哪种史料价值更高?

老师推荐:《礼记》《尚书》《春秋左传》《竹书纪年》。

老师追问:单一资料证史的方法科学吗?你们还知道有哪些其他证史的方法与路径吗?是的,我们可以用考古的方式,对于夏朝而言,有一个遗址非常重要,大家知道是什么地方吗?——二里头遗址。

3. 追问已有结论

就是对已有问题的结论或答案提出质疑,进而追问。

例如:学生通过文献资料与考古资料都考证了夏朝确实是中国历史上的第一个王朝,这时教师出示了美国历史学家 L·S·斯塔夫里阿诺斯创作的历史著作《全球通史:从史前史到 21 世纪》,著作中写到中国历史上的第一个王朝是商朝。

学生追问:为什么同一段历史有不同的解释?如何处理不同史料?

二、不同视角追问

1. **不同维度**

不同的维度包括指向问题解决的具体内容,还是过程方法,抑或价值立场。

例如:哥伦布与郑和,谁更伟大?

内容维度追问:哥伦布与郑和,从历史看他们出航的历史原因是什么,又分别对世界产生了哪些影响?他们的航海又分别具有怎样的地理价值?对本国经济发展的影响如何?他们出访推行的对外政策有何不同?对到访国家及地区的影响分别有何不同?

过程方法维度追问:我们可以从哪里获取可靠的信息?

价值立场维度追问:从本国利益、出访国利益,以及世界的立场,我们是否会作出不同的判断?

2. **不同视角**

就是从不同角度提出的问题,在 15 种追问视角中已有详述。

三、持续深度追问

1. 持续思考

持续思考就是一而再再而三持续探索追问。

例如：发现特点——寻找规律——进行验证。

周长相等的长方形，面积是否相等？——不一定。

那周长相等的长方形，面积大小有什么特点？——长宽越接近，面积越大。

周长一定的条件下，怎样围长方形面积最大或最小？

是否所有的长方形都具有这样的规律呢？怎么验证？

2. 系统思考

就是全面地思考问题，从不同方面全面解析，进而前后联系形成更大的问题系统（如下图所示）。

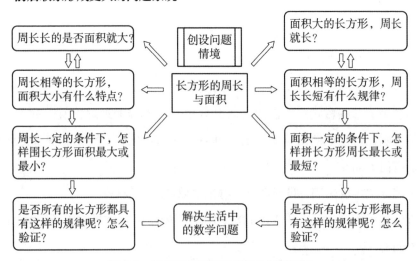

图 6.1 《长方形的面积与周长》问题系统

3. 辩证思考

否定之否定,对立统一地对问题进行思考。

例如:康乾盛世一定盛吗?

追问:如何理解康乾盛世的"盛中有衰"?

四、追问建构问题系统

1. 此个问题系统

对目前需要解决的具体问题通过追问形成问题系统,是具体问题具体分析,并不一定能够产生规律性的迁移。

2. 此类问题系统

是在解决这个问题的时候,所形成的追问路径以及建构的问题系统还能迁移到这一类问题,形成图式。

例如:议论性散文命题作文《大海》——物象类作文[①]。

如果作文题是一个具体的自然景物,怎么办?

问题路径:景观聚焦点——人的活动——事(哲)理

问题系统:这个自然景物中是否存在值得关注的细节?从这个景物出发,你联想到了什么有关的自然现象?这个景观、自然现象或细节与社会生活中的哪一个场景相似?其中蕴藏着哪个值得深思的问题?包括"该特征所蕴涵的事理?""事理中的人生哲理?"以及"对我们的启示"等问题。

---

① 设计:上海市吴淞中学,唐秋明。

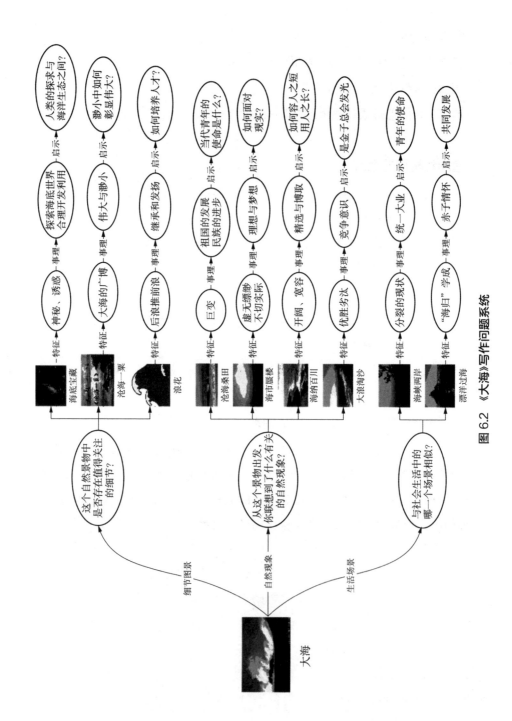

图 6.2 《大海》写作问题系统

第二节　学生追问的能力维度

一、主体性维度

1. 教师引导下追问

在教师引导下或教师创设的情境中产生追问。

2. 伙伴互动追问

主要是指同学相互之间的追问,包括组内同学的追问,以及班级集体学习过程中的追问。

3. 独立自我追问

更多地表现为独立面对情境下的自主追问,是一种自觉有意识的学习行为。在独立学习过程中的自我对话过程,这种追问比较内隐,但具有强烈的动机系统与元认知系统。

二、关键性维度

1. 抓住牛鼻往前走

抓核心、明方法。通过追问厘清、聚焦核心问题;抓住要害,明确主要方法。

例如:《灯光》一课中,可以追问:"通过灯光,作者想要表达什么?文中出现过几次灯光,几次描写都一样吗,通过不同的写法作者想要表达什么?"

2. 庖丁解牛破核心

破核心、寻路径。通过追问分解核心问题,并找到破解难题的关键切入点,明确路径与解决问题的先后顺序。

例如:《台阶》一课中,可以追问:"为何父亲造了台阶却又不自在了?"(符合学生认知。)

三、创新性维度

1. 不拘一格辟蹊径

通过追问之后,寻找到一条不一样的路径。创新了原有的思考方式。

例如:背影解读——独创问题系统(第三章第二节"三角图系统")。

在解决具体问题的时候产生了独创性的路径,所建构的问题系统体现了创造性的认知图式与心智模式。

2. 柳暗花明又一村

追问之后,打开了一个新的局面。离开了原有的思考框架。

例如:中国山水画构图留白给人有哪些美的意蕴?

原来探讨:山水画构图的特点是什么?为什么要留白?留白给人带来怎样的美感?

追问1:北宋时期,北方山水派系和江南山水派系各自的特点是什么?其画风是否与南北方的山水地貌、风土人情有联系?

追问2:是什么因素促进了山水画中构图留白的形成?是南宋政治变革引起的"残山剩水"意识,还是江南水乡的视觉影响,或是文学抒情诗意的弥漫?

追问3:山水画如何实现写实向写意的转变?留白中的未完成与长卷、章回小说、戏剧的未完成是否有联系?

追问4:如何理解东方哲学中的虚实相生、有无相成?

表 6.1 追问评价表

能力维度 能力进阶	一、主体性维度 1. 教师引导下追问 2. 伙伴互动追问 3. 独立自我追问	二、关键性维度 1. 抓住牛鼻子往前走 2. 庖丁解牛破核心	三、创新性维度 1. 不拘一格辟蹊径 2. 柳暗花明又一村
一、追问一个问题 1. 追问已有结论	1. 在老师的引导下对已有的结论进行质疑,产生新问题。 2. 对同伴的回答或结论进行质疑。 3. 能够随时对已有结论保持怀疑的态度,提出新问题。	1. 能够抓住要害之处对结论进行质疑追问,使问题更深一步前推进。 2. 能够有步骤地对结论追问,使问题得到圆满解决。	1. 原有问题框架下有了不一样的结论。 2. 拓展了原有问题并有了不一样的结论。
2. 追问解决方案	1. 在老师的引导下对现有的解决方案进行反思。 2. 对同伴的解决方案质疑,或请教,或从不同思路追问提出新问题。 3. 能够自觉对现有方案进行再次思考,发现漏洞提出问题,或发现追问新的路径。	1. 基于核心问题,追问思考的方法。 2. 基于核心问题,追问明确解决问题的切入点与先后程序。	1. 原有问题框架下有了不一样的思考方法与路径。 2. 拓展了原有问题框架并有了不一样的思考方法与路径。
3. 追问现有问题	1. 在老师的引导下对原来问题的范围,指向进一步追问,产生新问题。 2. 听不明白同伴问题,或对同伴的问题进一步探究追问或新问题。 3. 能够自觉再次审思原问题,进行追问厘清问题。	1. 追问厘清核心问题。 2. 追问分解核心问题。	1. 离开了原有问题,但还在原有领域中。 2. 离开了原有问题,而且进行跨领域的思考。

续表

能力维度 能力进阶	一、主体性维度 1. 教师引导之下追问 2. 伙伴互动追问 3. 独立自主	二、关键性维度 1. 抓住牛鼻任前走 2. 庖丁解牛破核心	三、创新性维度 1. 不拘一格辟蹊径 2. 柳暗花明又一村
一、不同维度	1. 在老师的引导下就问题指向的具体内容,或者过程方法,抑或价值立场提出追问。 2. 对同伴的问题,能够从问题涉及的不同内容,如何解决问题,或者价值立场进行追问。 3. 能够自觉再次审思自己问题涉及的内容,以及解决问题的过程与方法,对问题的价值立场,并进行反思、追问,发现新问题。	1. 明晰主要追问维度。 2. 明晰追问维度的思考程序。	1. 原有问题框架下用新的视角去思考。 2. 拓展了原有问题框架并用新的维度去思考。
二、不同视角追问	1. 在老师的引导下或情境激发下从不同视角进行追问。 2. 学习共同体在头脑风暴中从不同视角进行追问。 3. 能够独立从不同视角进行追问。	1. 明晰有价值的追问视角。 2. 明晰追问视角的思考程序。	1. 原有问题框架下用新的视角去思考。 2. 拓展了原有问题框架并用新的维度去思考。
三、持续深度追问	1. 在老师的引导下或情境激发下接二连三进行追问。 2. 学习共同体在头脑风暴中接二连三进行追问。 3. 能够自觉追问根究底接二连三自我追问。	1. 围绕核心问题接二连三进行追问。 2. 在对核心问题的追问中寻找到关键切入点,明确路径与解决问题的先后顺序。	1. 原有问题框架下有新的突破。 2. 追问拓展了原有问题框架并使之有新的突破。

续 表

能力进阶	能力维度	一、主体性维度 1. 教师引导之下追问 2. 伙伴互动追问 3. 独立自我追问	二、关键性维度 1. 抓住牛鼻往前走 2. 庖丁解牛破核心	三、创新性维度 1. 不拘一格辟蹊径 2. 柳暗花明又一村
	2. 系统思考	1. 在老师的引导下全面思考问题，从不同方面进行追问。 2. 同伴互助全面追问，从不同方面进行追问。 3. 能够独立全面思考问题，从不同方面进行追问。	1. 从影响事物的主要方面思考进行追问。 2. 从关键要素出发有条理地进行追问。	1. 原有问题框架下追问使之有新的结构。 2. 追问拓展了原有的结构并形成新的结构。
三、持续深度追问	3. 辩证思考	1. 在老师的引导下否定之否定地进行追问，能对立统一地对问题进行思考。 2. 同伴互助下否定之否定地进行追问，能对立统一地对问题进行思考。 3. 能够独立自我否定再否定地进行追问，能对立统一地对问题进行思考。	1. 抓住事物的主要矛盾进行再否定地追问，对立统一地对问题进行思考。 2. 抓住事物的发展变化进行再否定地追问，对立统一地对问题进行思考。	1. 原有问题框架下追问使思考更辩证。 2. 辩证思考拓展了原有的结构。
四、追问建构问题系统	1. 此个问题系统	1. 在老师的引导下回顾追问的过程并对具体问题的解决路径归纳形成问题系统。 2. 同伴互助下共同追问归纳形成问题系统。 3. 能够独立反思追问过程，对具体问题的解决路径归纳建构问题系统。	1. 问题系统的子问题很关键。 2. 问题系统的结构合理。	1. 原有问题框架下，富有创意的思考路径，个性化的问题系统。 2. 拓展了原有问题框架，富有创意的思考路径，个性化的问题系统。

续 表

能力进阶 \ 能力维度	一、主体性维度	二、关键性维度	三、创新性维度
四、追问建构问题系统 2. 此类问题系统	1. 教师引导之下追问 2. 伙伴互动追问 3. 独立自我自主 1. 在老师的引导下对追问路径及问题系统进行归纳形成图式，做到举一反三，触类旁通。 2. 同伴互相启发下对追问路径及问题系统进行归纳形成图式，做到举一反三，触类旁通。 3. 能够独立对反思追问路径及问题系统进行归纳形成图式，做到举一反三，触类旁通。	1. 抓住牛鼻子往前走 2. 庖丁解牛破核心 1. 问题系统在特定领域中具有典型意义。 2. 问题系统在特定领域中具有应用价值。	1. 不拘一格辟蹊径 2. 柳暗花明又一村 1. 在原有问题框架下，解决具体问题的时候产生了独创性的做法。 2. 拓展了原有问题框架，所建构的问题系统开创了新的认知模式与心智模式。

第三节 课堂观察与评价

一、课堂观察与评价的维度

1. 学生追问的视角与深度

课堂可观察学生追问的视角是否多元,是否体现了多维度思考,并打开了新的思考局面,还包括学生追问的视角是否切中要害,是否有深度的持续探索、系统思考及辩证思维等(具体的指标内容可参考本章第一节和第二节的相关内容)。如表 6.2 所示。

表 6.2 学生追问的视角与深度

	人数	占比	不同类型[①]
学生提问总数			
追问视角多元			
追问有深度			

2. 学生参与课堂的广度与深度

课堂还可以观察学生参与课堂的广度与深度,具体可包括学生发言的总时间、发言总人数、游离人数,主动追问的人数、主动应答的人数、被动应答的人数,见解独到的人数、二度追问的人数等。(见下表 6.3)

3. 学生合作互动的参与成效

通常指学生在合作过程中的倾听、主动追问与应答的情况。既包括 2 人、3 人、4 人组,或 5—6 人组内互动,也包括组间互动的情况。(如下表 6.4)

---

① 如男生、女生,如学业优秀生、学业中等生、学业困难生等。

表 6.3　学生参与课堂的广度与深度

		数量	占比	不同类型
参与广度	学生发言的总时间			
	发言总人数			
	游离人数			
	主动追问的人数			
	主动应答的人数			
	被动应答的人数			
参与深度	见解独到的人数			
	二度追问的人数			

表 6.4　学生合作互动的参与成效

活动	互动指标	小组 1	小组 2	小组 3……
活动 1	倾听			
	追问			
	主动应答			
	被动应答			
	二度追问			
	游离人数			
活动 2				
活动 3				

4. 老师对于学生追问的孵育

是指教师对学生学会追问有系统的培育规划,并在本节课中有侧重落实,可在教学设计中有所体现。还包括教师是否铺设情境,或使用有效教学语言引导并孵育学生追问,也可以在学生的学单中有所体现。课堂观察可根据执教教师的教学意图来判断具体课堂实施的效果。

5. 老师对于学生追问的处理

是指教师面对学生追问的回应进行合理性判断。可以建立多个维度进行评估:一是回应时机的把握,包括即时回应与延迟回应;二是回应主体的选择,是教师自己回应还是推给其他同学进行回应,对于有探讨价值的个别学生的追问,教师是否通过有效的提醒方式如其他同学的复述来引起全班同学的注意等;三是教师对于问题的价值判断,对于非常有价值、部分有价值、基本没价值的追问是否进行了合理评价并处置得当,包括对不同问题的选择、对接与转化等。

二、课堂观察与评价的实施

1. 观察与评价工具的研制

课堂座位表的绘制既有利于执教者进行个别化精准帮助,也有助于观测者进行过程观测,如下图 6.3 所示,通过作业或预学诊断后,不同学业情况①的学生通过不同符号进行标记,有助于执教者在教学过程中精准帮助与观测者在观测过程中进行针对性观测。

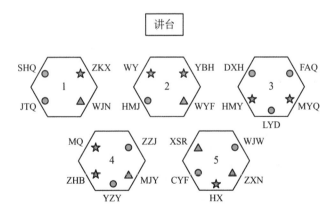

图 6.3　基于座位表的个别化精准帮助与过程观测②

---

① ☆代表能够安全掌握的学生,〇代表通过引导能够掌握的学生,△代表有困难需要具体指导的学生。
② 选自 2019 年 10 月 17 日问题化学习研究所承办的上海市"双名高峰"科研联盟活动:导向深度学习的课堂循证研究——让"问题化学习力"可见,执教:上海市教育学会宝山实验学校,袁宁。

表 6.5　问题化学习课堂评价表

学校			执教者		学科		年级	
课题								
问题化学习力	观测对象	指标选项 （由执教教师自己勾选）			具体行为 （由执教教师填写）			得分
问题的发现力 20′	学生 10′	敢于提出自己的问题 □ 能够提出有价值的问题 □ 能够清楚地表达问题 □ 能够理解倾听他人问题 □			★执教者参照问题化学习能力目标中的具体指标，并结合本课时问题化学习力突破点及学情简单描述。（下同）			
	教师 10′	引导学生主动发现问题 □ 摸到学生的真实问题 □ 引导学生清晰表达问题 □ 鼓励学生相互倾听问题 □ 指导学生提问学科视角 □						
问题的建构力 30′	学生 10′	学会判断核心问题 □ 学会建构问题系统 □ 能够完善问题系统 □ 能够追问深究与质疑 □						
	教师 20′	辨别学生问题对接学科 □ 转化引导聚焦核心问题 □ 引导学生关注有价值的问题 □ 引导学生发现问题间的关系 □ 引导学生建构问题系统 □ 孵育学生持续追问 □						
问题的解决力 30′	学生 10′	能够独立解决问题 □ 能够合作解决问题 □ 学会交流与汇报 □						
	教师 20′	不同问题匹配适切活动 □ 聚焦推进核心问题的解决 □ 引发学生深度学习的问题 □ 合理应对学生过程问题 □ 促进并组织有效交流分享 □ 合理安排独立及合作活动 □ 及时准确全面获得反馈 □						

续 表

问题化学习力	观测对象	指标选项（由执教教师自己勾选）	具体行为（由执教教师填写）	得分
问题的反思力 10′	学生 5′	反思归纳学习方法 ☐ 学会调控学习过程 ☐		
	教师 5′	促进学生反思回顾问题解决的过程，形成学习经历 ☐ 引导学生完善问题系统，总结归纳学习路径 ☐		
问题化学习的设计力 10′	学生 5′	能够设计学习任务 ☐ 学会自定学习步骤 ☐		
	教师 5′	指导学生规划学习方案 ☐ 引导学生设计学习步骤 ☐		
总体评价	90—100 分 优秀（ ）	80—89 分 良好（ ）	70—79 分 中等（ ）	60—69 分 合格（ ）	60 分以下 需努力（ ）	总 分
	综合评价			

除此之外，课堂观察表的研制对于课堂评价具有导向作用，可以将学生追问作为重要的内容落实到评价指标中去。

如果需要了解学生对于课堂学习过程中的体验，则可以通过问卷调查与访谈获得更具体的信息。其中包括不同学生对于各个学习活动的理解、感受与态度，这些信息一般很难通过观测获得。比如，"你觉得自己以及身边的同伴都会大胆地对已有的结论提出质疑吗？如果不会，你觉得主要的困难是什么？如果你的问题得不到老师及时的回应，你希望通过什么途径得到妥善解决？"等。学生的学业效果则可以通过纸笔测试等方式来检测。

2. 观察者的分工与协同

可以根据观测的任务进行分工，分别负责"学生追问的视角与深度、学生参与课堂的广度与深度、学生合作互动的参与成效、老师对于学生追问的孵育、老师对于学生追问的处理、不同类型学生的学习获得情况分析"等。关注搜集不同的证据进行相互印证，如需要检验合作互动的参与成效是否会促进深度学习，包括知识的领会与迁移,问题解决能力,可以通过行为观测分析、纸笔测试、调查访谈获得多方数据后进行相互印证。

3. 观察记录与数据整理

注重量与质的混合研究,质的研究可以比较好地反映事物的特征、过程或变化。量的研究可以通过统计获得在这个问题中不同对象同一特质的程度反映。为凸显实证立场,研究者应坚持亲自在现场收集观察资料,为提出理论假设或检验理论假设而展开研究。现场数据包括一些指标的频数统计,也包括反映课堂行为的现场照片、课堂录像等,注重观察记录后的数据整理与诊断分析,也可以应用新技术帮助数据的采集与挖掘。

4. 教师反思与集体研讨

教师进行课堂观察与评价的基本途径是自我反思与集体研讨。可根据研究点的选择制定课堂的观察点,再根据观察点获得的信息数据进行分析判断获得结论,参与协同研究的伙伴在课后围绕主要的观测点进行研讨,最终获得进一步改进课堂的方向。

三、课堂微实证研究

1. 分步实施与阶段突破

基于课堂改进的循证研究,既需要对整个问题化学习的课堂与学生能力的发展要求有一个整体把握与系统规划(详细可见本章附录"问题化学习的能力目标"),又需要根据学情与现有课堂的发展现状制定好课堂阶段突破的重点。围绕"学会追问",确定自己课堂研究的小课题可以从需要解决的问题入手,如"学生从提一个问题到连提三个问题需要多久?如何把老师的提问转变为学生自主提问,需要哪些价值观念、方法原理、策略技术?合作解决问题中如何通过互相追问导向深度学习?"……形成基本的实践办法即操作假设后,在课堂进行实践,再结合"学生追问的视角与深度、学生参与课堂的广度与深度、学生合作互动的参与成效、老师对于学生追问的孵育、老师对于学生追问的处理、不同类型学生的学习获得情况分析"这些观测指标进行证据搜集,验证实践效果。

2. 能力发展与学科素养

学生学会追问的过程,既是"主动要学"——动机系统的激发,也是"会不会学"——元认知系统发展、"能不能学"——认知系统发展的过程与价值追求。因此,对于实证要检验的内容,既包括持续探索的动机水平、自信与胜任力,也包括对再度学习的目标预设、对学习过程的感知与监控,以及学习路径的发现等问题解决能力。对于学科学习而言,追问最大的价值指向学科核心素养发展,这在第二部分都有详细阐述,在进行课堂实证制定评价标准时,需要考虑这些具体指标。

3. 分类群体与个案研究

可以在数据采集的基础上对学生进行分类研究,包括学习水平的分类,如学业优秀、学业中等与学业困难学生差异研究;学习倾向的分类,比如喜欢小组学习、喜欢独立学习、喜欢集体分享的差异研究,又如喜欢追问为什么,还是喜欢追问是什么、怎么样、假如的学习者差异研究;在合作过程中,更习惯担任倾听者、追问者、解答者还是仲裁者的角色;男生与女生的差异研究等。

实证研究方法包括数理实证研究和案例实证研究。案例包括对小组的跟踪观察与研究,也包括对个案的跟踪观察与研究。一般可以在听课现场坐在小组或需要观察的学生一旁,在不打扰其学习的基础上进行观察记录。

4. 独立探索与团队共研

课堂微实证可以是老师自主独立探索,也可以是团队共研方式进行。独立探索需要教师具有较强的反思意识与自我判断的能力,在这个过程中需要搜集证据并做出科学分析。

如果学校整体推进,需要有一个系统的规划,在每个阶段有共同的主题。每个年级可以确定符合这个年龄段学生的共性目标(如下表6.6中的"级部共性指标"),教研组根据自己课程的特点进一步研制课程组的个性指标(如下表6.6中的"课程组个性指标")。这样有利于建立课堂共同的价值观、课堂实施的行动指南与评价体系。

表 6.6 二年级主题综合课程阶段性课堂观测表[①]

班级		执教者		地点		日期		
突破点		如何引导学生对不明白的地方进行追问并表述清楚？						
课题								
观测项目	观测点	观测指标					分值	得分
级部共性指标	倾听	1. 边听边记，记住别人简短的发言。					10	
		2. 能对别人的观点提出自己的想法或追问。					10	
	提问追问	1. 能对课题、自己感兴趣的事物、话题等提出问题。					10	
		2. 能对自己听不明白、看不明白、想不明白的地方进行追问。					15	
		3. 声音响亮，语言规范，能清楚地表述自己的问题。					10	
	合作	1. 每一个组员明确任务，主动认领任务，也能接受组长的分工安排。					5	
		2. 每一项合作活动在老师的指导下有规范的流程。					5	
		3. 尊重组员的发言，在他人发言结束后，再点头表示赞同或者以补充和追问的方式表达自己的想法，能接受别人不同的观点。					5	
	交流汇报	1. 能在老师的指导下，按照流程进行小组汇报，组际之间能互动评价。					5	
		2. 仪态大方，声音响亮，学习成果表达清晰。					5	
课程组个性指标	追问	能对自己听不明白、看不懂的内容进行追问。					10	
	合作	每一项合作活动有规范的流程。					10	
总体评价	90—100分	80—89分		70—79分		60—69分	60分以下	总分
	优秀（ ）	良好（ ）		中等（ ）		合格（ ）	需努力（ ）	
	综合评价							

评课人：

[①] 设计：上海市教育学会宝山实验学校，张嬿，2018：11。

对于课堂微实证，同课共构协同研究是一种比较好的方式。同一个教学内容，同一个教学目标，共同的课堂价值追求，不同的老师执教可以有不同的课堂处理。在这个过程中把无关变量控制到尽量小，就可以对不同教师的课堂实施进行观察比较，并搜集证据验证产生的不同效果，以期获得富有说服力的结论与判断。

第二部分
学科课堂实践

第七章　语文课堂中的追问学习

第一节　追问与语文核心素养培育

一、追问与语文学科核心素养

语文学科核心素养是学生在积极的语言实践活动中积累与构建起来，并在真实的语言运用情境中表现出来的语言能力及其品质；是学生在语文学习中获得的语言知识与语言能力，思维方法与思维品质，情感、态度与价值观的综合体现。主要包括"语言建构与运用"、"思维发展与提升"、"审美鉴赏与创造"、"文化传承与理解"四个方面。

"语言建构与运用"是指学生在丰富的语言实践中，通过主动的积累、梳理和整合，逐步掌握祖国语言文字特点及其运用规律，形成个体的语言经验，具备在具体的语言情境中正确有效地运用祖国语言文字进行交流沟通的能力。

"思维发展与提升"是指学生在语文学习过程中，通过语言运用，获得直觉思维、形象思维、逻辑思维、辩证思维和创造思维的发展，促进深刻性、敏捷性、灵活性、批判性和独创性等思维品质的提升。

"审美鉴赏与创造"是指学生在语文活动中体验、欣赏、评价、表现和创造美的能力及品质。

"文化传承与理解"是指学生在语文学习中，能继承中华优秀传统文化，理解、借鉴不同民族和地区文化的能力，以及在语文学习过程中表现出来的文化视野、文化自觉的意识和文化自信的态度。

学会追问

《普通高中语文课程标准》(2017年版)(以下简称《课标》)中指出:"要引导学生在语言文字运用的过程中发现问题,培养探究意识和发现问题的敏感性,探求解决问题和语言表达的创新路径",这样做有利于"加强实践性,促进学生语文学习方式的转变"①。《课标》第三章"课程结构"的"设计依据"特意指出:"学习任务群的设计着眼于培养学生语言文字运用基础能力,充分顾及问题导向等因素……"②我们觉得,在教师教学追问的引领下,学生在学会追问的过程中,促进了深度学习的发生与思维的深入发展,可以更好地落实学科核心素养。

1. 学会追问促进学生主动思考

"学起于思,思起于疑"。引导学生学会对原问题进行持续深入的追问,能促使学生全面考虑,主动探究,把握语文学习规律。在解决原问题的过程中,教师应引导学生刨根究底追问,促进学生的思维能力向纵深发展。

例:小学语文统编版教材二年级第一学期《黄山奇石》教学片段

师:读了课题,你最想了解什么?

(引导学生针对课题关键词提出原问题。)

生:黄山有哪些奇石?

(原结论:"仙桃石"、"猴子观海"、"仙人指路"等。)

师:这么多奇石,你最想知道什么?

(引导学生针对文章重点内容进行追问。)

生:这些奇石奇在哪里?

师:怎么才能知道奇在哪里?

(引导学生针对谋篇布局、遣词造句进行追问。)

生:哪些小节在介绍奇石?

分别是从哪些方面介绍的?

哪些句子、哪些词让你觉得这些石头很奇特?

---

① 中华人民共和国教育部. 普通高中语文课程标准(2017年版)[M]. 北京:人民教育出版社,2018:3.
② 中华人民共和国教育部. 普通高中语文课程标准(2017年版)[M]. 北京:人民教育出版社,2018:8.

学生原问题是浅层的,原结论仔细读就能找到,找全。教师及时引导学生就感兴趣的问题进一步追问,把浅显的原问题逐步提升成高质量追问,促使学生在追问和解答中逐渐清晰作者从奇石的位置、样子、名称多方面介绍"奇"处,介绍的顺序、方法也不一样。从学生问题出发引导追问,促使学生不断主动思考、往纵深探索,加深理解,深入感悟,提升思维层次。

2. 学会追问促成语言的提炼和建构

统编教材选文题材广泛,语言规范,文质兼美,内涵深刻,并且教材在内容、结构、语言、表达、写法、体裁上都具有典型性。独特的结构,新奇的手法,优美的语句,深刻的内涵可以通过学生借助主动发现,提出问题,解决问题,不断追问,深入解决的过程来习得;同时,对文本语言进行提炼和重构,转化成自身的语言。

例:小学语文沪教版教材四年级第二学期《父亲的眼睛》教学片段

师:让我们再来看看"巧妙提示猜谜编谜"这个画面,你们想了解什么?

(引导学生针对文本内容进行追问。)

生:这里是如何描写父亲的眼睛的?

师:你们觉得可以通过了解哪些问题来解决这个问题?

(引导学生针对文本内容,就"父亲的眼睛"进行追问。)

生:描写父亲眼睛的句子有哪些?

父亲怎么用眼睛提示我?

"我眼睛"的谜语和"父亲眼睛"的谜语有什么相同和不同之处呢?

师:解决了第二个问题,是不是就能解决第三个问题,你有什么新的问题想要提出来?

(引导学生针对文本内容,就"提示"进行追问。)

生:父亲在什么情况下这样提示我?

这样的提示巧妙在哪里?

师:这部分关于父亲眼睛的描写都离不开什么?你还有什么问题想要了解的?

(引导学生针对谋篇布局、语言特点,就"眼睛"和"谜语"间的联系进行追问。)

生：为什么改成了"老头子"？

师："巧妙提示，猜谜编谜"给作者留下的印象最深，谁能把这个画面简要地说给别人听？

在老师的引导下，学生围绕原问题就文本内容、内容间的联系、语言特点进行系列追问，既理解了文本内容，清晰了内容间的联系，又将文本语言转化成自身语言表达自己的理解，对画面进行复述，实现了语言的提炼、建构和运用。

3. **学会追问发展学生思维逻辑性**

引导学生不断就已解决问题深入思考提出新问题并学会解决，能帮助学生从新视角深入理解文本，更好地探讨部分与整体、部分与部分之间的内在联系，整体把握语言材料的思想内容和表现特征，形成逻辑思维能力。

例：小学语文沪教版教材四年级第一学期《空气中的"流浪汉"》教学片段

师：读了课题，你有什么想知道的？

（引导学生就课题中的关键词和标点进行追问。）

生：空气中的"流浪汉"是什么？

"流浪汉"为什么要加上双引号？

它有什么特点？

（得出结论："流浪汉"指的是灰尘，不是真的"流浪汉"，所以加上双引号。）

师：为什么称灰尘为流浪汉呢？你们觉得可以从哪些方面来了解？

（引导学生就事物间的联系、表现手法进行追问。）

生："流浪汉"有些什么特点？

灰尘和"流浪汉"有什么共同处？

课文哪一小节写出了他们的共同特点？

哪些词写出了他们的共同特点？

师：文章重点介绍了灰尘的特点，你们准备怎样来学习这部分内容？

（引导学生就作者的行文思路、表现手法、表情达意进行追问。）

生：可以先找到哪些小节在写灰尘的特点？

读一读，看看作者是怎么把这些特点写具体的？

想一想,这样写好在哪里?

本课是说明文,结构清晰,逻辑性强,采用列数据、作比较、举例子等说明方法进行论述。引导学生结合文本特点,针对课题提出问题,再就不能一下子解决的进行科学知识、学习方法、学科知识的追问。过程中,不断完善问题系统,厘清课文的遣词造句、谋篇布局,表情达意的特点。教师引导下的学生自主追问,有利于培养学生的逻辑思维能力。

4. 学会追问提升学生审美鉴赏与创造力

课标要求学生养成鉴赏文学作品的能力。追问能使学生在鉴赏时,对作品的语言、形象和情感有更全面、深入的感受和体验。古诗文是继承、传播民族传统文化,弘扬民族精神的重要载体。教材中,古诗文占比不小,有丰富的美育内涵,它是对学生进行情感熏陶的丰富材料库和演练场。[1]

阅读古诗文存在语言、文化、背景等诸多障碍,古诗文教学正面临着师生先将古诗文译成现代白话,再将古诗文当作现代白话文进行阅读教学的窘境。这样显然难以达成提升学生审美鉴赏与创造力之目标。追问的意义在于,能引发学生不断地对古诗文经典之美品味与体验,领会古代语言的言简义丰、句式多变、音乐韵律、丰富风格,从而形成多维的审美观照。

试以初中语文统编版教材八年级上册的《与朱元思书》课堂实践[2]简析:《与朱元思书》是一篇骈文,句式工整。为了培养直观审美,教学初,教师发了一篇没有句读的原文给学生。

片段再现:

(1)师:这两段文字就是写"奇山异水"的,但没有标点。请大家先尝试断句,用"/"表示。之后我们再添加标点符号。

▲同桌合作完成:结合注释,边读课文,边断句。

▲齐读课文,感受文章的语言特点。

---

[1] 朱绍禹.中学语文课程与教学论[M].北京:高等教育出版社,2005:214.
[2] 执教:上海市宝山区乐之中学,顾毓敏.

（2）师：在断句过程中，同学们有没有发现这篇文章在语言上有什么规律？

（生讨论后师小结：①句式相对整齐，以四字为主，夹杂六字句。这类文章就是骈文。②本文中的六字句主要是要关注上下句的对偶而断开。）

（3）师过渡语：对这样一篇句式相对工整的文章，我们可以通过断句来初步理解大致的句意。但真正读懂这篇文章，我们还要思考：句与句之间有什么关系？以及背后表达了怎样的情感？我们就来尝试为这两段文字加上标点符号。

（4）添加标点符号，疏通句意。

师：老师先和大家一起来为第②节加上标点符号。

生1：水皆缥碧，千丈见底 ▢ 游鱼细石，直视无碍 ▢ 急湍甚箭，猛浪若奔。

生2追问：为什么这两处要用"。"而不是"，"？

生1：这两句的主语是"水"，第三、四句的主语是"游鱼细石"（师：翻译纠正，主语是"人"），第五、六句的主语则为"水"。

断句策略让学生理解骈文的形式特点，增强了学生对古典文学不同文体的认识。让学生创造性地添加标点符号，学生追问标点符号这样使用的原因，能促进其对语意的理解，提升其对文言文的语言感知力。

生1追问：为什么要用四个分句写"水清"这一个特点，却只用两个分句写水"急猛"的特点呢？

生：思考中……朗读中变化语速……随之体会作者的心情变化……

追问者能自主关注语言形式的变化进而自主追问，在其他同学难以解答之时，老师适时要求学生读一读，是为了让学生通过读体会作者是通过语言节奏的慢（四个分句）与快（两个分句）来表现水流的缓与急。

学生2继续追问："读的时候为什么后两句语速会加快，这样的安排与作者的情绪有何关联？"

生3答：水流缓慢时，作者的心情是从容的。

师补充：这就是上文中的_____（从流飘荡、任意东西）。

生4补充：水流急猛时，作者的心情也随之紧张。

……

层层追问，促使学生理解"写了什么"，进一步理解"作者是怎样写的"，最终明确"作者想要表达什么"，即深入思考"语言形式背后要表达怎样的情感？"和"这样的情感为什么要用这样的语言形式来表达？"这些追问其实就是一个审美鉴赏的过程。

5. 学会追问滋养文化传承和理解力

传承优秀传统文化的前提是理解传统文化特点，把握与体悟文化的坚守与流变。教师应促进学生通过追问成为传承和理解文化的探索者，并逐渐通过师生反复追问建构清晰的问题系统。在学习沪教版高二下《谏太宗十思疏》时，学生常会就课题的"十思"提问，认为"十思"等同于"十种（个、方面）思考"。

生："十思"的内容是什么？为什么是十条建议？

师：十条建议？你们仔细读一读，看看到底有几条？这些建议之间的联系或相关性是什么？是否可以根据这些相关性来对这些建议进行归类整理？

（引导学生对"十思"进行归纳总结，并将"十思"进行分类概括。）

学生学会追问的基础，有可能是教师善于引导学生追问。事实上，学生可能看不出那些表面简单或表述简单的文字背后蕴含的文化传承。因此，教师要引导学生夯实文化基础，加强对文化因素的敏感性。

生："十思"是否名不副实？

（简单的分类概括，学生对"十思"的名实产生质疑，这其实是系列追问的发端。）

师：要知道"十思"之"十"是否名不副实，可以追问自己哪些问题？

生：课文中的"十思"出现在什么地方？如何表述的？

"十思"最早的出处是在什么文献里？内涵是什么？

（原结论：通过审读原文，学生发现"十思"与"九德"相对。文献探究发现，"十思"有两种内涵："反复思虑"和"十种思考"。）

为什么会出现两种内涵？这两种内涵之间的关联是什么？

师：这两种关联反映了怎样的文化现象？

你们准备通过哪些途径来了解这种文化现象？

你们能否从过去所学中找到"十思"内涵的依据？

（原结论：纳讹为正、"约定俗成"。教师引导学生多途径解读"十思"的关联性文化现象：一方面，联系旧课文，如《出师表》《过秦论》等，进行比较式追问；另一方面，从相似文化现象，如"三思后行"、"六出祁山"、"七擒孟获"等类推。）

生：我们应该如何面对当下文化中的此类现象？

师："我们"是谁？"我们"说了、做了什么？"当下文化"中有哪些相似的现象？

（引导学生从现实出发，对网语运用与文化变异的现象进行探究，反思文化历史流变，理解文化差异，解读与参与当代文化。）

……

传统文化表达由极其特殊的文字组合、极具个性的语言结构和极富积淀的文化心理叠加。运用过程中，又融合了多民族的语料，吸纳了各阶层的雅俗分野和雅俗互化的文化表现，体现了文字和文化的流变，给高中生理解带来诸多障碍。

但化"障碍"为机缘，教师应该借助于学生的追问和教师的追问，引导学生深入思考这些文化理解上的误区，逐层剥落覆盖在语言表象上的各种、各层障碍，并且在辨识和排除这些障碍的过程中开始逐渐地建立起对各个历史阶段的相互关联的文化现象的深刻把握能力，从而传承传统文化，提升文化理解力。

二、语文学科问题的类型与追问视角

1. 五何追问

学生对感兴趣的人、事、物，最喜欢问"是什么"、"为什么"、"怎么办"，"五何"（是何、为何、如何、若何、由何）也是表达问题的基本语言形式，无论在阅读还是写作过程中，都是提问与追问的基本视角。以小学语文统编教材二年级第一学期《曹冲称象》为例，谈谈如何从"五何"视角引导学生不断进行有效追问，落实语文要素，培养学生语文素养。

师：读了课题，你知道了什么？还想知道什么？

生：知道了课文在写曹冲称象的故事。

　　想知道曹冲是谁？

　　他是怎么称象的？

　　他为什么要称象？

（1）追问"是何"：曹冲是谁？

在揭示课题时，引导学生从已知出发，就课题中的主要人物"曹冲"，发现和提出"主人公是谁"的问题，学会从"是何"的视角，关注人物，进行追问。

（2）追问"如何"：他是怎么称象的？

就课题中主要事件"称象"，发现和提出事件发展过程的问题，学会从"是何"的视角，关注事件经过，进行追问。

（3）追问"为何"：他为什么要称象？

就课题中主要事件"称象"，发现和提出事件发生原因的问题，学会从"为何"的视角，关注事件起因，进行追问。

师：了解清楚了曹冲称象的方法和过程，你对他的称象方法有什么看法？有什么想要和大家讨论的吗？

生：曹冲为什么一定要用这个方法来称象？

　　为什么不直接称呢？

师：关于这两个问题，我们可以结合课文什么内容，先解决什么问题，才能解决刚才的问题？

生：其他人想到了什么办法？这些办法行不行？当时的情形怎样？曹冲是在什么情形下用这个方法的？

（4）追问"由何"：曹冲是在什么样的情形下用这个办法的？

在学习和解决曹冲用什么方法和怎样称象的学习经历中，引导学生从"为何"的视角，关注曹冲用船代替秤、用大石头代替大象、用赶大象和搬石头来解决提起秤杆这种方法的根源，在学习字词和语言表达中体会曹冲的聪慧。

师：大家都认为曹冲的方法是最好的吗？有不同想法吗？

生1：搬大石头也是很累的，我觉得可以有更好的办法代替搬大石头。

生2：是啊，有没有更轻松的办法称出大象的重量？

（5）追问"若何"：假如不用这个办法，还有其他办法吗？

引导学生从"若何"视角关注个性创造，提出不同看法，注重在已有经验的基础上，对学生进行发散思维的训练，调动其思维的灵活性与创造性。

实践中，我们发现"五何"视角下的学生主动追问，适用于所有课文的学习，但也不可生搬硬套，具体运用时还应注意因文而异。

2. 阅读理解的六维度追问

（1）浅释性问题。即从文章"写了什么"和"怎样写的"两个角度对文章进行解读，包括理解文章的基本内容、表达顺序，作者的行文思路、思想感情，主要的艺术手法、语言风格等。

例如：

师：《孙权劝学》一文中涉及的人物有哪些？

生：孙权、吕蒙、鲁肃。

生2追问：这三个人是什么身份？他们之间的关系是？

该生2的追问是一个扩展的问题，求索的是人物的身份和立场，有助于我们理解文中人物的态度，更触及到写作主旨问题。学生在追问中不仅理解了中国的历史文化知识，更培养了一种横向的思维，提升的是学生思维的广度。

上述学生的追问是从"作者写了什么？"这个角度进行的更为具体的追问，但追问出来的问题，还暂且属于浅释性理解的层面。

（2）领悟性问题。即从"为什么这样写"的角度对文章进行解读，通过对写作意图的深层挖掘，结合时代背景与作者的思想倾向，领会文本内容涉及的深层含义、关键词语、句子或段落的弦外之音，领悟作者对文本语言处理、谋篇布局和手法选择的独具匠心。

例如：

师：《公输》一文中，墨子说的"五个不可谓"中哪一个"不可谓"反驳了公输盘的言行不一致？

生：义不杀少而杀众,不可谓知类。

生2追问：既然用最后一句话就能驳倒公输盘,为何要连用"五个不可谓"呢?可以将前四个"不可谓"去掉吗?

生3追问：这五个"不可谓"的顺序是否可以颠倒?

从"为什么这样写"的角度,学生的追问的解决有助于我们全面理解墨子论辩艺术,墨子从智与不智、仁与不仁、为人臣子忠与不忠、强与不强、知类与否五个角度全面批判公输盘的行为,句子的顺序也能够帮助自己从逻辑关系上理解辩驳得有力,公输盘只能服了。

（3）赏析性问题。即从"这样写好/不好在哪里"的角度对文章进行解读,调动学习者自己的知识积累、阅读积累和生活积累,展开丰富的想象和联想,对文本中的人、事、景、物等艺术形象,对文章的结构安排、线索设计,以及语言、修辞、表现技巧等艺术手法进行感受、体验、欣赏和鉴别。

例如：

师：《邹忌讽齐王纳谏》中"王之蔽,甚矣"的含义是?

生：大王受蒙蔽一定很厉害了。

生2追问：可不可以把这个句子改成"甚矣,王之蔽"?

之前,学生学过《愚公移山》中的"甚矣,汝之不惠"的倒装句式,有强调的意味。从"作者这样写好不好,好在哪里"的角度,学生追问通过比较,品味语言的恰当与合宜。

（4）洞察性问题。即从"我同意/不同意作者的观点"的角度对文章进行解读,能够用批判的眼光审视文章主旨,通过作者对人物命运的安排、意境的营造等体会作者的意图、风格或偏见,洞悉作者在文章中表现出的潜在价值观,对作者的观点及看法加以质疑,以现代眼光、现实意义或从另外的角度审视文章涉及的主题,提出个人的见解。

"上野的樱花烂熳的时节,望去确也像绯红的轻云,但花下也缺不了成群结队的'清国留学生'的速成班,头顶上盘着大辫子,顶得学生制帽的顶上高高耸起,形成一座富士山。也有解散辫子,盘得平的,除下帽来,油光可鉴,宛如小姑娘的发

髻一般,还要将脖子扭几扭。实在标致极了。"——《藤野先生》

生:清国留学生的装扮真的"标致"吗?作者到底想要表达什么?

从"作者想要表达什么、你是否同意作者的观点"的角度,在教授《藤野先生》时引导学生追问出"标致与否"的问题,通过对鲁迅真实想法的探寻,体悟到:这种"标致"毫无美感可言,有强烈的讽刺意味。

(5) 移情性问题。即从"如果我是作者/文中人物"的角度对文章进行解读,就是放下自己的参照系,深度进入他人的情感和世界观内部,尝试用作者或作品中人物的眼光来观察、思考问题,设身处地为他人着想,深入体会其感情和观点的发生与由来,感受作者通过笔下具体形象所展示的内心世界,从那些或许与自己不相容的人或事中体会到其中的意义。

在学习《孔乙己》中,引导学生提出"如果我是孔乙己,我没有接受过封建教育会怎样?"的问题,这样的移情性问题可促使学生对孔乙己的遭遇有更深的体验,更好地理解封建科举制度的危害。

(6) 自省性问题。即从"对我有什么启示"的角度对文章进行解读,将文章主题融入自己的生活和内心世界,从"做什么样的人,拥有什么样的人生"出发反思个人的价值观与处世原则,思考富有哲理的人生内涵,领悟生命的终极价值。

三、追问建构问题系统

1. 共性与个性的追问问题系统

(1) 师生追问,建构共性问题系统

以小学作前指导课《我做成了_____》为例,指导审题后,可以引导学生围绕作文题目讨论:你觉得写这篇文章的时候要围绕哪几个大问题展开?随后,根据学生提出的问题进行梳理归纳,引导学生对梳理的问题追问,初步形成共性的写作问题系统。

(2) 自我追问,完善个性问题系统

以作前指导课《都是____惹的祸》为例,在建构共性问题系统后,还应引导学生结合选材,指向内容进行追问,将问题系统再具体化,形成个性的问题系统。一

```
                        我做成了_____
    写什么？  （我做成了什么？）
              为什么要做？ ┌准备工作？
    怎么写？   怎么做成的？┤           ┌每一步是怎么做的？
                          └分哪几步完成？┤
                                        └遇到了什么困难？怎么解决的？
                          ┌小制作的样子？
              完成后是怎样的？│小制作的用途？
                          │旁人的评价？
                          └我的心情？
    为什么写？（坚持、大胆尝试、善于思考、细心、成功的喜悦、乐趣……）
```

图7.1 《我做成了_____》共性问题系统

位学生写的是《都是逗能惹的祸》，主要内容是晚饭后，帮妈妈收拾，因为逗能把两个菜盘叠起来拿，导致菜盘摔碎，屋子里一片狼藉。这篇文章的核心问题是"我怎么会把菜盘摔碎的？"学生围绕这个问题自我追问，形成个性问题系统，在写作时不仅层次清晰，而且内容具体。

★③ 我怎么会把菜盘摔碎的？
- **起因**：我怎么会想到把两个菜盘叠起来拿的？
- **经过**：我是怎么端菜盘的？当时的动作是怎样的？神情是怎样的？心里是怎样想的？妈妈看见后又是怎么说的？听了妈妈的话，我是怎么说的？怎么想的？
- **结果**：菜盘摔碎前，我端菜盘的动作是怎样的？菜盘是怎么摔碎的？摔碎后我是怎么想的？妈妈是怎么说的？

图7.2 《都是_____惹的祸》个性问题系统

（3）小组追问，优化个性问题系统

以《一件可笑的事》作文指导课为例，在学生罗列出自己的个性问题系统后，开展小组合作学习，组内进行交流，组员在追问中进行评析与补充，进一步优化问题系统。小沈同学的选材是"小时候因为羡慕妈妈有手表，自己在手上画了块手表"。她罗列的问题系统（如下图），问题的排列顺序不够合理，个别问题的表述也

写什么？（我在手上画手表）

怎么写？
- 我怎么画手表的？
- 我为什么要画手表？
- 我画手表有什么用？
- 妈妈怎么说的？
- 我画手表的时候是怎么想的？
- 妈妈怎么笑的？

为什么写？（天真）

图 7.3 《一件可笑的事》完善个性问题系统

不够清楚。

小组合作讨论修改问题系统时，通过一问顺序：问题的先后顺序排列是否合适？二问内容：有没有多余的问题？有没有需要补充的问题？三用增、删、调的方法合作修改、优化问题系统。

写什么？（我在手上画手表）

怎么写？
- 我为什么要画手表？
- 我怎么画手表的？
- 我画手表的时候是怎么想的？
- 我画手表有什么用？（我画手表后发生了什么事情？）
- 妈妈怎么说的？
- 妈妈怎么笑的？

为什么写？（天真）

图 7.4 《一件可笑的事》优化个性问题系统

2. 深入理解深化立意的追问问题系统

作文题：最美的风景在路上

这是一篇命题作文，而不是话题作文。"最美的风景在路上"，是一个有着丰富内涵的文题，题目中"风景"和"路上"属于"题眼"，是两个值得仔细探究的词语。题目中的"风景"既可以是自然景观，如清风明月、鸟鸣虫唱、大漠长风等；也可以是人文景观，如历史地理、风土人情、传统习俗等；还可以是带有比喻义的生命风景，如风雨中父亲接送自己的背影，办公室里老师对自己的谆谆教诲等。示例：

风景的含义是？ { 自然景观 / 人文景观 / 带有比喻义的生命风景

图7.5 "风景"含义之问

题目中"路上"有实指和虚指之分，既可以理解为实指的路，如旅游路上、回家路上、上下学之路等；也可理解为虚指的学习之路、人生之路、成长之路。

示例：

在什么路上？ { 实指的路？{ 旅游的路上 / 回家的路上 / 上学的路上 / 比赛的路上 / …… } 虚指的路？{ 人生之路 / 成长之路 / 学习之路 / …… } }

图7.6 "路上"所指之问

题目中的"最美"是"风景"的特点，写作中必须要阐明"风景"美的具体表现，并且不能忽视"最"这个副词，它不仅强调了风景美的程度，更关联了"在路上"这个题眼。

示例：

最美的风景是什么？美的具体体现是？ { 是物？{ 什么物？ / 它美在何处？ } 是景？{ 什么景？ / 它美在何处？ } 是人？{ 什么人？ / 美在何处？ } }

图7.7 "最美"之追问

在审题的过程中,学生写作的难点并不在"风景是什么?美在何处?"而在于没有理解"在路上"强调的是一个过程,也就是说不管写哪种风景,都必须关注"在路上"这一题眼,侧重写出过程中的感悟,并在整体立意中体现这一文题背后潜在的意思:强调过程的重要性,享受过程而非一味追逐结果。

所以,在教学的过程中,一定要引导学生走出误区,这样追问自己:

示例:

追问:为什么最美的风景不是在起点,不是在终点,而是在路上?(过程)

"在路上"
⇨"起点" 〉有何寓指意义?(注重过程,享受过程)⇨从中你有何感悟
"终点"

图 7.8 深化立意之追问

以沪教版高二下学期第六单元《石钟山记》为例,目标是引导学生导向对中心主旨的细度剖析和思辨推理。请学生模拟设计一下自己"考察石钟山命名的过程是怎样的",并与苏轼的"考察过程是怎样的"作类比,从而对苏轼考察石钟山的过程建立理性认知,也顺利地过渡到对"苏轼的生命经历对写作此文的影响是什么"以及"苏轼同一时期的其他作品与本文的相似相近处是什么?"这两个关涉苏轼文风的探究,这样自然而然地追问到要讨论的深层问题,并建立起对本文理解的追问系统。据此可以总结出这类阅读追问系统的一般路径是:

阅读全篇,提出并解决表层基本问题:(1)疑难词句→提出并解决表层复杂问题;(2)段落大意,思路梳理→引出并逐步解决中层问题,辨析"中心句"→教师引入旁证性辅助性问题:根据《水经注》真伪辨析,推断中心主旨的细节与依据→进入前深层问题阶段:引入并解决三个支架性问题→提出并解决深层核心问题。

总之,由表及深,逐层推进;同层问题,先辅后主;借助支架,进入核心。

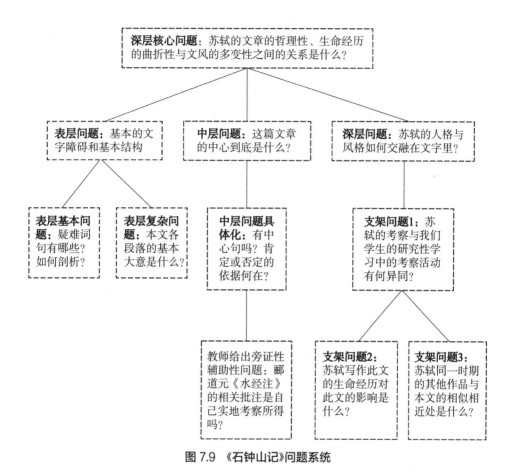

图 7.9 《石钟山记》问题系统

3. 多元路径的追问问题系统

以高一语文部编版教材《小溪巴赫》教学为例①,教师从小溪与巴赫之间的关系导入,围绕核心问题"小溪、巴赫以及巴赫的音乐三者如何融合在一起?"引导学生从分层解剖、关键品读、意象解析三个方面自主构建问题系统,从而理解巴赫高贵的精神世界和内敛、坚韧、沉静、执着的高尚品格。此外,通过推进问题与引申问题的深化,让学生进一步领会作者是如何借助意象塑造人物的。

---

① 王天蓉,徐谊,冯吉,等.问题化学习:教师行动手册[M].上海:华东师范大学出版社,2010.

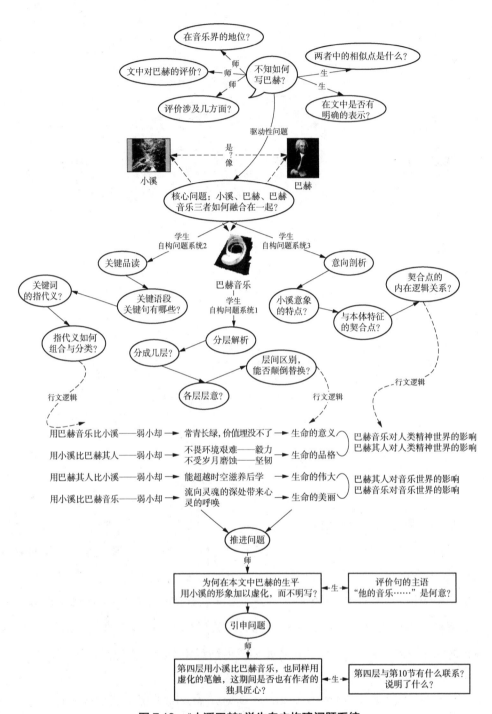

图 7.10 《小溪巴赫》学生自主构建问题系统

第二节 工坊研修

◉ **研修问题** ◉

1. 语文学习中可以在哪些地方追问?
2. 可以有哪些孵育学生追问的策略?
3. 课堂进程中如何进行追问实现难点突破?

◉ **研修步骤** ◉

- 解决问题一:语文学习中可以在哪些地方追问?

1. 于文章"矛盾处"追问

文章的矛盾处,在我们的课堂教学实践中比较常见的,往往出现在小说中。有时人物对于同一事物的情感不一致会引发矛盾;有时人物在同一事物面前的表现不一样,也会引发矛盾;还有,主要人物和次要人物之间,会因为同一事物发生矛盾;当然,不同的人物对于同一事物,也会引发矛盾。由此,矛盾似乎"无处不在"。作为阅读者,从看似平常处寻找矛盾的焦点进行追问,会加深我们对文章的理解。

以初中语文统编版教材六年级上册《在柏林》为例:

(1) 关注标题与内容的矛盾进而追问

这篇小说写的是一节火车车厢里发生的故事,为什么题目却是"在柏林"?

进而将这一问题进行细化:

车厢里具体发生了什么故事?

作者想表达什么主题?

关注标题与内容矛盾处的追问指向的不仅是作者"写什么"和"怎样写"的问题,还触及了作者"为什么写"的问题。将这一问题细化之后,我们的学生可以先去分析车厢里发生了怎样的故事,从故事情节梳理和人物形象的品读中读出作者想要展现的主题,将两个问题联系起来思考,我们可以发现本文所用的是"以小见大"的写法。即美国女作家、记者奥莱尔没有正面描绘战争的惨烈场面,而是选取了后方普通民众生活的一帧剪影,展现了战争带来的深重灾难,让读者感受到她对普通民众的深切同情。

(2) 关注叙述者身份所处之矛盾进而追问

这篇小说写的是柏林的故事,但作者是一个美国女作家、记者。作为"敌方"记者,她为什么要写一个有关敌对阵营的故事?

关注叙述者身份所处之矛盾的追问其实关注的是"叙述视角"的问题,小说以"敌方"记者的视角来叙述,不计个人、国家、阵营的恩怨,能够更加客观和真实地反映战争所带来的深重灾难。这样的追问会促使读者将视野拓宽至更广阔的境地,去思考战争不只是给个人、给国家带来灾难,而是对整个人类都有影响,加深了他们对于一战对全人类造成的深重灾难的理解。

2. 于文章"相同处"追问

文章的"相同处",其实也涵盖文章的反复处,但"相同处"的概念更广。反复处,通常情况下指的是文章中反复出现的语句。比如反复出现的句子、短语或者词语等。对文章反复出现的内容进行追问,从作者每一次使用的用意是什么以及作者为何要反复使用相同或者相似的表述的角度进行解读,是解读文本的一把"钥匙",我们要让学生有意识地找到这把解开作者写作意图的秘钥。

以初中语文统编版教材八年级下册《安塞腰鼓》为例:

文章第 13 节:好一个安塞腰鼓!

文章第 17 节:好一个安塞腰鼓!

文章第 22 节:好一个黄土高原!好一个安塞腰鼓!

文章第 24 节:好一个痛快了山河、蓬勃了想象力的安塞腰鼓!

"好一个安塞腰鼓!"在文中不同位置多次重复出现,它们在表情达意上有什么同与不同?

于文章反复处追问,促使学生关注句子所处的位置、句式及句子所表达的内容和情感及效果的同与不同,有助于学生厘清文章的结构与层次,有助于学生去理解"好一个安塞腰鼓"内容的丰富性,感受作者表达情感气势之变化,感受到安塞腰鼓给人带来的强烈的生命律动与深刻的思索。

3. 于文章"留白处"追问

"留白",是我国传统艺术的重要表现手法之一,被广泛用于研究中国绘画、陶瓷、诗词等领域中。留白就是在作品中留下相应的空白,在文学作品、绘画和话剧上都有留白。文学上多有"不着一字,而形神俱备"、"无声胜有声"的留白。

以初中语文统编版教材七年级下册《木兰诗》为例:

写英雄为什么略写木兰勇武过人?

诗歌中浓墨重彩地渲染了木兰的战前准备以及凯旋归家后的场景,却唯独对"英雄"在战场上的表现寥寥几笔带过,这就是文本的"留白"之处。学生捕捉到了这一"留白"之处进行追问,小组合作设计追问链,在解答追问链的最后一个问题时,学生发现原本设计的问题"这些品质能表现木兰的勇武过人吗?"并不能很好地为解答核心问题提供思考的角度,于是学生在静默思考、讨论释疑后共同设计完成了"英雄一定是英勇善战的吗?"这一带有哲思角度的问题。这个问题的提出带给每一个同学新的收获,不仅进一步激发了学生对于"英雄"的定义是什么这样一个关于"是何"的基本性问题的再思考,整合了对人物形象的认识,进而使学生建立起对"英雄"概念的重建认知。更重要的是,学生在追问中进一步感知到,文学作品的价值不在于它描写了什么,而在于它怎样描写。这就是于文章"留白处"追问的魅力。

- 解决问题二:可以有哪些孵育学生追问的策略?

以低年级口语交际课中学生追问能力的培养——"乐问悦写"问题化学习工作坊的课堂实践:小学语文部编版教材二年级下册口语交际《长大以后做什么》[①]为例:

1. 情景体验式追问

师原问:优秀人才招募会正在向你们招手,谁已经想好了,到那时,你想做

[①] 执教:上海大学附属小学,成根娣。

什么？

　　师追问：听了他们的介绍，你希望他们再介绍些什么呢？

　　生追问：说说为什么想做这个职业？

　　　　　怎么做好这份职业？

　　　　　这份职业有什么特点？

2. 推己类比型追问

　　师原问：她长大了想当服装设计师，好给人们设计出各种各样的衣服。可是她不知道怎么当好服装设计师？如果是你，你会怎么介绍？

　　生追问：你能不能介绍一下，你在这方面的优势？

　　　　　你会怎么做好服装设计师呢？

3. 质疑式追问

　　师原问：听了这位想当消防员的小朋友的介绍，你们觉得他介绍清楚了吗？还有什么想要他介绍的吗？

　　生追问：你能不能介绍一下你为了当好消防员准备上哪所大学？

　　师追问：大家都觉得这个一定要介绍清楚吗？

　　生结论：我觉得上大学对于当消防员并不重要，可以不介绍。

　　师追问：那你认为介绍什么很重要？

　　生追问：当消防员很危险，我觉得他可以介绍清楚自己在面对危险时会怎么想，怎么做？

4. 移情式追问

　　师原问：有几位同学都提到了长大了想当老师，如果你也是其中的一位，现在只有一个教师岗位，你会通过怎么介绍来赢得这个机会呢？

　　生自我追问：假如我是其中的一位应聘者，我会介绍清楚自己为什么要当老师？有哪些优势？为了能实现愿望，现在会怎么努力学习？当上了老师后还会怎么认真工作？

　　同伴补充追问：你还应该讲清楚你究竟想当哪一门学科的老师？当老师是需要上大学的，你在介绍时可以介绍一下将来想考什么大学？哪个系？

5. 两难式追问

发生了森林火灾,消防员不顾生命危险抢救森林,不让火情扩散。

老师问:你们对此有什么看法?

大部分学生表达了对消防员献身精神的感佩,有一位学生追问:森林固然重要,可是消防员的生命也很重要,难道不是吗?

师引导:消防员愿意牺牲自己的生命来保护人民生命财产安全,这是他们的职业精神。那你们来帮他想想办法,怎么才能既让他实现愿望,又能保护好自己的安全?

生结论:可以研发更安全的防护服。

生追问:那现在的消防服存在什么缺点?可以从哪方面进行改进?

师追问:除了从服装上改进,还有什么也可以改进?

生追问:消防车能不能也改进一下,使作用更大一些?

消防员自身的专业知识也需要提高,能不能请水平更高的人呢?

- 解决问题三:教师如何基于追问建构多元的问题系统?①

问题化学习作为一种学习方式,通过提问、追问所建构的问题系统不仅体现了思维路径,同时也是对语文学习内容本身的解剖与理解、建构与运用,它将"语言建构与运用"、"思维发展与提升"有机融合为一体。

设想如果教师自己不是问题化学习者,自己尚不能经常地运用合理的路径建构阅读与写作的问题系统,那么就很难孵育学生的问题化学习力,很难引导学生成为问题化学习者。因此,教师首先要成为一个善于追问的问题化学习者,加强语文内功修炼,面对语文学习情境中的复杂内容,善于通过问题化学习的自我修炼提升自身的多元思维路径,建构多元的问题系统,帮助学生打开思路、扩展视域。

以2019上海的高考作文《中国味》为例,如果让你写这篇作文,你会怎么写?学会自我追问或许就是一个很好的思考路径,作为老师能否做一个自我追问路径建构的示范呢?

---

① 执教:上海市光明中学,刘吉朋。

【2019上海卷】倾听了不同国家的音乐,接触了不同风格的异域音调,我由此对音乐的"中国味"有了更深刻的感受,从而更有意识地去寻找"中国味"。这段话可以启发人们如何去认识事物。请写一篇文章,谈谈你对上述材料的思考和感悟。要求:(1)自拟题目;(2)不少于800字。

高考作文题目出来以后就成为了社会热点,不管是媒体还是大众,各方面的关注度都非常高。有一个老先生说:"如果我没有学过音乐,这篇文章怎么写?"我想:"麻烦了,因为你问的问题已经偏题了。"可是,怎么能够不偏题呢?我觉得,问题化学习给出了很好的路径。

如下图7.11所示,这是一个环形图,追问的路径就是从核心到表象建构一个问题系统。所以第一个问题问的是:这个题目的核心是什么?如何认识事物?于是,当我们知道高考作文材料中"如何认识事物"是核心的时候,一定会有围绕核心问题的词汇。我们接着问的第二个问题是:这个材料当中围绕核心"如何认识事物"的词汇有哪些?其实有一个非常简单的技巧,一般而言就是动词,材料中是"倾听、接触",还有一个非常不起眼的动词"有",此外还有动词"寻找"。"有"就是产生、形成和感悟,这是环形图第二个层次的问题与回答。第三层问题,可以问最简单的:这个题干当中的表象是什么呢?即环形图最外层是什么呢?那其实就是比较容易偏题的那个部分,"音乐"、"音调"还有"感受",以及最后所说的"中国味"的那个"味",这是表象。如果说仅仅分析表象肯定要偏题,但是这些表象有属性,题干当中对表象的界定是"音乐"必须强调"不同国家",所以要进行比较。而"音调"强调的是"不同风格的异域"的,"感受"是"更深刻的",所以就要有深度。最后是"味","味"能够体现出一方面是"有意识地寻找"的,另一方面它有一个"中国"的属性。如果学生建立了这样一个环形图的问题系统就不会偏题了。

但是这个问题系统的构建结束了吗?没有。当我们发现核心词的时候,比如说"倾听",我们还需要追问:"倾听"之前你干嘛了?这份作文材料里面的第一句话就是"倾听"了。可是你"倾听不同国家的音乐"之前你干嘛了?还有你"有意识地寻找到中国味"之后,你就停下来了吗?如果这两个问题一问的话,就多了两个层次,围绕核心可能有"先前的了解",以及"升华",即有最后的升华。

第七章　语文课堂中的追问学习

　　浅灰色区域想要表达的就是追问"之前作者在干什么,之后又有怎样"的启示和提升。也就是说,当你把材料的问题问完了之后,还要问"这个材料还有哪些东西没有讲出来",这是要进一步追问的。

　　总结一下从核心到表象提问与追问的路径。首先要提问的是:(1)这则作文材料的核心是什么？然后是一度追问。(2)最能反映材料核心的词汇有哪些？(3)这则作文材料的表象是什么？(4)材料中赋予这些表象什么特点与属性？再次是二度追问。(5)最能反映材料核心的词汇可以构成一个完整的认识流程吗？(6)如果不是,还有哪些词汇可以填补在缺处,构成一个完整的逻辑链条呢？(7)这些词汇对应的表象和属性特点是怎样的？这样就构成了"核心—表象"的环形追问系统。(如图7.11所示)

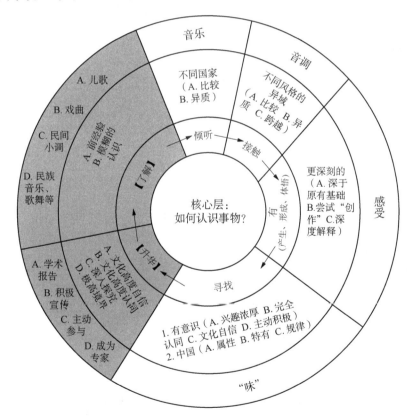

图7.11　"核心—表象"环形追问系统

159

当然,这个追问系统也可以通过一个自我追问的螺旋图来演绎(如图7.12)。第一是倾听之前你做过什么?接下去是倾听不同国家,那么你要考虑它的益处或者它对你的作用机制是什么?第三是你接触这个音调有什么作用?第四是为什么你会对它产生深刻的感受?第五是你有意识地去寻找,你的表现和本质是什么?最后是你寻找到中国味之后,你还要做什么?

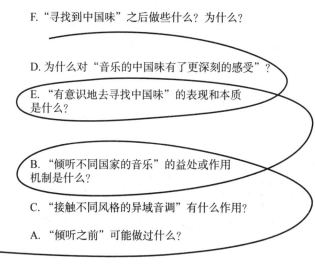

图7.12 追问螺旋图

第三种追问路径,是可以运用思维训练中的四象限分析法,根据材料的内容来构建象限追问系统。可以在这个材料中梳理出分析框架,也就是首先思考这个材料当中有哪两个思考维度?第一个思考维度,就是关于中国味的,它是目标、结果维度。第二个是认识论的,就是认识方法的倾听、接触和寻找。当你确立好这两个维度之后,我们再回到原材料。请问原材料属于这四个象限当中的哪一个?答案是第一象限,而且最理想的是方法不断地提升了,而且中国味也得到了正向度的提升。当然,现实没那么简单,有可能是B1或者B2。有可能是方法要碰到最高有一个墙壁,但是中国味在增加。也有可能是中国味不断地在增加,但是这样的方法很简单。然后再追问其他象限,并且根据追问建构出

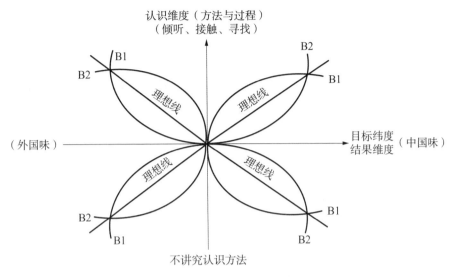

图 7.13 四象限分析系统

其他可能性： A. 无法认识中国味 B. 不通过上述认识过程认识中国味		2019上海作文题目： 倾听了不同国家的音乐，接触了不同风格的异域音调，我由此对音乐的"中国味"有了更深刻的感受，从而更有意识地去寻找"中国味"。	
反向类比追问思维		正向类比追问思维	
事例分析　←	现象与表征	现象与表征　→	事例分析
A. 自小学习浸润吴地音乐 B. 十六岁开始精通并演奏道教音乐 C. 艰难的生活阅历	瞎子阿炳，一生未出国门，没有倾听和接触异域、异国音乐，创作的《二泉映月》是典型的中国味。	钱钟书去欧洲留学，学贯中西，归来后尽心研究中国文学艺术，有《管锥编》等问世。	A. 出身中国文化世家 B. 苦读中国文学艺术不倦 C. 以西学剖析、助益中学
	迈克尔·杰克逊	闻一多	
	……	徐志摩	
		胡适	
		周杰伦	
		莫言	
		……	

图 7.14 现象枚举归类追问系统

自己的推论。

第四种是建立现象枚举归类追问系统,这是比较简单但非常实用的方法。这个题目提供了一个正向的东西,就是整个作文题目的材料。可是我们要问的第一个问题是:有没有不通过这种路径但是仍然会认识中国味?或者是其他路径?事实上,一种是有些人可能永远无法认识中国味,另一种是有些人不通过这个路径也可以达到中国味。这样就建立了两个方向相反的问题系统,一个是正向的类比思维,一个是反向的对比思维。我们追问的第二个问题,就是我们最常用的且适合学生们举例的问题。比如,对于材料中从"倾听"到"有意识地寻找中国味",你能不能举一个例子?接下去是复制这个问题,即你能否是举无数个例证?比如:钱钟书从欧洲留学,学贯中西,最后是《管锥编》问世。

这个追问系统构造的简单列表隐含着思考路径,一度追问问题有:1.以原材料的逻辑思维方式为正向思维,那么,这个材料的反向思维路径和结论可能是什么?2.你能否举出完全符合原材料正向思维路径的现象、事例?并作出相应的原因分析。3.你能否举出符合原材料反向思维路径的现象、事例?并作出相应的原因分析。二度追问问题有:4.你所列举的正向思维的现象、事例是属于哪一个时代的?哪一类型的人群的?这样的现象与事例你能列举出哪些?5.你所举的相同或相近时代的现象与事例以及相关分析,有哪些共性特征?这些特征与时代有何关联?对此你有什么全新的思考?

讲了四个图,有老师会问有没有第五个、第六个、第七个,或者不同的老师都会有不一样的,不同的孩子也会有不一样的,最终可以有无数个追问的方式、追问的路径,来实现对任何一个作文题目的问题系统分析。这样分析训练的时间久了以后,自然而然就会成为一个高效的问题化学习者。

第三节　课例推介

一、小学课例《长大以后做什么》

◉ **概述** ◉

- 课堂进程中如何进行追问实现难点突破

成根娣老师在执教《长大以后做什么》时创设了一个招聘会生活情境,给予学生身份和角色的体验,引导学生进入情境,扮演角色,进行口语交际。

课堂学习中,分层设计情境,不断深入追问,提高交际效果。从最初的老师引导,学生群策群力,主动发现和提出表达的基本问题,"说什么"、"怎么说"、"为什么这么说";再到小组合作,互相交流、回应、同伴评价、追问,不断完善交际的内容,进一步说清楚,说具体;最后到更高情境中,结合问题系统进行评价,针对感兴趣的内容多角度追问,形成多元口语表达。

◉ **案例呈现** ◉

1. 创设情境,尝试追问,在交流中构建基本问题系统

教学片段:

师:优秀人才招募会正在向你们招手,谁已经想好了,到那时,你想做什么?

生:我长大以后想做老师。

　　我长大以后想做设计师。

　　……

(结合情境,针对课题,提出问题,引导学生分享愿望,激发表达兴趣。)

师:谁听清楚了,刚才的这些同学是怎么介绍自己的?

生:我听见吴懿是这样说的:"我长大以后想做老师。"

师:你听得很仔细,就得这样认真地听。(板书:认真听)

生：蔡乾生说："他长大以后想做宇航员。"

……

师：你们都很会听，都听到了他们都在说"长大以后我想做什么"（板书：……我想做……），都在介绍一个问题（板书：做什么？）。

结合学生交流，老师提出问题，引导学生发现和提出交流时要讲清楚基本问题"做什么？"，发现表达清楚时运用的句式"……我想做……"。

师：除了这些，还希望他们再介绍些什么呢？

生1：说说为什么想做这个职业？（随机板书：为什么？）

生2：能不能做好这份职业？

生3：这份职业有什么特点？

生4：他们会怎么做？（板书：怎么做？）

师：小朋友们可真会提问题。在介绍的时候，不仅要介绍长大了想做什么？还要介绍为什么要选择这个职业？以及准备怎么做好？

在交流评议中，通过教师问题，引导学生对感兴趣的问题进行尝试追问，逐步构建表达清楚的基本问题系统。

$$长大以后做什么？\begin{cases}做什么？\\为什么？\\怎么做？\end{cases}$$

图 7.15　对话题尝试追问，构建的基本问题系统

2. 结合交流，不断追问，在评价中完善问题系统

教学片段：

师：四位选手介绍完了，谁给你留下的印象最深？为什么？

生：朱懿隽给我的印象最深，他不仅说清楚了自己想做语文老师，还说了为了当好语文老师，现在他会好好学习，多看些书，争取写出好文章，还说将来要努力考进大学。（板书：现在？将来？）

生：给我印象最深刻的是颜旭。他说他长大以后想跟柯南一样当侦探。

师：因为崇拜偶像，所以喜欢这份职业。(板书：偶像)看来，每个人喜欢职业的理由是不一样的。

生：给我印象最深的是吴懿。因为他的表情很生动。

师：在交流的时候不仅要讲清楚，用语言感染别人，还可以配上适当的动作和生动的表情来感染人，这也是自信的表现。(板书：自信说)

这位女生说得怎么样？如果觉得她给你留下的印象不够深刻，也可以问问她，帮助她说得更吸引人。

生：你怎样才能成为好医生？

女生：将来，我要考进一所好的大学，这样就能当一名好医生了。

生：你说的好大学究竟是什么大学？

女生：……

师：你们知道怎样的大学能培养出好医生吗？

生：应该是医科大学吧？

通过教师的引导问题，促使学生主动发现如何给人留下深刻印象，并找到不足的原因，进一步寻找解决问题的有效途径，在探求问题的解决中促进语言的建构与运用。

问题系统：

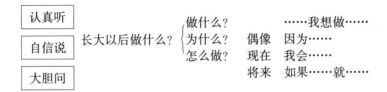

图 7.16　追问和评价中完善的问题系统

3. 结合情境，深入追问，在思辨中构建个性问题系统

教学片段：

师：时间过得飞快，一眨眼，你们长大了，优秀人才招募会正在进行中，准备好的抓紧时间参加选拔。(任命面试官，学生面试。)

165

面试官们,你们决定录用谁?

面试官:我准备录用3号,他介绍了想当一名鼓手,还说了他不仅喜欢打鼓,还在罗兰电爵士鼓班参加过培训,目前已经学会了不少曲子。如果能成功,他计划要开一场演出。(板书:喜欢　特长)

师:其他面试官有意见吗?

面试官:没意见。

师:你们想过用什么办法来证实他会不少曲子吗?

面试官:你能不能给我们表演一段?

3号选手:我虽然没有带鼓,但是我可以用嘴巴代替鼓的声音,用动作模拟表演。

师:看来还可以通过现场表演来吸引人。

引导学生在充分表达的情况下,针对独立个体,深入追问,形成个性表达。

师:4号选手想当消防员,你们录用他吗?

面试官1:他没说清楚将来要上哪所大学?

师:你们几位也认为一定要说清楚这一点吗?

面试官2:没有上过大学也能成为优秀的消防战士。

师:那究竟录不录取他呢?

面试官3:他的介绍没法吸引我。

师:最近的新闻报道中有不少年轻的消防战士为了保护人民的生命财产安全牺牲了,多危险啊!面试官们,听到这则消息,有什么问题想要与他探讨吗?

面试官1:当消防员那么危险,甚至可能会牺牲,你还想当消防员吗?

4号选手:想!

面试官3:为什么还是想当?

4号选手:因为我觉得保护人民的财产最重要,我愿意牺牲自己。

师:你可真是个好孩子,有没有想过怎么才能既实现自己的愿望,又不用牺牲?同学们可以一起帮他想办法。

生:研发科技防护服。

研究一些新型灭火材料,功效特别大的那种。

加强锻炼,有强壮的身体。

多练一些技术。

……

引导学生就理想与现实之间的矛盾,深入思考,提出引发思辨的问题,构建个性问题系统,形成多元表达。

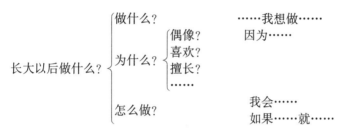

图 7.17　思辨中构建的个性问题系统

◉ **专家点评** ◉

本节课找到了问题化学习与口语交际课融合的契合点,创设了真实、生动的情境,激发学生的交流兴趣。借助情境,引导学生主动发现问题、提出问题、解决问题,构建"怎么说"的基本问题系统,帮助学生清晰表达想法。在师生追问、生生追问、自我追问中不断完善"怎么说"的问题系统,促进学生深入思考,充分表达。在倾听与就感兴趣问题的追问中,不断优化问题系统,形成多元表达。随着情境的推进,学生思维活跃,主动追问,兴趣浓厚,表达方法得以内化,语言素养得以提升,语文学科素养得以发展。

二、初中课例《木兰诗》

◉ **概述** ◉

- 学生"追问链"的自主设计与重构
  ——沪教版初中语文八年级下册《木兰诗》[①]

---

① 执教:上海市行知实验中学,沈依菲。

在课前预习作业中,学生的"问题"给了我设计这节课的灵感。学生提出的很多"问题"都是围绕木兰的"人物形象"而展开。而这首诗在写作上,也正表现了矛盾的倾向。一方面,该简略的地方惜墨如金;另一方面,该铺张的时候,极尽渲染之能势。

同时,木兰的形象可能被"英雄"的概念所"遮蔽"。英雄就是保家卫国的,会打仗的,很勇敢的。然而花木兰参加战争,战斗的英勇却不是本文立意的重点。

将学生问题与文本特点相结合,就是撬动这节课"问题"轴的支点。我首先引导学生再次关注本文写作上的特点,引出核心问题"写英雄为什么略写木兰'勇武过人'?"这一"问"激起了学生深入研读的兴趣,此时,再指导学生抓住问题的关键词进行追问,通过小组设计追问链的形式,围绕"人物形象"有效地对问题进行转化。

◉ **案例呈现** ◉

1. "追问链"的设计

提示学生关注本诗写作上的特点,进而引导学生提出主问题:**写"英雄"为什么略写木兰"勇武过人"?** 接下来,发放给每个小组一张"任务单",由学生小组合作讨论来设计"追问链"。对"问题"进行"追问",是为了逐步转化问题,最终为解决主问题提供有价值的思考方向。

2. 教学片段1

师:同学们的设计都很不错,这里我请两个比较有代表性的小组来展示你们设计的追问链,简单说一说这样设计的想法。

学生代表展示问题链:写"英雄"为什么略写木兰"勇武过人"?

木兰一介女流却替父从军表现了她怎么样的形象?

"旦辞……鸣啾啾"这段对表现人物形象有何作用?

师:听下来觉得哪一组的设计更合理一些,更便于我们操作一些呢?

生:这一组的问题并没有呈现出问题和问题之间的相关性,始终想要解决木兰是一个怎样的人物形象,但就这个追问链而言,并不能很好地帮助我们建立起全面的认识。

3. 教学片段2

在进行了全面的人物分析后,师再次展示课堂开始时学生选择的追问链,引导学生关注最后一个问题的提出是否能帮助学生解决核心问题。

师:经过对"追问链"这一部分的解答,通过解读诗歌详写部分对木兰的描写,我们看到了一个更真实的木兰形象。那么接下来我们就要来解决最后一个追问了,是同学们在一开始的时候提出的:"详写的品质和勇武过人有什么关联?"

附:追问链设计

写"英雄"为什么略写木兰"勇武过人"?

↓

本诗详写了什么?

↓

详写部分展现了木兰怎样的人物形象?

↓

详写的品质和勇武过人有什么关联?

生:沉默思考,无人应答。

师:似乎我们都意识到了,解答出这个问题,好像对我们解决大问题没什么直接的作用。那也就是说,这最后一步的追问,我们还可以再修改一下。看看怎么问能够承接我们已经分析到的人物形象,并解决我们的大问题呢?

生:我认为可以这样提问:"英雄"一定是"勇武过人"的吗?从军木来是男人的义务,而我们看到诗中是女孩子主动承担起男人保家卫国的任务,更重要的是承担起家庭的责任。在这个过程中,我们看到她也有过纠结和忧愁,但是她一旦下定决心,比男儿还要坚强。在从军过程中,她也会想家,这很真实,然而她也能像其他战士一样在战场上英勇作战,这就是她最了不起的地方。立功回来以后,和男性享受立功受赏的荣誉、坦然为官做宰截然不同的是,她只在意享受亲情以及和平幸福的生活。她拿得起,放得下。这促使我们反过来思考英雄的定义。因为在我心里,她就是杰出的平民女英雄。

◎ **案例分析** ◎

本课从"追问链"的初设计——在比较中辨别更适合的学习路径,到合作解决"追问链"的问题——在讨论、补充、反驳中深化对文本的理解,再到"追问链"的重构——在反思中合理建构追问系统,这个逐步解决问题的过程,也是逐步发现问题的过程。学生在"释疑"的过程中发现"追问链"的设计有欠妥的地方,鼓励学生再次思考并进行修正。在解答追问链的最后一个问题时,学生发现原本设计的问题"这些品质能表现木兰的勇武过人吗?"并不能很好地为解答核心问题提供思考的角度,于是课堂中又生成了另一个讨论高潮。学生在静默思考、讨论释疑后共同设计完成了"英雄一定是英勇善战的吗?"这一带有哲思角度的问题。这个问题的提出带给每一个同学新的收获,不仅进一步激发了学生对于"英雄"的定义是什么这样一个关于"是何"的基本性问题的再思考,整合了对人物形象的认识,进而使学生建立起对"英雄"概念的重建认知。更重要的是,学生在追问中进一步感知到,文学作品的价值不在于它描写了什么,而在于它怎样描写。最后,鼓励学生思考小结可以从哪些角度、用什么方法进行追问,以推动学生自主构建问题系统的能力。如学生在进行归纳总结时,提出了"逆向思考"、"抓住关键词提问"、"修改追问链"等学习思考小结。

◎ **专家点评** ◎

如果说问题系统的建构为学生搭建了解读文本的路径,思考并总结有效的追问路径则为学生远期的学习提供一个可资借鉴的有效方法。这个案例最有启示价值的地方,就是如何培养学生提炼主问题及在反思中合理建构追问系统的能力,这为我们做了不错的示范。因为当学生有了独立思考文本特点的基础,就可以更大胆地让学生自主设计主问题以及解决这个主问题的追问链,然后在相互分享与质疑中反思追问链,也让学生的学习有了强烈的参与感。

附:《木兰诗》课堂任务单

小组合作,设计问题,解决问题。

任务: 1. 小组讨论合作完成追问链的设计。

2. 思考追问的角度与方法。

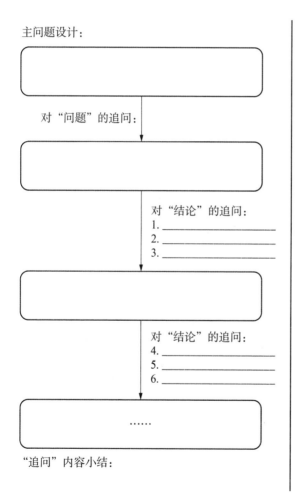

三、高中课例推介

◎ 概述 ◎

• 深度追问·高中写作新视界①

写作任务：城市是人群聚集的地方，却让不少人感到孤独。对此你怎么看？请写一篇800字的文章，谈谈你的思考，题目自拟。

教学目标：通过追问系统的构建，有效训练高三学生写作方面审题立意的能力。在教师的引导下学生学会追问，将写作思维逻辑结构外显化，并利用追问系统构造的支架为其之后真实写作提供清晰的思维路径。

追问路径及问题系统：

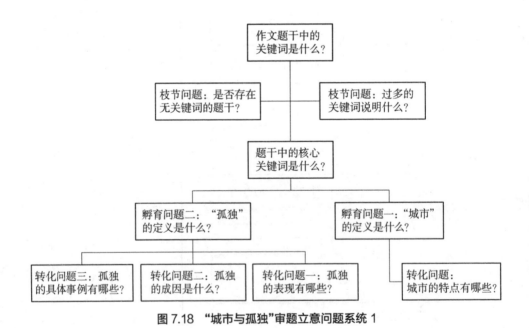

图7.18 "城市与孤独"审题立意问题系统1

---

① 执教：上海市光明中学，刘吉朋。

第七章　语文课堂中的追问学习

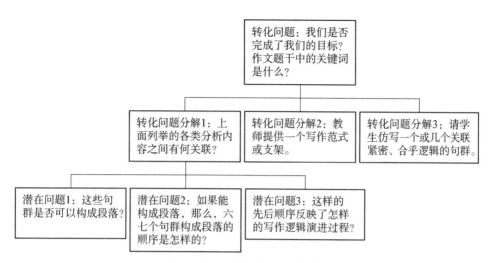

图 7.19 "城市与孤独"审题立意问题系统 2

◎ 案例呈现 ◎

1. 寻找关键词，确定关键

对于"城市是人群聚集的地方，却让不少人感到孤独"这句话，每位学生写下自己认为的关键词，统计下来共有 5 个，即"城市、人群聚集、地方、不少人、孤独"。教师引导学生根据其关键性程度，运用排除法确立"孤独"、"城市"两个关键词。

2. 追问关键词，化难为易

生：应该先定义一下，"什么是孤独？什么是城市？"

师：对。更具体一些呢？

生：城市的特点有哪些？

生：哪些事情表明孤独？

（学生依次陈述城市的特点：人群聚集、经济发达、交通便利、通讯便利、物质条件好、教育文化水平高、楼房密集、生活节奏快、竞争激烈、对外交流频繁、多元化社群、人际关系远……）

（学生陈述的"孤独"的表现有：感觉无人理解自己、不愿与人交流、异地工作远离亲人、不熟悉城市环境、知心朋友少、喜欢独处、独立完成事件、封闭自我、和别人观点常发生冲突、缺乏安全感与归属感、太"宅"多"网"、过于敏感……）

173

（学生陈述的"孤独"的原因有：过分依赖自己、不信任别人、空间压抑感过重、失去社会认同感、压力过大、繁忙得没有一丝空闲、三观不合、个体意识的过分强化、人际关系过于表面化、只关心自己不关爱他人、交知心朋友的"时间成本"与"精神成本"过大、社交恐惧症患者……）

（学生陈述的"孤独"的事例的主人公有：孔乙己、范进、阿Q、《老人与海》中的圣地亚哥、《〈宽容〉序言》中的"漫游者"、苏武、梭罗、霍金、《荷塘月色》里的朱自清、李白、辛弃疾、哥白尼、《记承天寺夜游》和《卜算子·黄州定慧院作》中的"幽人"苏轼、《孔雀东南飞》中的刘兰芝……）

这是课堂教学的关键步骤，在这个过程中，师生共同孵育了两层追问，第一层追问是："城市"和"孤独"的定义分别是什么？但这两个问题太过于抽象，学生无法解答。对于过于抽象的定义，及写作过程的起始阶段，可以进行"问题转化"，化繁为简，化难为易。就如课堂中学生进一步追问？"孤独的原因是什么？哪些事情表明孤独？体现孤独的事例可以有哪些？"等，这些问题具象了对孤独的理解，反过来再来定义"孤独"就有了基础。

3. 寻找关联，建构内部逻辑

在两个关键词"城市"与"孤独"中寻找关联。

师：我们能否在黑板上所有类别的项目中寻找出对应的关联性呢？并把这种关联性表述成为一个合乎逻辑的句子或句群呢？

师：比如，我先从"城市的特点"里找到"人群聚集"、"交流活动多"的特点，然后找到"孤独的表现"有"只关心自己不关爱他人"，接着在"孤独的原因"里找到"自私"的性格，把它们用线连接起来。于是，得出这样一句话："城市虽然是人群聚集、交流活动多的地方，但是有一些人往往只关心自己、不关爱他人，究其原因是因为这些人个性自私。因此，城市虽然给人提供了更多交流的机会，但无法从根本上改变他们的自私，当然也就无法改变他们孤独的结局、命运。他们要改变孤独，就得先改变自己的自私本性。"

（学生深思，慢慢划线，并表达出一个相对完整的小段落，数分钟后。）

生1：城市里的人虽然普遍教育文化水平较高，但是有些人喜欢独立完成事情,独自探索,因为他们的思想水平,尤其是他们的世界观和价值观远远超过了时代,比如爱因斯坦、霍金这些顶级的科学家,他们的孤独是必然的。

生2:城市生活节奏太快,人们工作压力过大,忙得几乎没有一丝空闲。偏偏难以摆脱孤独,交到知心朋友需要花费较高的时间成本,以及精神成本,也就是说,时间与精神成本阻碍了部分城市人摆脱孤独的困境。

……

生3:我怎么觉得,老师你写的,和﹡同学(生1)写的,感觉上城市与孤独实际上是没有关系的。

师:怎么说?很有意思,请继续……

生3:似乎,这个世界上有些人的孤独是天生的,或者说近乎天性,他们的孤独与他们居住在城市还是乡下无关。而那种思想太高的人,那些天才,没有人理解,尤其是同时代的人不理解他们是正常的,他们也只能孤独,这跟他们住哪儿无关。

师(鼓掌):原来的作文题干将"城市"和"孤独"两个关键词关联在一起。然而,"孤独与城市无关"恐怕也是两者关系中不可忽视的一种可能性,因为"孤独本质上可能与其天性、天赋有极大关联,却与周围环境无关"。这个观点有悖于题干,但却是对生活更深刻的观察、体悟与思考!

师:如果像刚才这样表达出六七个小段落,最终写成一篇作品,可以怎样把这些个小段落有效地组织在一起?先后顺序是怎样的?反映了什么样的逻辑推进过程呢?

当学生积累的半理性"素材"足够时,为提升学生理性思考的逻辑水平,教师追问:这些已经展示出来的各个项目和内容之间的关联是什么?这样的转化问题,逼使学生透过现象,并借助教师示范逐渐深入到原有作文题干的内部逻辑;逼使学生回到原有题干的完整表述这一命题根基;逼使学生思考原来题干中两个核心关键词之间的关系,即"关键词链";逼使学生"回归"或接近高中写作所要求的"定义"、"思辨性逻辑"、"批判性思维"等高阶思维。

4. 继续追问，潜在的问题

课堂中还有潜在追问：这样的关系梳理形成的句群之间有何关联？它们是否可以按照某种顺序排列？这种先后顺序体现了写作应该具有怎样的逻辑推理过程？这些潜在追问指向了学生写作的整体框架构思，从而接近真正的具体的写作实践，最终基本构建整个写作追问系统，形成一个基本完整的写作逻辑链，为整篇文章结构的布局打下良好基础，有力预演了整篇文章布局内部的逻辑实现的必然关联，也为整篇文章的严谨表达做了比较充分的准备，有助于学生形成清晰有效的思维路径。

从学生真正的写作来看，最后的追问阶段似乎还有很多"潜在的问题"，如何引导学生通过追问来确定已经写好的六七个小段落之间的先后顺序呢？比如，如果根据"城市的特点"、"孤独的表现"、"孤独的成因"来模拟段落的顺序，你们的选择以及逻辑依据是什么？除了这三种，还有其他的吗？以上的几种序列选择，你们是根据内容的平行或递进关联、各个"连线事项"的搭配与组合、议论文的一般结构模式、写作者个性的写作风格等哪一个方面来布局的？你们是否可以以一种可见的方式来呈现、描述和概括你们的先后顺序？……

追问：重要的写作学习支援方式

邓彤（上海市黄浦区教育学院，语文特级教师，正高）

写作是一种实践活动，是需要在写作实践中不断历练才能获得的一种高级能力。这种能力的获得，不是教师简单通过讲授就能够实现的，追问可以是一种实现写作实践的重要支持。第一，追问——深化了知识理解。第二，追问——示范了写作思维。第三，追问——提供了学习支架。我们应该清楚地认识到追问本身不是目的，追问的目的是为了促进学生的发展，是为学生的学习提供必要的学习支援。有了这样的认识，我们可以有这样一个基本的判断：要从教师的追问走向学生的追问，而追问的最高境界，就是让学生学会自我追问。

第八章 数学课堂中的追问学习

第一节 追问与数学核心素养培育

2017年版《普通高中数学课程标准》[①]将数学核心素养定义为：具有数学基本特征的、适应个人终身发展和社会发展需要的人的思维品质与关键能力。引导学生会用数学眼光观察世界、会用数学思维思考世界、会用数学语言表达世界，是数学教育的终极目标，也是制定数学核心素养的依据。义务教育数学课程标准修订组组长、普通高中数学课程标准修订组组长史宁中教授指出，所谓数学的眼光，本质就是抽象，抽象使得数学具有一般性；所谓数学的思维，本质就是推理，推理使得数学具有严谨性；所谓数学的语言，主要是数学模型，模型使得数学的应用具有广泛性。

一、数学学科核心素养

2017年版《普通高中数学课程标准》中，把数学学科核心素养具体分为六大方面：数学抽象、逻辑推理、数学建模、直观想象、数学运算和数据分析。史宁中教授指出，虽然义务教育阶段的数学核心素养现在还没有开始正式讨论，但也离不开《义务教育数学课程标准》中提到的八个核心词：数感、符号意识、推理能力、模型思想、几何直观、空间想象、运算能力、数据分析。可以这样理解，数学抽象在义务

---

① 中华人民共和国教育部. 普通高中数学课程标准（实验）[M]. 北京：人民教育出版社，2017.

教育阶段主要表现为符号意识和数感,推理能力即逻辑推理,模型思想即数学模型,直观想象体现的就是几何直观和空间想象。还有三个超出数学范畴的一般素养,义务教育阶段强调的是应用意识和创新意识,高中阶段则增加了学会学习。

1. 数学抽象

数学抽象是指通过对数量关系与空间形式的抽象,得到数学研究对象的素养。主要包括:从数量与数量关系、图形与图形关系中抽象出数学概念及概念之间的关系,从事物的具体背景中抽象出一般规律和结构,并用数学语言予以表征。

数学抽象主要表现为:获得数学概念和规则,提出数学命题和模型,形成数学方法与思想,认识数学结构与体系。

2. 逻辑推理

逻辑推理是指从一些事实和命题出发,依据规则推出其他命题的素养。主要包括两类:一类是从特殊到一般的推理,推理形式主要有归纳、类比;一类是从一般到特殊的推理,推理形式主要有演绎。

逻辑推理主要表现为:掌握推理基本形式和规则,发现问题和提出命题,探索和表述论证过程,理解命题体系,有逻辑地表达与交流。

3. 数学建模

数学建模是对现实问题进行数学抽象,用数学语言表达问题、用数学方法构建模型解决问题的素养。数学建模过程主要包括:在实际情境中从数学的视角发现问题、提出问题、分析问题、建立模型、确定参数、计算求解、检验结果、改进模型,最终解决实际问题。

数学建模主要表现为:发现和提出问题,建立和求解模型,检验和完善模型,分析和解决问题。

4. 直观想象

直观想象是指借助几何直观和空间想象感知事物的形态与变化,利用空间形式特别是图形,理解和解决数学问题的素养。主要包括:借助空间形式认识事物的位置关系、形态变化与运动规律;利用图形描述、分析数学问题;建立形与数的联系,构建数学问题的直观模型,探索解决问题的思路。

直观想象主要表现为:建立形与数的联系,利用几何图形描述问题,借助几何直观理解问题,运用空间想象认识事物。

5. **数学运算**

数学运算是指在明晰运算对象的基础上,依据运算法则解决数学问题的素养。主要包括:理解运算对象,掌握运算法则,探究运算思路,选择运算方法,设计运算程序,求得运算结果等。

数学运算主要表现为:理解运算对象,掌握运算法则,探究运算思路,求得运算结果。

6. **数据分析**

数据分析是指针对研究对象获取数据,运用数学方法对数据进行整理、分析和推断,形成关于研究对象知识的素养。数据分析过程主要包括:搜集数据,整理数据,提取信息,构建模型,进行推断,获得结论。

数据分析主要表现为:收集和整理数据,理解和处理数据,获得和解释结论,概括和形成知识。

二、追问对培养数学学科核心素养的重要价值

数学教育的终极目标是,一个人学习数学之后,即便这个人未来从事的工作和数学无关,也应当会用数学的眼光观察世界,会用数学的思维思考世界,会用数学的语言表达世界。在终极目标的指引下,我们的数学教学活动应当秉承这样的基本理念:把握数学内容的本质;创设合适的教学情境,提出合理的问题;启发学生独立思考,鼓励学生与他人交流;让学生在掌握知识技能的同时,感悟数学的本质;让学生积累数学思维的经验,形成和发展数学核心素养。

1. **追问体现学生主动思考,是学科核心素养养成的前提**

已有研究证实,学生主动发现问题与提出问题时,其课堂参与程度最高。当前我们的数学课堂教学中,有的老师总是用问题牵着学生走,没有留给学生积极

思考的时间和实践的空间。我们要转变理念,将课堂中仅仅是老师的提问转化为师生、生生间的追问,让质疑、询问成为学生的权利。

学生在自主追问和回答的活动过程中,获得了更多的表现机会,激发了学生的参与热情。环环相扣、前后呼应、逻辑关联的追问使得问题解决越来越接近学生的最近发展区,契合学生的认知水平,让学生在一种愉悦的体验中探究知识、形成能力,获得问题解决的成就感。追问的过程让学生经历一个完整的问题解决过程,让学生感受到探索过程中的苦与乐,能够激发学生的探究热情,更深层次地激发学生自主学习的需求与合作学习的内驱。

2. 追问呈现真实思维进程,是学科核心素养培养的科学过程

数学学习要引导和启发学生敢于思考、善于思考、学会思考。学习过程中的互相追问,往往是在更深入地了解了追问对象问题的基础上,使得一个问题解决的思维过程呈现在学习者面前,同时也为大家提供了倾听、理解他人想法与发现他人问题的机会,创建了师生、生生、生本互动的学习生态。一次成功的追问能引发学生反思,有利于学生的思考走向深入,有利于培养学生的批判性思维,提升学生的思维品质。

(1) 追问让学生学会"用数学的眼光看世界——数学抽象"

《义务教育数学课程标准》中提到的核心词,符号意识、数感、几何直观和空间想象,都可以归到数学抽象这个素养中。数学问题的解决就是从具体的问题中抽象出数量关系与变化规律,同时能用数学符号表示出来,能理解符号所代表的数量关系以及意义,能进行数学语言之间的相互转译,能选择适当的数学公式、定理、法则并能选择适当的方法来解决数学问题。通过追问,能够达到正确理解已知条件并加以恰当的转化,让抽象问题更加具体,让复杂问题更加简单,让不可能变成可能,从而实现数学抽象素养的发展。我们在追问中的路径是,通过追问,将文字语言向图形、符号语言转化,让数学性质更加显著;通过追问,将符号语言向图形语言转化,让数学概念更加具体生动;通过追问,将图形语言向符号语言转化,让数学表达更加简洁。追问使得数学知识之间的联系更加清晰,使得数学知识之间的差异更加显著。

(2) 追问让学生学会"用数学的思维思考世界——逻辑推理"

《义务教育数学课程标准》中提到的核心词还包括运算能力和推理能力,这都属于逻辑推理。数学内部的发展依赖的就是逻辑推理。逻辑推理是指从一些事实和命题出发,依据规则推出其他命题的思维过程。一类是从特殊到一般的归纳、类比,另一类是从一般到特殊的演绎。目前我们的教学更多是培养学生的演绎推理能力,缺少归纳推理能力的培养。通过追问,让思维系统化、系统图式化、图式可视化,可以引导学生通过归纳推理探究成因,帮助他们建立数学的思维模式。

(3) 追问让学生学会"用数学的语言表达世界——数学模型"

《义务教育数学课程标准》[1]中提到的核心词还有模型思想、数据分析观念等,这都是数学模型素养。数学模型是对现实问题进行数学抽象,用数学语言表达问题,用数学知识与方法构建模型、解决问题的过程。也就是说,数学模型是用数学语言讲述现实世界的故事,是沟通数学与现实世界的桥梁。数学建模突出学生系统地运用数学知识解决实际问题的过程,通过追问,可以让学生去伪存真、聚焦关键信息,在阅读时读得准、读得快、理解快、理解深,提升阅读理解能力,这是数学建模的前提。通过追问,可以让学生进行方法优化,进而选择最佳模型,这是数学建模的关键能力。通过追问,能够帮助学生感悟数学与现实之间的关联,使其加深对数学内容的理解,逐步积累数学实践经验,进而提升应用能力,增强创新意识。

3. 追问提供自主练习与反思机会,是夯实学科核心素养的基础

通过相互间的追问,学生就要注意所学某些知识的特定信息,必须回忆所学的有关内容,围绕这些内容展开思考,这给学生重复接触或思考学习任务提供了机会。在追问的过程中,通过相互间的修改、补充,使得认识不断地完整、准确,反思学习过程,为学科核心素养的培养打下坚实的基础。

---

[1] 中华人民共和国教育部.义务教育数学课程标准[M].北京:北京师范大学出版社,2011.

三、数学学科的基本问题类型

1. 五何问题

在通用的五何问题中,麦卡锡(Bernice McCarthy)认为:具体—行动型学习者偏好是何(what)类问题,关注概念;具体—反思型学习者偏好为何(why)类问题,关注意义;抽象—行动型学习者偏好如何(how)类问题,关注应用;抽象—反思型学习者偏好若何(if)类问题,关注创造。

例如:《黄金分割》(九年级　数学)

- "是何"的问题:什么是黄金分割?——关注概念
- "如何"的问题:怎样找到黄金分割点?——关注应用
- "为何"的问题:为何要进行黄金分割?为什么0.618就能给你美感?——关注意义
- "若何"的问题:假如不是用勾股定理来验证黄金分割点的位置,还有其他的方法吗?——关注创造
- 追问"由何"示例:黄金分割是怎样被发现的?这就是在追问当时数学家毕达哥拉斯是在怎样的情形下发现黄金分割的;对于整个数学的发展意义何在,这就涉及数学史的学习。

2. 按照知识类型维度分类

在L·W·安德森(Anderson, L.W.)修订的布卢姆教育目标分类学中,把目标分为知识维度与认知维度[①]。其中知识维度包括事实性知识、概念性知识、程序性知识及元认知知识。依据这些知识分类,我们可以把问题分为:事实性知识的问题、概念性知识的问题、程序性知识的问题及元认知知识的问题。

(1) 事实性数学知识:主要是关于一些数学术语、符号,数学学科具体细节和

---

① L·W·安德森,等. 学习、教学和评估的分类学[M]. 皮连生,译. 上海:华东师范大学出版社,2008.

要素的知识。事实性知识的问题主要产生于对这些术语、符号、要素所表达的具体数学含义上。

例如：符号">"或"<"是代表什么意思？

百分号怎么写？

一年有几个月？其中几个大月，几个小月？

（2）概念性数学知识：主要是关于一些数学概念、命题、公式、法则、定理、公理等方面的知识。概念性知识的问题主要产生于运用数学概念、命题以及它们之间的关系。

例如：什么样的图形叫三角形？三角形的特征是什么？

分数的意义是什么？

什么样的数是质数？什么样的数是合数？

（3）程序性数学知识：主要是关于数学运算、算法之类的操作性知识，以及确定何时运用适当程序的标准的知识。程序性知识的问题主要产生于运用数学概念、规则等进行推理及其推理后产生的认知操作。

例如："96×125"运用乘法分配律怎样进行简便运算？还可以运用哪种方法使其简便？

一个长为24厘米，宽为16厘米的纸，在四个角处剪掉边长为 X 厘米的小正方形，然后折成一个无盖的长方体盒子。当 X 为多少厘米时，所得到的长方体体积最大？

如何根据实际情况取近似数？

（4）反省性数学知识：包括学习数学的策略知识、情境性和条件性知识在内的关于认知任务的知识及自我知识。

反省性数学知识主要是如何获取数学知识的策略，它侧重于知识学习过程中内在的数学思想方法，从数学的角度发现问题、分析问题以及解决问题的过程与方法，初步形成评价与反思的意识。反省性知识的问题的核心在于引导学生学会学习并具有反思技能。

例如：想一想刚才我们是如何获得三角形面积公式的？

在比较长方形纸的长、宽边谁长时,比一比、量一量、折一折,这么多方法,有什么相同与不同?

我是如何解决这个数学问题的?解决这个问题我是按照怎样的顺序来解决的?我设想的顺序与同学们的思考是否一致?为什么这样想?解决这个问题我用到哪些知识?用到哪些数学思想方法?

我了解自己的思维特点吗?

通常事实性与概念性知识多是"是什么"的问题,程序性与反省性知识多是"怎么样"的问题。

3. 按照认知层次维度分类

在安德森修订的布卢姆教育目标分类学中,从认知过程维度分为记忆、理解、运用、分析、评价与创造六个层次[①]。相应地,我们把问题也分为从低到高的六大类,即记忆性问题、理解性问题、运用性问题、分析性问题、评估性问题和创造性问题。可以将此理解为对知识理解应用的不同层次,是学习同一个知识所对应的不同认知层次的问题。

(1) 记忆性问题:是对知识的记忆和再现,即学生通过回忆所学知识即可获得问题答案的问题。一般学生直接可以在学习内容中找到现成的答案。

例如:什么叫周长?

自然数包括哪些数?

什么是折线统计图?

(2) 理解性问题:是对概念、规则、定律等的理解,即学生通过对学习内容进行必要的观察、类比、变换、推论、解释才能获得答案的问题。一般学生需要对内容进行一定程度的加工。

例如:表面积和面积有什么不一样?

邮政编码是怎样编排的?

---

① L·W·安德森,等. 学习、教学和评估的分类学[M]. 皮连生,译. 上海:华东师范大学出版社,2008.

什么是加倍与一半？

（3）运用性问题：是对理解了的知识进行转化与运用，即学生通过把已学的知识应用于熟悉与不熟悉的任务情境中进行解决的问题。一般需要学生对知识有迁移能力。

例如：在知道周长概念后，提问：长方形的周长如何计算？

学习了三角形面积计算公式后，出示：任意凸四边形，问这个四边形的面积如何求？

（4）分析性问题：是把知识分解成各个要素，弄清各个要素之间的相互关系或是对知识集合进行系统分析，厘清它们的组织和结构的问题。一般学生需要对知识有分解能力，有系统、全面思考的能力。

例如：三角形的内角和一定是180度吗？（学生要实验验证锐角三角形、钝角三角形、直角三角形的内角和各是180度后，才能确定结论。）

角的大小究竟与什么有关？与什么无关？

所有4个相同的平方数都能拼成一个新的平方数吗？

（5）评价性问题：在对知识有深刻的认识的基础上，针对问题解决作出令人信服的判断的问题。学生一般需要运用概念、规则等对数学解决等作出价值判断，需要有综合分析能力。

例如：有586斤大米要装袋，每袋能装100斤，至少需要装多少袋才能装完？有人认为这个问题应用进一法解决，有人认为用四舍五入法解决，也有认为这两种方法都可以。对于这三种想法，到底哪一种方法能说服另外两方？

（6）创造性问题：在对知识融会贯通的基础上提出的新问题。一般学生需要在脑中检索与问题有关的各种学习知识，通过例举、归纳、实验、推理，创新地解决问题。

例如：周长相等的长方形，面积会怎样？

圆是规则图形，可是我们还不会算它的面积，你有办法估测吗？

四、数学课中的追问视角

追问不是一般的对话,而是对事物的深刻挖掘,是逼近事物本质的探究。因此,追问的技能就显得尤其重要。追问作为前一问题的追溯和推进,要实现追问的价值,确立好追问的视角尤为关键。

1. 类比型追问

案例1(初中数学沪教版教材七年级上学期)《反比例函数》。

问:如何研究反比例函数?

追问:我们是如何研究正比例函数的呢?

◉ **案例分析** ◉　通过类比型追问,可以是新知识刚开始学时,既可以巩固已学知识,形成单元架构,又可以指导后续学习的方向。也可以在解决具体问题时进行,有利于发展学生的类比数学思维。

2. 递进型追问

案例2(初中数学沪教版教材七年级下学期)如图8.1,已知直线AB、BE相交于点B,直线DE、CD相交于点D,直线$AB//CD$。试说明$\angle E=\angle B+\angle D$。

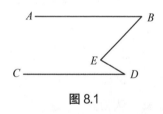

图 8.1

追问1:直线$AB//CD$这个条件现在用的上吗?

答:用不上,这两条直线没有截线,所以需要添加辅助线。

追问2:从哪里添线呢?

追问3:如果与$\angle B$相关联该怎么添?如果与$\angle D$相关联呢?$\angle E$呢?

◉ **案例分析** ◉　通过递进式的追问,让思维可视化,发展了学生的逻辑推理能力。

3. 聚焦型追问

学生由于多种想法交织在一起,没有很好的判断力进行取舍,觉得这种思路也对,那种方法也好。这时就需要有效追问,将思维引向深处,分析各种思路、方法的利弊,让学生自己进行比较判断,从而达到明确的学习目的。

案例3 已知：如图,在△ABC中,CD⊥AB垂足为D,BE⊥AC垂足为E,联结DE,点G、F分别是BC、DE的中点。

求证：GF⊥DE。

问：图形太复杂,条件很多,该如何选择呢?

追问：G、F是中点,我们先关注哪个条件?

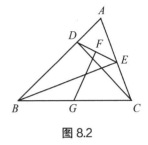

图 8.2

◉ **案例分析** ◉ 通过追问,将目光聚焦到中点G这个条件,从而联想到直角三角形的性质,这里蕴含了隐含条件的数学思想。同时也发展了学生的直观想象素养。

4. 验证型追问

案例4(初中数学沪教版教材八年级上学期)已知y关于x的函数$y=(k+2)x$是正比例函数,且该函数图像经过一、三象限,求k的取值范围。

追问1：当$k\leqslant 0$,例如$k=0$、-0.1、-0.2时,函数图像经过哪些象限?

案例5(初中数学沪教版教材八年级上学期)画反比例函数$y=\dfrac{8}{x}$的图像。

追问1：这个函数是我们没学过的函数,它的图像就用线段连起来错在哪里呢?

◉ **案例分析** ◉ 课堂上,学生在回答问题时往往只说其然,而不说其所以然,通过验证型追问,使学生明白数学逻辑的严密性,要有理有据。

5. 分解型追问

问题提得过大、过难,与学生的认知能力和已有的知识储备存在明显的脱节。往往是教师的问题提出了,学生启而不发,问而不答,遇到这种情况怎么办?除了通过让学生再熟悉内容以求得理解得全面深入外,通过追加问题的方式搭梯子,化难为易,拨疑为悟。

案例5(初中数学沪教版教材九年级上学期)如图,在△ABC中,D是AB上一点，F 是 BC 延长线上一点，且 $BC = CF$，联结 DF，交 AC 于点 G，求证：$\dfrac{AD}{AB} = \dfrac{DG}{GF}$。

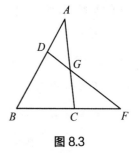

图 8.3

追问 1：要证成比例，显然需要有什么？

答：需要有相似。

追问 2：还有呢？

答：或是平行线分线段成比例。

追问 3：那么到底是相似还是平行线分线段成比例呢？说说你的想法。

答：应该是平行线分线段成比例，因为……

◦ **案例分析** ◦ 这道题对于刚学完相似三角形的同学来说，突破了他们原有的认知储备，要获得成比例，必须要有相似或是平行线分线段成比例，通过追问，借以化归的数学思想，启发学生需要结合已知或是结论添线来解决问题。

6. 反思型追问

案例 6（上海科技教育出版社《课课练》）在解决以下问题时，学生呈现了三种方法：

> 判断算式 $(x-y)(-x-y)$ 能否用平方差公式计算？

(1) 把 $(x-y)(-x-y)$ 转化为 $(-y+x)(-y-x)$。

(2) 我是把 $(x-y)(-x-y)$ 转化为 $-(x-y)(x+y)$。

(3) 按多项式乘法法则进行计算，结果是 $y^2 - x^2$，发现结果符合平方差公式的特点。

通过学会自我追问"听懂他的方法了吗？你是如何想到的？他们想法的相同之处在哪里？"学生呈现了他们的思考过程：

(1) 平方差公式需要两个数的和乘以这两个数的差，在这个算式中，两个因式都差，所以我想转换一下，就利用了加法的交换律，发现是可行的。

(2) 我的办法与他的差不多，我是把 $(x-y)(-x-y)$ 中后一个因式的负号提取出来，变成 $-(x-y)(x+y)$，这样就符合平方差公式的条件了。

(3)我一开始没有发现这个算式能用平方差公式计算,所以就尝试用原来的办法进行计算,发现结果符合平方差公式的特点……

学生通过反思,再现了自己真实的思考过程,这其中也蕴含了类比思想和化归思想,反思可以让学生学习归纳自己的数学方法。

7. 回溯型追问

回溯就是追根究底,回到源头去看看知识涉及到的基本原理或概念。

案例7(初中数学沪教版教材七年级上学期)《分式的意义》。

问(学生):$\frac{x}{x}$是整式还是分式?

追问1:$\frac{x}{x}$在什么情况下等于1?

追问2:什么样的式子是分式?

◦ **案例分析** ◦ 通过追问1,说明$\frac{x}{x}$与1的区别。通过追问2,引导学生关注分式的概念。

五、追问建构问题系统

如果一个核心问题具有很大的探究空间,而我们通过追问这个核心问题,前后联系形成更大的问题系统,包括大的知识空间,大的推理空间,追问建构问题系统就会有更大的探究意义。

例如,围绕"长方形的周长和面积有什么关系?"这个问题,不是一个回合就能解决的问题,从某种意义来说,它指向由若干具有内在联系的学习内容并形成知识网络。通过创设有效的问题情境,基于一定的目标和内容,再通过有效的师生追问、生生追问,按照一定的思考逻辑构成学习模块。从"形"的视角去发展空间观念,培养几何直观能力与推理能力。这样的一个大问题解决不是一个课时或者几个课时的目标,而是对"图形的周长"、"长方形、正方形的面积"这两个单元的知

前后联系形成更大的问题系统

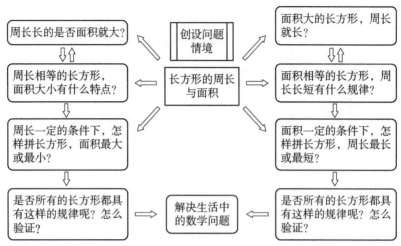

图 8.4 《长方体的周长与面积》问题系统

识有一个系统的认识,学生有了更广泛的联系思考之后,就会导向深度学习。这样基于知识模块的问题系统设计有利于学生对"周长"与"面积"两个单元知识的理解与贯通,有利于学习迁移。

"如果周长相等,面积大小有什么特点?""如果面积相等,周长长短有什么规律?"这两个子问题给了学生一个研究的闭环:我想解决哪个问题?怎么解决?我需要寻求帮助吗?如何与别人合作?解决这两个问题需要集体分享的重要内容是什么?而这样两个问题也给教师的教学指导提供一个闭环:相应的学习流程中,学生可能的状态差异是什么?如何依据学生真实的问题以及问题背后的差异资源有效引导,基于追问将学习引向深入?是否能够提供给学生面对问题或任务的全貌进行整体感知和弹性思考的空间,是否让各层次学生以面对挑战的个性表现机会?是否能在单元活动群中与其他学习活动有机关联?是否有意让不同的学生在各自的发展路径上各有提升?这个问题系统试图给出这些回答。

"周长(面积)一定,面积(周长)怎么最大(最长)?""是否所有的长方形都有这样的规律,怎么验证?"这两个子问题的继续深入,让我们看到数学究其实质是数学知识的结构化,数学知识的整体性和数学知识的内在联系。也让我们看到了在

"图形与几何"模块中除了主要对应的数学核心概念——空间观念和几何直观外,还看到了推理能力、模型思想和应用意识。

第二节 工坊研修

数学课堂学习不是教师告诉学生问题和结论,而是教师为学生提供一切有利条件,支持学生主动探索发现的过程。在学习的过程中,认真倾听同伴的想法并积极思考,就自己的思考进行真实表达,可以提出自己在学习过程中的困惑或者通过追问引导同伴的再思考,通过师生、生生间的追问,明晰学习路径,解决核心问题。在这过程中,增强学生的数学学习体验,培育学生的数学品质,发展学生的高阶思维能力,发展学生的元认知,加强其思维的广阔性、批判性、深刻性、灵活性和敏捷性,同时也是学生进行自觉学习的表现。

小学、初中、高中三个数学学科工作坊在实践过程中,我们发现基于学生追问而引发的数学学习和传统课堂有以下几个功能:

- 追问,让课堂给出的探究性任务,不再只有一种结论、一条线索,而是有可能出现多种学习轨迹串联、并联推进。
- 追问,让提供的学习材料产生了选择和判断,让教师和学生都发现随着真实学习的发生——答案不再是一模一样,也不一定一模一样。
- 追问,让学生都珍视不同的学习成果与结论。追问,又让学生从不同的学习成果与结论中概括出相同的数学方法和数学思想。
- 追问,让学生有机会发现:我们在研究什么?在学习的过程中,不断发现问题,审视问题,聚焦核心问题,让学习者具有反思操作过程中的——"元认知"意义。

◉ **研修问题** ◉

(1)学生没有问题时,如何孵育追问?

(2) 如何利用学生的错误资源,孵育追问?

(3) 如何引导学生在观察比较中,孵育追问?

(4) 如何搭设支架,孵育追问?

(5) 如何在追问中,进行知识的系统建构?

◎ **研修步骤** ◎

- 解决问题一:学生没有问题时,如何孵育追问?

课堂上有些问题看似浅显,往往被学生忽视。课堂上,教师适当深层次追问,在学生思考粗浅处牵引,引导学生去探索,则能推动学生的思维一步一步地深入下去。

案例1 《长方体和正方体的初步认识》

师:在材料包里面,有一些长短不一的小棒和一些完全一样的小球,如果要搭一个长方体,你会关注哪些数学问题?

生1:需要几根小棒?几个小球?

生2:这个问题很简单,我们需要12根小棒,8个小球。因为长方体有12条棱,8个顶点。小棒就是棱,小球就是顶点。

师(追问):那么你们真的没有其他问题了吗?如果没有不妨可以尝试搭建一个长方体。(学生自己动手搭建长方体,老师注意观察学生在搭建过程中如何选择小棒和小球。一段时间后,有的学生搭成了,而有的学生没有搭成。)

师:回想一下你们在搭建过程中,曾经思考过什么问题,遇到过哪些困难?大家交流一下。(老师鼓励那些没有搭建成功的孩子大胆说出自己的困难并进行反思。)

生3:我发现我选的小棒长短不一,所以没有搭成。

师:所以我们在选择小棒时,需要思考什么?

生4:我觉得要挑4根长的,4根中等的,4根短的。

师鼓励生3:你有什么不明白的要请教他吗?

生3(追问):你是怎么想到的?

生4:因为长方体12条棱分为3组,每一组都要有相对的4条棱,否则长方体搭不起来。

师:这位同学的话谁听懂了?

生5：我懂了。就是不能随便挑12条棱，要考虑将这些棱分组。每组的4条棱的长度要相等。

师：谁能把他背后思考的问题表达得让大家听明白？

生6（表述）：就是考虑如何分组？考虑每组棱的长短是否一致？

……

师：能够说说你们不同的搭建过程吗？

学生展示了不同的搭建过程与方法。

……

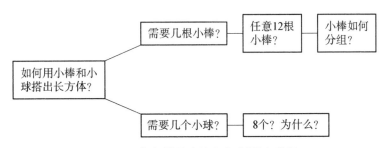

图8.5 "如何挑选小棒和小球"思考路径

表8.1 对案例1中"追问孵育"的分析

问题描述	挑选小棒有什么要求？——你是怎么想到的？——考虑如何分组？考虑每组棱的长短是否一致？
追问分析	在探究操作中产生问题、在反思中对条件进行追问
渗透的数学思想方法	抽象、分类、模型
提炼学科核心概念	空间观念、几何直观、推理能力
孵育句式	1. 那么你们真的没有什么问题吗？ 2. 动手试一下，看看你有什么新的发现与问题？ 3. 如果改变条件，结论还成立吗？
孵育解析：有的时候学生没有问题，可以让学生自己探究一下、动手操作一下，真实的问题就产生了。另外，教师面对学生思维粗浅，提不出问题的时候，追问"真的什么问题也没有吗？如果条件变换一下，结论还成立吗？"这样由教师引发的追问，把学生的思维带向"条件假设追问视角"，新的问题就产生了。	

- 解决问题二：如何利用学生的错误资源,孵育追问?

学习的过程并非一帆风顺,发生错误在所难免。在教学过程中不妨利用这些错误资源,暴露学生思考中的偏差,从而更有利于对症下药。有时在数学课堂上对于错误的辨析比简单指明正确的道路反而更有价值,我们可以通过师生追问,引导学生对偏颇进行解读,让学生自己认识并纠正错误,即"自识庐山真面目"。

案例2:《分式不等式》

背景:下列问题解答之后的课堂交流。

问题:已知 $x=2$ 不是关于 x 的不等式 $\dfrac{x-1}{x+a}<0$ 的解,求 a 的取值范围?

生1:将 $x=2$ 代入不等式 $\dfrac{x-1}{x+a}\geqslant 0$,解得 a 的取值范围为 $(-2,+\infty)$。

师:还有其他结果吗?

生2:我的结果是 $[-2,+\infty)$。

师(面向全体学生):你认为哪个对?能否给错误的同学提一个问题,让他认识到自己错在哪里?

生3:我认为生2对,请生1将 $a=-2$ 带入不等式 $\dfrac{x-1}{x+a}<0$,看看 $x=2$ 是不是该不等式的解。

生1(追问):我错在哪里了?

生:部分同学私下在讨论。

生4(继续追问):"$x=2$ 不是 $\dfrac{x-1}{x+a}<0$ 的解"与"$x=2$ 是 $\dfrac{x-1}{x+a}\geqslant 0$ 的解"等价吗?

生1(追问):我就是想知道为什么不等价?

生5:$\dfrac{x-1}{x+a}<0$ 的解集与 $\dfrac{x-1}{x+a}\geqslant 0$ 解集的并集不是 $\mathbf{R}$。

生6:"$x=2$ 不是 $\dfrac{x-1}{x+a}<0$ 的解"是对"$x=2$ 是 $\dfrac{x-1}{x+a}<0$ 的解"的否定,应

该先算 $x=2$ 是 $\dfrac{x-1}{x+a}<0$ 的解时 a 的取值范围,再取补集。

……

在质疑与追问中,学生改正了自己的错误,同时引起了同学的深入思考。生 3 只是认识到 -2 应该在所求范围内,但说不清为什么;生 5 看到现象没有认识到本质;生 6 指出了问题的根本所在。思维层层递进,课堂不断地剥丝抽茧,每一过程都触及数学的基本思想,学生亲历其中,积累了数学基本经验,从而发展了学科素养。

表 8.2 对案例 2 中"追问孵育"的分析

问题描述	我错在哪里了?——两解等价吗?——我就是想知道为什么不等价?
追问分析	追问"为何",挖掘本质与原理
渗透的数学思想方法	
提炼学科核心概念	补集思想
孵育句式	1. 你认为哪个对?能否给错误的同学提一个问题,让他认识到自己错在哪里? 2. 我猜你想要追问。 3. 如果这种做法是错误的,那么价值在哪里? 4. 你是不是想问错在哪里?又是为何?

孵育解析:

没有该错误资源,就没有一系列的思辨。如果只是教师的讲解,就缺少了该思考过程的价值体现,学生对补集思想只是接受,没有理解和体验其学科地位,更不可能自觉地进行迁移和运用。

纠正式追问包括两方面的内容,即对学生发生的错误教师通过追问引起关注,也可以引导学生发现矛盾自主追问,这样的追问,更容易引发学生的自觉学习,从而进一步厘清错误。

学生的"差错"背后隐藏着巨大的学习机会,教师巧妙利用学生的认知冲突,选择合适的追问策略——将错就错后进行观察比较,产生矛盾冲突后自然而然提出问题,或者让理解正确的同学通过追问提醒理解错误的同学,让学生通过自主追问,相互辩论,引导他们从不同角度去发现错误,修正错误,提升认识。

- **解决问题三：如何引导学生在观察比较中，孵育追问？**

在比较中就能发现异同，这个时候就会自然而然地产生问题。两种不同的做法与思路，如果最后都能到达终点，就会追问两种方法背后相同的原理是什么。如果有一种方法或思路有点出乎意料，那就要追问背后的道理，这个"背后的道理"就是通过现象看到本质，从看似无理的地方看出数学推理与转化的过程。

案例3：《平方差公式》

问题：可否利用平方差公式化简$(x-y)(-x-y)$？

生1：我利用乘法公式化简结果为y^2-x^2，好像可以用平方差公式的样子。

生2：我这样做的：$(x-y)(-x-y)=-(x-y)(x-y)=y^2-x^2$，不是直接利用平方差公式。

生3：我是先把$(x-y)(-x-y)$转化为$(-y+x)(-y-x)$，然后再计算的。

师（追问）：谁能帮助他提炼一下基本想法？

生4：他的意思是把$-y$和x看成两个数a和b，这样就符合平方差公式的要求。

生5（追问）：你是怎么想到的？

生2：平方差公式需要两个数的和乘以这两个数的差，在这个算式中，第一个数是相反数，第二个数相同，所以利用加法交换律转换一下就可以了。

……

表8.3 对案例3中"追问孵育"的分析

问题描述	你是怎么想到的？
追问分析	在比较中发现异同进行追问
渗透的数学思想方法	化归思想
提炼学科核心概念	符号意识、运算能力、逻辑推理

续 表

孵育句式	1. 这些思考的相同之处在哪里？ 2. 不同之处在哪里？ 3. 这个表达式，还可以看成什么？ 4. 从这一步到下一步，运用了什么方法与原理？

孵育解析：这样的因式能否用平方差公式？提取负号与交换 a、b 两种方法都能利用平方差公式化简原来的式子，关键在于鼓励孩子追问背后的数学实质。老师追问"谁能帮助他提炼一下基本想法？"就是让学生有符号意识，而学生追问"你是怎么想到的？"就是把他转化的过程说清楚了。

- 解决问题四：如何搭设支架，孵育追问？

教学效果的好坏取决学生对数学学习的核心问题的把握程度。问题化学习要突出重点，突破难点，努力凸显学科思维，追问是突破教学难点，促进学生思考。教师要善于抓住核心问题，选准突破口进行追问，在追问中引发学生思考，通过追问透过现象进行深入比较和分析，聚焦核心问题，从而突破教学难点。

案例4：《正弦拓展定理》

师（问题）：正弦定理的内容是三个比值相等，这个比值有什么意义吗？是三角形的一个什么量？

生（探究）。

特殊化：在直角三角形中，角 C 是直角，则 $\dfrac{a}{\sin A} = \dfrac{b}{\sin B} = c$。

发现：此时比值是斜边长。

师（追问）：在一般三角形中呢？

生困惑，仍然想不到比值是外接圆直径。

师（引导）：不忘初心，方得始终。特殊化的目的是什么？

生：通过研究特殊情况，寻找一般结论。

师（引导）：我们这时可以思考一个怎样的问题？

生（追问）：将直角三角形看作一般三角形，斜边还有什么特征？

生1：直角三角形斜边还是其外接圆直径。

生2(猜想)：对任意三角形而言,这个比值会不会都是外接圆直径?

……

表8.4 对案例4中"追问孵育"的分析

问题描述	在一般三角形中呢? ——我们这时可以思考一个怎样的问题? ——将直角三角形看作一般三角形,斜边还有什么特征? ——对任意三角形而言,这个比值会不会都是外接圆直径?
追问分析	从特殊到一般,进行追问
渗透的数学思想方法	
提炼学科核心概念	推理能力、模型思想
孵育句式	1. 在这样的情况/条件下,我们这时可以思考一个怎样的问题? 2. 在这种情况下,……具有……,那么……情况下……是否也具有……特征/性质呢?

孵育解析：学生一下子无法发现问题,老师应该如何给予启发性的支架呢? 给予思想的点拨,特殊化的目的是什么? 学生感悟到通过研究特殊情况,寻找一般结论。于是进一步启发学生这时候可以思考一个怎样的问题。学生联想到将直角三角形看作一般三角形,那么斜边还有什么特征,进一步猜想任意三角形是否也与直角三角形一样,斜边都是其外接圆直径。

- 解决问题五：如何在追问中,进行知识的系统建构?

不可否认,我们的数学课难免会遇到碎片化学习的过程,这个时刻就需要老师及时给予更多的有效追问指导,将学生的思维宽度和深度拉开,让学生自我追问,相互追问,从而聚焦核心问题,构建问题系统。

案例5：《折线统计图》

师：再来观察一幅图(出示第二幅图)。

师：先请你有序观察,读懂这幅折线统计图。然后请你来提出一些问题,考一考其他同学是否读懂了这幅图,可以吗?

生(信心十足)：可以。

师：那么先自己看图,然后写下自己的问题去考一考小组内的其他同学。

问题反馈与交流

师：我们从哪里开始呢?

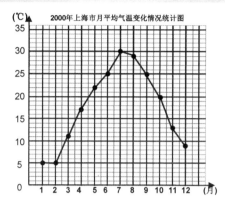

图 8.6　2000 年上海市月平均气温变化情况

生：应该从标题开始。

师：谁来？

生 1：这幅统计图统计的是什么？

生 2：统计的是 2000 年上海市月平均气温变化情况。

师：如果是关于横轴或纵轴的，你可以提出哪些问题？

生 3：纵轴一小格代表多少？

生 4：一小格表示 1 摄氏度。

生 5：纵轴上两个数据之间的格子可以缩小吗？

师：谁理解他的意思了？

生 6：就是一小格可以为 5 摄氏度。

师：你们觉得呢？

生 7：可以的。

师：一小格可以为 1 摄氏度，也可以为 5 摄氏度，难道一小格表示多少是随便定的？

生 8：我觉得是由最高温度值决定的。

生9：我觉得是由最低温度和最高温度值决定的。

师：非常好，我觉得有一定道理的，一格到底表示多少，我们学习画折线统计图的时候还将具体讨论。关于横轴你有哪些问题？

生10：为什么横轴上是月份不是几月几日？

生11：这里统计的是月平均气温不是日平均气温。

生12：横轴与纵轴之间有什么关系？

生13：横轴代表月份，纵轴代表温度，它们之间的关系……

生11：是图上的点把横轴与纵轴联系起来的。你看这个点，往下对应横轴是7月份，往左对应温度是30℃，它就表示7月份的平均气温是30℃。

师：你说得真好！原来是点把横轴与纵轴的信息联系了起来！刚刚看了标题、横轴与纵轴，现在看到了点，那关于这些点和线有什么问题吗？

生14：几月的温度最高？几月的温度最低？

生15：7月的温度最高，1月、2月的温度最低。

生16：点为什么不是点在格子里，而是点在线和线交叉的地方？

生17：刚才他（指生11）不是已经说过了吗，点要和横轴的月份、纵轴的气温对齐。

生18：为什么有的线短、有的线长？

生19：如果温度相差大，线就长；温度相差小，线就短。

生20：如果温度上升幅度大，线就长；温度上升缓慢，线就短。

师：你们能找找哪里是大幅上升，哪里是缓慢上升？

生21：2月到3月是大幅上升，5月到6月是缓慢上升。

师：除了上升还有其他情况吗？

生22：7月到8月是缓慢下降，10月到11月是大幅下降。

生23：1月到2月不变。

师：每个点反映的是每个月的平均气温，那这里的折线反映的又是什么呢？

生24：反映的是一年中温度变化的情况。

生25：在折线统计图中，点与线有什么关系？

师：刚才有一位同学考大家的问题是"横轴与纵轴有什么关系？"我猜想，你是受了他的启发，想到了这个问题，是吗？

生25：是的，刚才他（生12）的问题一下子就把我给难住了，我觉得他提的问题挺有水平的，受到他的启发，所以我想到了这个问题。

师：你真善于学习！从别人的问题中受到启发，学会了提问的方法，真棒！谁能回答他的问题呢？

生26：点代表具体的数据，线代表数据间的变化趋势。

回顾小结

师：我们来回顾下，在看一幅折线统计图时，按照一定的顺序读懂折线统计图的各个部分，了解到点表示的是每个月的平均气温，而折线反映的是这一年里的月平均气温的变化情况。同学们非常了不起，通过相互提问与交流，真正读懂了这幅折线统计图。

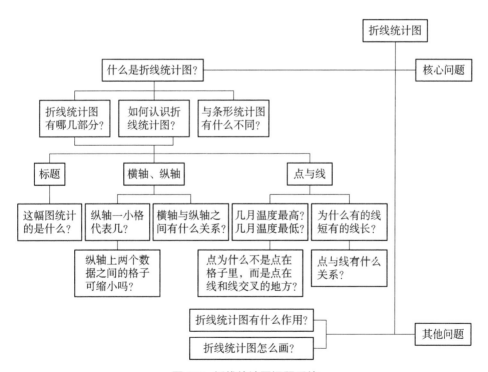

图8.7 折线统计图问题系统

表 8.5　对案例 5 中"追问孵育"的分析

问题描述	详见图 8.7 问题系统
追问分析	追问构建问题系统
渗透的数学思想方法	分类、演绎、模型、类比
提炼学科核心概念	数据分析、逻辑推理、数学建模
孵育句式	1. 我们可以从哪里开始提出问题？ 2. 这些问题背后/之间有没有联系？ 3. 对此，你有什么总结性的发言？
孵育解析：教师先通过小亚踢键子个数情况的折线统计图，引导学生独立看图、小组内交流，重在引导学生了解折线统计图的基本内容与读图的有序性。接着呈现气温变化统计图表，引导学生在独立读懂图的基础上提出相关的数学问题，以考考其他同学是否读懂了图。在提问引导中，教师沿着有序读图的线索，鼓励学生主动思考，大胆提问，在积极的师生互动、生生互动中逐步解决问题，并不断引发新的问题，在追问中逐步构建问题系统。	

第三节　课例推介

【高中课例】　《均值不等式赏析》[①]

◎ 概述 ◎

在问题化学习的数学课堂中，如何创设良好的问题情境是孵育学生问题的关键环节。本节课以数学史中的赵爽弦图为问题情境，寻找变化的图像中的不变关系。学生通过小组合作，经历独立探究、合作学习、展示结果的过程，从而得出不同的相等或不等的数学关系，近而得出均值不等式链。接着以均值不等式链作为问题情境，学生探讨了各均值的不同与相通之处。在此基础之上，大家发现了一个令人震惊的事实——四个有诸多不同的均值竟然可以统一为幂均值不等式。接着学生又将均值不等式在元数和幂两个方向上进行推广，得出两个不同的推广结果。

[①] 执教：上海市行知中学，高振严。

推广均值不等式的过程提升了学生提出数学问题的技巧和信心。最后学生讨论了本节课所蕴含的数学思想,学会了以更高的观点看待均值不等式的问题。

◎ 案例呈现 ◎

第一环节:音乐引入

教师上课前播放古典吉他音乐《爱的罗曼史》。

上课伊始。

师:刚才给大家播放的《爱的罗曼史》,大家听出其中的演奏乐器了吗?

生:古典吉他!

师:对!人类对这类弦类乐器的乐理研究进行得十分早,早在古希腊时期毕达哥拉斯学派的哲学家、数学家、音乐家菲洛劳斯就在其著作《自然》中制定了弦乐乐理:一个八度的比例为 2∶1,而一个八度由一个四度(4∶3)和一个五度(3∶2)构成。

生1:用数学定义音乐合理吗?这些比例有什么意义?

教师用古典吉他演示以上三个比例即为弦长的比例。

生2:八度由四度、五度构成,那么表示它们的比例之间有怎样的关系?

生3:$\dfrac{2}{1} = \dfrac{4}{3} \times \dfrac{3}{2}$。

师:如果我们将 $\dfrac{2}{1}$ 看作是 $\sqrt{2}$ 的平方,那么 $\sqrt{2}$ 与 $\dfrac{4}{3}$,$\dfrac{3}{2}$ 的关系?

生4:$\sqrt{2}$ 为 $\dfrac{4}{3}$,$\dfrac{3}{2}$ 的几何均值。

师:通过上面的讨论,我们发现音乐是用数学中的比例来定义的,也和均值相关。但最早研究均值的是毕达哥拉斯学派的另一位哲学家阿契塔,他在其著作《论音乐》中最早定义了调和中项、几何中项、算术中项。

生5:我有一个疑问,为什么毕达哥拉斯学派最早利用数学研究音乐呢?

师:这个问题十分有深度,这和毕达哥拉斯学派的"万物皆数"的哲学观点有关,他们认为世间万物都可以用数学表达,提倡用数学的眼光观察世界。看看最近几年十分流行的大数据,你就不得不感慨古希腊的哲学家的睿智与远见。

◎ **案例分析** ◎

通过让学生初步了解弦乐的乐理知识,让学生了解到优美音乐的背后是以数学中的比例与均值作为支撑,从而让学生充分体会数学的重要性与数学之美,深刻认识毕达哥拉斯学派"万物皆数"的哲学思想。

第二环节:探究赵爽弦图得出均值不等式链

通过课前预习作业,得出 $\dfrac{2ab}{a+b} \leqslant \sqrt{ab} \leqslant \dfrac{a+b}{2}$。

已知赵爽弦图如右图 8.8 所示,点 F 为动点,设 $BF=a$,$CF=b$。

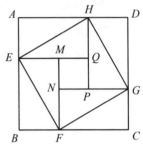

图 8.8 赵爽弦图

师:拖动动点 F 时,有哪些量在变化?

生 1:BF,CF 也就是 a,b 在变化。

生 2:与 a,b 相等的边都在变化。

生 3:除了边长,矩形的面积 ab,三角形的面积 $\dfrac{1}{2}ab$,小正方形的面积 $(a-b)^2$,斜正方形的面积 a^2+b^2 也都在变化。

师:大家观察得很仔细,那么在这个变化过程中有哪些不等关系是不变的?请大家先独立思考,然后同桌交流、小组讨论,再小组汇报。

教室里安静下来,1—2 分钟后大家逐渐开始同桌交流,然后再小组交流,最后课堂又慢慢平静下来。

师:哪个组先开始汇报?

组 3:$(a+b)^2 \geqslant 4ab$ 几何意义是大正方形的面积大于等于八个三角形的面积之和。

组 4:可将 $(a+b)^2 \geqslant 4ab$ 变形为 $\sqrt{ab} \leqslant \dfrac{a+b}{2}$。

组 6:$a^2+b^2 \geqslant 2ab$,几何意义是斜正方形的面积大于等于四个三角形的面积之和。

组 8：$(a+b)^2 \geqslant a^2+b^2 \geqslant (a-b)^2$，几何意义是大正方形的面积大于斜正方形的面积大于小正方形的面积。

师：我们回过头再来看，前面得到的不等式链并不完整，还缺了 $\frac{a+b}{2} \leqslant \sqrt{\frac{a^2+b^2}{2}}$，大家能在图中找出这个不等关系吗？

组 3：由图中斜正方形的面积大于大正方形面积的一半可得 $\frac{(a+b)^2}{2} \leqslant a^2+b^2$，然后变形得 $\frac{a+b}{2} \leqslant \sqrt{\frac{a^2+b^2}{2}}$。

组 7：并不显然。

组 3：大正方形面积的一半，可看作四个三角形的面积和小正方形面积一半之和。斜正方形的面积等于四个三角形的面积与小正方形面积之和，所以不等式成立。

组 7：两个斜正方形的面积大于等于大正方形的面积可得 $(a+b)^2 \leqslant 2(a^2+b^2)$，同样变形可得 $\frac{a+b}{2} \leqslant \sqrt{\frac{a^2+b^2}{2}}$。

组 3：我们这两种方法是等价的。

师：这两组同学非常棒，通过两种不同的几何关系得出均值不等式。这样我们通过赵弦大方图可得出均值不等式 $\sqrt{ab} \leqslant \frac{a+b}{2} \leqslant \sqrt{\frac{a^2+b^2}{2}}$。综上我们通过均值的帕普斯模型及赵爽大方图模型得出完整的均值不等式链 $\frac{2ab}{a+b} \leqslant \sqrt{ab} \leqslant \frac{a+b}{2} \leqslant \sqrt{\frac{a^2+b^2}{2}}$。

◎ **案例分析** ◎ 学生通过观察、独立思考、小组合作，提出自己的观点并最终得出不等式链 $\sqrt{ab} \leqslant \frac{a+b}{2} \leqslant \sqrt{\frac{a^2+b^2}{2}}$。在这一探究过程中，锻炼了学生独立

学会追问

思考、合作学习的能力,体会变化中蕴含不变的数学真谛。

第三环节:探究得出均值不等式的统一形式

师:均值不等式链 $\dfrac{2ab}{a+b} \leqslant \sqrt{ab} \leqslant \dfrac{a+b}{2} \leqslant \sqrt{\dfrac{a^2+b^2}{2}}$,名称分别为调和平均、几何平均、算术平均、平方平均,对此大家有什么问题?

生1:平方平均怎么理解?

生2:平方的算术均值再开方。

生3:那调和均值呢?

生4:可以将 $\dfrac{2ab}{a+b}$ 变为 $\dfrac{2}{\dfrac{1}{a}+\dfrac{1}{b}}$。

生3:这样仍然看不出它为什么也可以被看作 a,b 的均值,应该变形为 $\dfrac{2}{\dfrac{a+b}{ab}}$。

生4:我觉得应该变形为 $\dfrac{1}{\dfrac{\dfrac{1}{a}+\dfrac{1}{b}}{2}}$。

师:说说理由。

生4:调和平均 $\dfrac{2ab}{a+b}$ 可以看作是 a,b 的倒数的算术均值 $\dfrac{\dfrac{1}{a}+\dfrac{1}{b}}{2}$ 的倒数。

师:这四个均值的意义我们进行了初步的探索,接下来大家进行更深入的思考,找出四个均值的不同点和相通之处。

组5:相通点:1.等号成立的条件都是 $a=b$。2. a,b 的范围都是 $(0,+\infty)$。

不同点:将均值不等式链拆成两个均值之间的不等式 a,b 的范围会有不同。

组1:相通点:这些均值不等式都可以由 $a^2+b^2 \geqslant 2ab$ 推出。

不同点:在求最值问题时作用不同。

组 8：相通点：1. 都是一次幂。2. 都具有对称结构。

不同点：1. 采用的运算不同，形式不同。2. 几何意义不同。

师：大家通过总结发现了四个均值有很多不同点，却也有很多相通之处。那么大家能把这四个形式上完全不同的均值统一成一种形式吗？

（学生积极思考着，但此处难度较大，教师进行适当引导。）

师：大家先来看这三个函数 $y=\dfrac{1}{x}$，$y=\sqrt{x}$，$y=x^2$ 有什么相通之处？

生 1：都是幂函数。

师：可以化成幂函数的标准形式吗？

生 1：$y=x^{-1}$，$y=x^{\frac{1}{2}}$，$y=x^2$。

师：它们的统一形式是？

生 1：$y=x^a$。

师：$\dfrac{1}{\dfrac{1}{a}+\dfrac{1}{b}}\leqslant \sqrt{ab}\leqslant \dfrac{a+b}{2}\leqslant \sqrt{\dfrac{a^2+b^2}{2}}$ 可以化成幂的形式吗？

生 2：可以化成如下形式：$\left(\dfrac{a^{-1}+b^{-1}}{2}\right)^{-1}\leqslant \sqrt{ab}\leqslant \left(\dfrac{a^1+b^1}{2}\right)^1\leqslant \left(\dfrac{a^2+b^2}{2}\right)^{\frac{1}{2}}$。

生 3：它们的统一形式是 $\left(\dfrac{a^n+b^n}{2}\right)^{\frac{1}{n}}$。

师：令 $M(n)=\left(\dfrac{a^n+b^n}{2}\right)^{\frac{1}{n}}$，我们称之为幂平均不等式。实际上 $\sqrt{ab}=\lim\limits_{n\to 0}\left(\dfrac{a^n+b^n}{2}\right)^{\frac{1}{n}}$，令 $M(0)=\lim\limits_{n\to 0}\left(\dfrac{a^n+b^n}{2}\right)^{\frac{1}{n}}$，我可以得出 $M(-1)\leqslant M(0)\leqslant M(1)$，所以这些表面上看起来各不相同的均值，其实都是幂平均。

◎ **案例分析** ◎ 通过讨论平方平均与调和平均的意义，让学生理解这两个均值的合理性与意义，并为下一步的形式统一奠定基础。由于均值不等式幂形式的统一难度较大，为此以三个与均值有相似形式的幂函数形式的统一作为铺垫，引导学生思考将均值中的根号、倒数统统变为幂的形式，由此学生可以较为轻松地得出均值幂形式的统一。

第四环节：根据以上探究，提出均值不等式的推广形式

师：根据以上探究，我们还可以对均值不等式提出哪些问题？

生1：均值不等式不止二元也可以是三元的 $\dfrac{1}{\dfrac{1}{a}+\dfrac{1}{b}+\dfrac{1}{c}} \leqslant \sqrt{abc} \leqslant$

$\dfrac{a+b+c}{3} \leqslant \sqrt{\dfrac{a^2+b^2+c^2}{3}}$。

生2：几何均值应该为 $\sqrt[3]{abc}$。

生3：$\sqrt{\dfrac{a^2+b^2+c^2}{3}}$ 不要改成开三次方吗？

生2：前面均值的相通点已经研究过，这几个均值都是一次幂。（众人纷纷点头。）

生4：不止三元，还可以拓展成n元，$\dfrac{1}{\dfrac{1}{a_1}+\dfrac{1}{a_2}+L+\dfrac{1}{a_n}} \leqslant \sqrt[n]{a_1 a_2 L a_n} \leqslant$

$\dfrac{a_1+a_2+L+a_n}{n} \leqslant \sqrt{\dfrac{a_1^2+a_2^2+\cdots\cdots+a_n^2}{n}}$。

生5：除了在元数上可以进行推广，还可以在哪些方面进行推广？

生4：我们还可以这样推广均值不等式：$L \leqslant \left(\dfrac{a^{-3}+b^{-3}}{2}\right)^{-\frac{1}{3}} \leqslant$

$\left(\dfrac{a^{-2}+b^{-2}}{2}\right)^{-\frac{1}{2}} \leqslant \left(\dfrac{a^{-1}+b^{-1}}{2}\right)^{-1} \leqslant \sqrt{ab} \leqslant \left(\dfrac{a^1+b^1}{2}\right)^1 \leqslant \left(\dfrac{a^2+b^2}{2}\right)^{\frac{1}{2}} \leqslant$

$\left(\dfrac{a^3+b^3}{2}\right)^{\frac{1}{3}} \leqslant \left(\dfrac{a^4+b^4}{2}\right)^{\frac{1}{4}}$。

生5：为什么？

生4：由 $M(-1) \leqslant M(0) \leqslant M(1) \leqslant M(2)$ 猜想 $y=M(n)$ 为单调递增的函数。

师：猜想很合理，并且 $y=M(n)$ 确实是单调递增的函数，所以这种对均值在

幂上的推广是正确的。

◉ **案例分析** ◉ 要将已知的结论进行一般化的推广,需要对推广的内容做合理的铺垫。本节课中先对均值不等式的相通点与不同点进行分析,然后进行形式统一,这样在学生对均值有了深入了解的基础上,均值不等式元数的推广及幂的推广才能顺利进行。

◉ **专家点评** ◉

赵传义(上海市长宁区教育学院,高中数学教研员,上海市特级教师)

高振严老师的这节课是以均值不等式的再认识为载体,借助数学史联系数学与音乐体现数学文化的问题化学习课堂,从音律中的数学入手,让学生充分感受到了数学的无处不在,均值的无处不在,自然美的内涵是数学美,体现了数学的美学价值,提高了学生在本节课中深入探究均值不等式的兴趣。

帕普斯模型及赵爽弦图增加了数学学习的厚度,在图的变化过程中获得了数的不变规律——均值不等式链。探究的过程处处体现了问题化学习的基本要义——以学生的问题为起点,以学科的问题为基础,教师引问、学生追问,独立思考、合作探究是本节课的特征之一。教师"拖动赵爽弦图点 F 时有哪些量在变化"的引问,拉开了学生探究的序幕,开启了师生、生生追问的大门,在追问中逐渐完善认识,在变化中寻找不变,在不同中寻找相同(相通),在思考、交流、合作中提升认知水平,使得探究内容在不断地提升抽象层次,感知数学思想发展数学素养。

【小学课例】 《位值图上的游戏》①

◉ **概述** ◉

小学数学沪教版教材二年级第二学期第一单元中,有这样一节课——《位值图上的游戏》。

关于这样一节课,我们的团队首先追问自己:

➢ 这节课孩子们会有哪些真实的数学问题?

---

① 执教:上海市教育学会宝山实验学校,顾峻崎。

学会追问

图 8.9 《位值图上的游戏》

> 我们提倡数学课堂学生先行,那么这节课学生需要在哪里先行?怎么先行?学生先行,教师的支持性策略和资源又怎么恰如其分地给予帮助?

> 每个学生的学习基础和能力不一样,如果点燃了孩子真实问题的火花,但是问题太散太乱该如何聚焦这节课的核心问题?如何利用这节课让学生的自我追问真实发生?

> 教材把它作为单元内容的最后一节课究竟有何作用?如果只是数学游戏,真正的知识技能是什么?知识技能背后学生的数学能力发展又是什么?

基于这样的自我追问,我们制订的教学目标如下:

- 经历观察、思考、自主发现问题、系统解决问题的学习过程。通过在位值图上加放、取走、移动小圆片体会数的变化。
- 通过位值图上的游戏的实践操作活动,进一步体验数的位值概念,培养发散思维及有序思维的能力。

◎ 案例呈现 ◎

学生先行,就是需要我们用设计引发学生真实的认知冲突和困惑;需要我们教师设计一个较大空间的问题,去激发每个学生的数学思维。"移动一片小圆片你有哪些数学问题?"这个问题的背后,会真实暴露每个孩子不同的解读和思考,它一定会让每个学生根据这个问题产生不同的追问。当这些追问产生后,通过师生之间的追问,就会让这节课的核心问题呼之欲出。

既然学生对于移动一片小圆片会有真实的困惑,那么孩子们到底会有什么样的问题,而对于这些问题教师又是如何引导学生自我追问的呢?

追问——让核心问题聚焦

生1:移动一片小圆片会得到几个数?

师直接板书。

生2:从十位移动一片小圆片到个位,变成几?

师:你想到十位移出一片到个位,可以得到什么数?或许你们还想问十位移出一片小圆片到百位是几?或者……(教师一个拖音)

生3:百位移动一片小圆片到十位是几?

师:其实这些问题合起来你们就是想问?

生:(异口同声)移动一片小圆片,可以得到哪些数?有几个?

生4:移动后最大的数是几?最小的数是几?

师直接板书。

生5:移动一片小圆片的规则是什么?

生6:(追问)怎么移动?

生7:我也有同样的问题。

师:你们提出了这些问题,你们认为先要解决哪个?

生：（通过讨论决定。）首先要解决"移动一片小圆片会得到哪些数？"的问题。

……

◉ 案例分析 ◉

对学生问题的预见是否充分？我们看到执教者不仅预估了学生在这个环节内可能提出的问题，更重要的是他还准备了关于每个预估问题的教师行动对策。一个优秀的问题化学习者不仅仅需要预见学生的问题，更需要预设如何让学生自行解决、撤销无效问题的方法，学会合并同类问题形成问题系统的方法。在这种价值观的指导下，核心问题的凸显不再是教师直接给予，而是学生通过问题提出、问题排序、问题聚焦的过程探索而得。

追问——引发深度学习

聚焦了核心问题"移动一片小圆片会得到几个数？"后，如何通过这个核心问题让学生直面教学难点，让学习不断走向深入呢？我们继续来看下一个教学片段：

师：解决了有序的问题，你现在又有什么新的发现和问题？

生：怎样移动得到的数最大？有几种变大的方法？为什么这样变最大？

师：既然可以变大，也可以……？

生2：变小有几种方法？得到几个数？怎么变最小？为什么这样变最小？

生3：能不能很快知道有六个数呢？

师：（追问）你们知道他这个问题的意思吗？

生：……

生4：这些问题之间有联系吗？

师：有没有发现，我们在解决一个问题的时候，越深入思考，其实也有可能是在解决后续的第二个问题。

生：……

师：同学们，大家想一想，你今天有了一个什么样的学习经历？此时你有什么新的数学问题？（师在黑板上板书一个大大的问号。）

生1：移动2片小圆片会有什么新发现？

师：你在为数学游戏设立更高的难度。

生2：是不是所有的三位数移动一片小圆片后都会得到六个数？

师：你对游戏的结果产生了新的学科追问。

生3：位值图上的游戏只有这三种吗？

师：你在升级新的数学游戏。

生4：位值图能变得更大吗？

师：你在拓展游戏的边界。这些问题让老师和你们连接在一起，这真是一节有意思的课！

……

本课学生的提问（追问）：

(1) 移动一片小圆片会得到几个数？从十位移动一片小圆片到个位，变成几？从十位上移出一片小圆片到百位，数字会是几？移动后最大的数是几？最小的数是几？移动一片小圆片的规则是什么？

(2) 怎样移动得到的数最大？变小有几种方法？得到几个数？怎么变最小？为什么这样变最小？能不能很快就知道有六个数呢？怎么移动头不晕？这些问题之间有什么联系？

(3) 移动2片小圆片会有什么新发现？是不是所有的三位数移动一片小圆片后都会得到六个数？位值图上的游戏只有这三种吗？位值图能变得更大吗？

◉ 专家点评 ◉

斯苗儿（浙江省教育厅小学数学教研员，特级教师）[①]

顾老师在教学中不仅注意引导学生运用所学知识解决问题，更注重让学生领悟数学思想方法的渗透。顾老师着力培养学生通过问题排序感知学科学习的逻辑，聚焦课堂核心问题，感知位值上的有序。我们看到孩子敢于提出自己的问题，并能提出一连串的问题。师生合作让问题更有探究价值，变得更系统化。让孩子

---

① 浙江省杭州市滨江区"以生为本"课程研讨暨高新实验学校第四届"讲台名师"课堂节录音整理。

发现问题,提出问题,解决问题,真正做到问题来源于学生。在他的课堂上,我看到了寻找和编制有结构的学习材料——诊断起点,暴露疑点;把材料排序;改进小步子,精细化的教学,设计有挑战性的问题——低门槛,多角度,生长性;拟定反馈路径;他的课堂是温暖、开放的,目标没有太多,节奏也没有一味求快,而是让学生养成从头到尾思考问题的习惯。

第九章 科学课堂中的追问学习

第一节 追问与科学学科核心素养培育

在科学课堂中培养学生的学科核心素养具有非常重要的现实意义。事实上，各学科的核心素养的各组成部分并不是相互独立的，而是存在着一定的内在联系。其中，科学思维作为最重要的素养之一，需要在课堂中落实，进而让学生逐步形成正确的价值观念、必备品格和关键能力。

科学课堂中的学科思维一般具有深刻性、灵活性、敏捷性、独创性、批判性等特点。在科学课堂上，需要让学生对所学习的课堂知识，不仅要知其然，而且更要知其所以然。追问，作为问题化学习课堂中的一种具体方式，能够引导学生深度学习，激发学生进阶追问，从而让学生在追问中能够真正有所习得，实现学科育人。

一、科学学科核心素养

1. **物理学科核心素养**

主要包括物理观念、科学思维、科学探究、科学态度与责任四个方面。

其中"物理观念"主要包括物质观念、运动和相互作用观念、能量观念等要素；"科学思维"主要包括模型建构、科学推理、科学论证、质疑创新等要素；"科学探究"主要包括问题、证据、解释、交流等要素；"科学态度与责任"主要包括科学本质、科学态度、社会责任等要素。

2. 化学学科核心素养

主要包括宏观辨识与微观探析、变化观念与平衡思想、证据推理与模型认知、实验探究与创新意识、科学精神与社会责任五个方面。

其中"宏观辨识与微观探析",阐述的是"宏微结合";化学是变化之学,"变化观念与平衡思想",阐述的是化学变化中的"变"与"不变"问题,化学变化中的"不变"是相对不变,存在动态平衡。因此,这两个素养反映的是化学学科思维方式和化学学科思想。"证据推理与模型认知",反映的是化学学科思维方法。化学科学思维方式和方法属于化学科学认识范畴;"实验探究与创新意识"属于化学科学实践范畴;"科学精神与社会责任",重点强调化学科学的绿色应用和社会责任担当,属于化学科学价值范畴或化学科学应用范畴。

3. 生命科学学科核心素养

主要包括生命观念、理性思维、科学探究、社会责任四个方面。

其中"生命观念"主要包括结构与功能观、进化与适应观、稳态与平衡观、物质与能量观等;"理性思维"主要包括归纳与概括、演绎与推理、模型与建模、批判性思维等;"科学探究"主要包括观察现象、提出问题、实验设计、方案实施、分析讨论;"社会责任"主要包括关注社会、参与讨论、理性解释、关爱生命、保护环境等。

三门学科在核心素养方面具有基于各学科特点的个性方面的素养,也存在具有科学探究、科学态度和责任等共性方面的素养。那么,在科学课堂教学中,基于核心素养的课堂教学中的追问路径有哪些呢?

二、科学课中的基本问题类型

依据科学课的特点和物理、化学、生命科学等学科核心素养的培养目标,科学课中的基本问题类型有以下几种:

1. 概念界定型问题

概念是人类在认识过程中,从感性认识上升到理性认识,把所感知的事物的共同本质特点抽象出来加以概括。概念具有两个基本特征,即概念的内涵和外延。概念的内涵是指这个概念的含义,即该概念所反映的事物对象所特有的属性;概念的外延是指这个概念所反映的事物对象的范围,即具有概念所反映的属性的事物或对象。科学课程旨在帮助人们认识自然、感知自然、理解自然、改造自然。在科学课程实施的过程中,准确进行概念界定显得尤为重要,这不仅能够掌握概念本身的内涵,而且还能够对不同概念的判断、描述、属性、范畴、定义等加以区别。在科学课程中,概念界定型问题有助于厘清概念的内涵和外延,确切把握科学课程中的重要概念。

2. 规律探究型问题

规律是自然界和社会诸现象之间必然、本质、稳定和反复出现的关系,是事物之间的内在的必然联系、决定着事物发展的必然趋向,也是客观的,不以人的意志为转移,既不能创造,也不能消灭。另外,规律具有必然性、普遍性、客观性等特点。科学课程以探索自然规律为抓手,通过基于观察和实验提出有关科学问题、形成猜想和假设、设计实验并制定方案、获取和处理信息、基于证据得出结论并作出解释,以及对规律探究的过程和结果进行交流、评估、反思。在科学课程中,规律探究型问题有助于培养学生的科学探究的核心素养和解决问题的能力。

3. 实验验证型问题

科学课程通过实验探究和实验验证,让学习者经历科学论证的过程,理解科学课程中的科学规律及它们之间的相互联系。同时,通过实验验证,激发学生对实验相关问题的全面思考,从实验目的、实验原理、实验方法、实验器材、实验步骤、数据处理、注意事项、误差分析等方面着手,思考并发现实验验证型问题。在科学课程中,实验验证型问题有助于培养学生的科学思维、实验能力和解决实际问题的能力。

4. 科学建模型问题

科学课程作为探索和学习自然规律的科学,旨在帮助人们了解客观事物的本质属性、内在规律及相互关系。为实现这一目标任务,必须能够抓住事物的主要因素,而忽略次要因素,科学建立模型。模型是按照特定的科学研究目的,在一定的假设条件下,再现原型客体某种本质特征(如结构特性、功能、关系、过程等)的物质形式或思维形式的类似物,因此模型具有抽象化和具体化的特点。模型作为一种认识手段和思维方式,是对经验事实的抽象概括,是科学认识过程中抽象化与具体化的辩证统一。建立模型的过程,是一个思维与行为相统一的过程。通过对科学模型的研究来推知客体的某种性能和规律,借助模型来获取、拓展和深化对于客体的认识的方法,就是科学研究中常用的模型方法。在科学课程中,科学建模型问题有助于培养学生理论分析和解决实际问题的能力。

5. 实践应用型问题

"学以致用"是科学课程的最大特点之一。通过科学课程的系统学习,引领学生认识科学的本质及科学·技术·社会·环境(STSE)的关系,形成科学态度、科学世界观和正确的价值观,帮助学习者建构科学完备的知识结构、严谨的思维习惯、务实的问题解决力。在科学课程中,实践应用型问题有助于学生树立理论联系实际、一切从实际出发的理念。

三、科学课中的追问视角

追问,就是对某一问题或某一内容,在一问之后又二次、三次等多次提问,"穷追不舍"。通过小组合作学习的方式,追问的形式可以是由教师追问学生、学生追问学生,也可以是学生追问教师。那么,在科学课堂中,该如何建构具有学科特质的问题系统,实现追问课堂呢?

一般地,科学课教学内容具有很强的知识逻辑性。学习新知识之前,学习者需要具备一定的准备知识或生活常识,通过观察和实验等手段产生新问题;学习新知识的过程中,学习者对已产生的新问题形成猜想和假设、设计实验与制订方案、获取和处理信息、基于证据得出结论并作出解释进而尝试解决新问题;学习新知识之后,学习者需要对学习的过程和结果进行交流、评估和反思,激发追问新问题。

基于科学课教学内容的特点,根据问题的不同类型和层次,建立各种类型的问题两维表,旨在指向目标的学习,形成矩阵问题系统。问题两维表适用于单课时教学问题设计。如表 9.1 所示,问题两维表。

表 9.1　问题两维表

	产生新问题	解决新问题	追问新问题
是何			
为何			
如何			
若何			
由何			

对于单元教学设计,一般采取以主题为设计的核心,以专题为设计的关键,以问题为设计的基础,开展从主题——专题——问题的逻辑线索组织问题设计。如图 9.1 所示的树状结构问题系统。

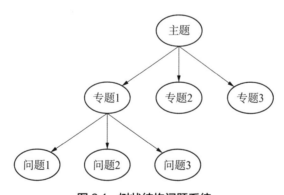

图 9.1　树状结构问题系统

事实上,追问可以避免满堂问、随意问等不良现象的出现,还可以有效提高课堂教学效益,保障教学目标的顺利达成。一般,追问式课堂问题设计可采用由因导果式追问和执果索因式追问两种基本路径。

1. 由因导果式追问

由因导果式追问是指按照知识的发生顺序或学生学习的逻辑顺序进行问题追问，即教师听了学生的回答后，发现其思考有些肤浅、粗糙、片面、零碎甚至错误，由教师、学生本人或其他学生再次发问，促使并引导学生就原来的问题进行深入而周密的思考，或由表及里，或由浅入深，或由此及彼，或举一反三，直到成为准确、全面、细致、深入的理解为止，甚至触发学生追问新问题或本源知识性问题等。追问的价值指向学生的深度思维，引导学生不仅要知其一，还要知其二、知其更多。

【案例1】《磁场对电流的作用　左手定则》单课时追问设计

《磁场对电流的作用　左手定则》是沪科版高二物理第一学期《磁场》一章的内容。结合《磁场对电流的作用　左手定则》的教学内容，按照知识的发生顺序或学生学习的逻辑顺序进行由因导果式问题追问设计。如表9.2所示，《磁场对电流的作用　左手定则》问题两维表。

表9.2　《磁场对电流的作用　左手定则》问题两维表

	产生新问题	解决新问题	追问新问题
是何	① 通电导体棒产生运动的前提是什么？	④ 磁场力的方向可能与哪些因素有关？ ⑤ 研究磁场力的方向时体现了什么物理思想方法？	⑩ 磁场力的计算表达式是什么？
为何	② 在外加磁场中，通电导体棒为什么会运动？	③ 通电导体棒为什么会持续地向同一方向运动？	
如何		⑥ 如何简洁直观表示磁场力的方向、磁场方向、电流的方向？ ⑦ 如何用"球棍模型"搭建磁场方向、电流方向、磁场力的方向三者之间的空间位置关系呢？	

续 表

	产生新问题	解决新问题	追问新问题
若何		⑧ 如果只改变磁场方向、电流方向、磁场力方向三者中的一个方向,导体棒的运动方向会怎样?如果改变两个方面呢?如果三个方面都改变,又会怎么样呢?	⑪ 磁场方向、电流方向、磁场力的方向三者的空间位置关系一定两两垂直吗?若不垂直情况又会怎样呢?
由何		⑨ 磁场方向、电流方向、磁场力方向三者之间可能会存在确定的空间位置关系吗?物理学家当时是如何发现这样的关系呢?	

通过追问,促使学生认识磁场对电流有力的作用,通电导体棒的运动方向由磁场力的方向决定,影响磁场力方向的因素有磁场方向和电流方向,三者之间存在确定的空间位置关系,最终采用左手定则形象地描述磁场方向、电流方向、磁场力的方向三者之间的空间关系。同时,还激发学生深度思考,进阶追问,产生"磁场力的计算表达式是什么?""磁场方向、电流方向、磁场力的方向三者的空间位置关系一定两两垂直吗?若不垂直情况又会怎样呢?"等新问题。

【案例2】《电磁感应》单元教学追问设计

《电磁感应》单元的教学目的主要是让学生知道感应电流产生的条件,掌握运用右手定则判断感应电流的方向,掌握运用楞次定律判断感应电流的方向,掌握导体切割磁感线时感应电动势的大小,掌握法拉第电磁感应定律的应用,掌握电磁感应在生活中的应用等核心问题。其主要内容是:磁场能够产生电流;产生感应电流的条件;判断感应电流的方向;计算感应电流的大小;导体切割磁感线时感应电动势的大小等。为实现教学基本要求,从知识的发生顺序或学生学习的逻辑顺序进行由因导果式问题追问设计。如图9.2所示的《电磁感应》单元教学树状结构问题系统。

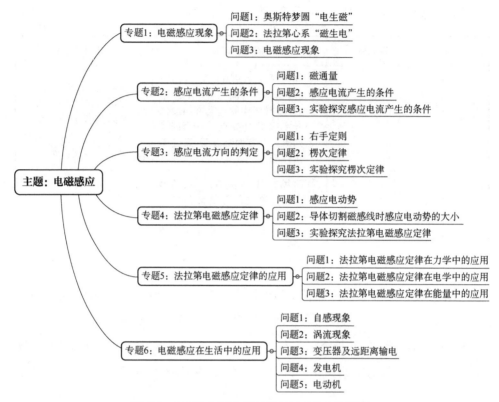

图 9.2 《电磁感应》单元教学树状结构问题系统

由因导果式追问的设计特点：后一问题是前一问题的补充和深化，这种方式的问题设计比较适应未知的、全新的、不熟悉"新知"的教学以及事实性和原理性较强的内容教学。在《电磁感应》单元教学中，类型问题追问系统如表 9.3 所示。

表 9.3 《电磁感应》单元教学类型问题追问系统

类型问题	形成问题	进阶问题
是什么	① 既然电流能够产生磁场，那么反过来，磁场也能产生电流吗？ ② 什么是感应电流？	
为什么	③ 闭合回路中为什么能够产生感应电流？	

续　表

类型问题	形成问题	进阶问题
怎么样	④ 感应电流的方向怎样判断？	A. 影响感应电流方向的可能因素有哪些？ B. 导体的运动方向、磁场方向和感应电流方向三者之间存在必然的空间位置关系吗？ C. 如何形象地描述运动方向、磁场方向和感应电流方向三者之间的空间关系？ D. 在任何电磁感应现象中，右手定则都适用吗？ E. 如果导体棒并没有切割磁感线但闭合回路的磁通量也同样发生了改变，那么产生的感应电流方向又该如何判断呢？
	⑤ 感应电流的大小怎样计算？ ⑥ 感应电动势的大小怎样计算？	F. 什么是感应电动势？ G. 感应电动势主要有哪些种类？ H. 产生的机理如何？ I. 影响导体切割磁感线时感应电动势大小的因素有哪些？ J. 适用条件是什么？

2. 执果索因式追问

执果索因式追问是指从结果探索原因，逆着学生的思维方式或知识的发生过程而追问，即在学生已经作出正确且完整回答的前提下，教师在给予肯定性的评价后，通过教师问学生、学生问学生、学生问自己等方式回过头来追问是如何得出答案的，是对学生思考和理解过程、解题方法或对学习内容前概念等全方位、多角度的追问。

【案例3】《机械能守恒定律》习题课追问设计

《机械能守恒定律》是沪科版高一物理第二学期《功和能》一章的内容。在本节习题课教学中，采用执果索因式追问的方式，引导学生纵向剖析，积极思维；横向剖析，一题多思；"变题"剖析，一题多变。

例题：如图 9.3 所示，倾角为 θ 的光滑斜面上的 A 处有一质量为 m 的木块，A 处离地面高度为 h_1。木块自静止起匀加速滑下，位置 B 离地面的高度为 h_2。试求在滑行过程中经过位置 B 时的速度为 $v=$？

执果索因式追问的问题设计比较适用于通过已知构建新知的教学以及将已

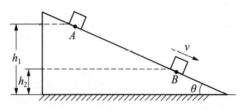

图 9.3 木块在光滑斜面上运动的示意图

有知识分层化、条理化的课堂教学,如日常的习题课教学。《机械能守恒定律》习题课教学解题系统,如表 9.4 所示。《机械能守恒定律》习题课教学类型问题追问系统,如表 9.5 所示。

表 9.4 《机械能守恒定律》习题课教学解题系统

解题路径	解题方法	解题思路
纵向剖析,积极思维	解法1:利用机械能守恒定律求解	① 受力分析:斜面光滑,物体与斜面间的摩擦力不计,又不计空气阻力,物体只受重力和斜面支持力的作用。 ② 做功分析:斜面对物体支持力方向始终与物体的运动方向垂直,不做功。重力方向为竖直向下,与物体的运动方向不垂直且小于 90°,做正功。 ③ 守恒分析:物体从斜面顶端 A 滑到底端 B 的过程中只有重力做功,物体的机械能守恒。 ④ 动能 E_k、重力势能 E_p 分析:选取水平面为参考平面,物体在开始下滑时为初状态:$E_{kA} = 0$,$E_{pA} = mgh_1$。物体到达斜面底端时为末状态:$E_{kB} = \dfrac{mV_B^2}{2}$,$E_{pB} = mgh_2$。 ⑤ 列式求解:$E_{kA} + E_{pA} = E_{kB} + E_{pB}$ 综上,$0 + mgh_1 = \dfrac{mV_B^2}{2} + mgh_2$ 即:$v_B = \sqrt{2g(h_1 - h_2)}$
横向剖析,一题多思	解法2:利用牛顿第二定律和运动学公式求解	分析:物体从 A 沿斜面运动到 B,做初速度为零的匀加速度直线运动。物体只受重力和斜面支持力作用。 斜面的倾角为 θ,则物体沿斜面的加速度为 $a = g \cdot \sin\theta$,AB 斜面长 $L = \dfrac{h_1 - h_2}{\sin\theta}$ 由公式:$v_B^2 - v_A^2 = 2aL$ 可得 $v_B = \sqrt{2aL} = \sqrt{2g(h_1 - h_2)}$

续 表

解题路径	解题方法	解题思路
横向剖析，一题多思	解法3：利用动能定理求解	分析：物体从 A 沿斜面运动到 B 的过程中，受到重力和斜面支持力的作用。由于斜面支持力始终与物体的速度垂直，不做功；重力做功 $W_G = mg(h_1 - h_2)$；动能变化量 $\Delta E_k = \dfrac{mv_B^2}{2}$ 由动能定理可知：$W_合 = \Delta E_k$ 即：$v_B = \sqrt{2g(h_1 - h_2)}$
"变题"剖析，一题多变		物体从光滑斜面顶端由静止开始下滑，求物体滑到斜面底端的速度？ 物体从光滑曲面顶端由静止开始下滑，求物体滑到曲面底端的速度？ 物体从固定于地面上光滑半圆槽顶端静止下滑，求物体滑到半圆槽底端的速度？

表9.5 《机械能守恒定律》习题课教学类型问题追问系统

类型问题	形成问题	进阶问题
是什么	① 机械能守恒定律的内容是什么？表达式是什么？适用条件是什么？解题步骤是什么？	② 牛顿第二定律的内容是什么？表达式是什么？适用条件是什么？解题步骤是什么？ ③ 动能定理的内容是什么？表达式是什么？适用条件是什么？解题步骤是什么？
为什么	④ 为什么会直接用机械能守恒定律解题？	运用物理规律解题的基本问题分析： A. 对象分析；B. 受力分析；C. 状态分析；D. 过程分析；E. 条件分析；F. 结果分析。
怎么样	⑤ 如果运用牛顿第二定律解题会怎么样？ ⑥ 如果运用动能定理解题会怎么样？	⑦ 如果对例题进行适当的改编，不同的问题该选择怎样的方法呢？

当然，不论是由因导果式追问，还是执果索因式追问，都是目前科学学习中较为普遍的问题追问路径。这两种追问是互逆的思维模式，课堂中在处理较复杂的

225

问题时，建议能够综合使用这两种追问视角，采用由因导果式追问可以拓展条件，采用执果索因式追问可以转化结论，找出已知与结论之间的连接点，突破学习重难点，既提高课堂学习的知识建构水平，推动学生的学科思维发展，同时也促进学生元认知的发展。

第二节　工坊研修

◎ **研修问题** ◎

（1）如何创设有效的问题情境，引导学生发现问题？如何展开基于学科视角的师生追问？

（2）聚焦核心问题，建构问题系统，如何有效开展互动追问？

（3）如何运用"推拉术"有效回应学生的追问？

（4）基于单元教学，如何有效实施问题化学习的追问课堂？

◎ **研修步骤** ◎

- 解决问题一：如何创设有效的问题情境，引导学生自主发现问题？[①]

◎ **实践困惑** ◎

"种养"活动是小学自然科学学习经历之一，即通过照料植物和饲养小动物，对动植物的生长与变化做观察的活动。创设真实的情境是否更易引发学生发现问题，教师提供怎样的引导才能让学生生成出关键性追问？研修团队结合一年级活动"从小蝌蚪到青蛙"做了问题化学习课例研究。

◎ **操作分享** ◎

- 从情境创设到有效的问题情境

饲养并观察蝌蚪的情境创设较容易，每年五六月份在农田边的水渠、水沟或

---

① 执教：上海市宝山区顾村中心校，周斌。

公共绿地小池塘里都能捕捞到小蝌蚪——例如上海本地的饰纹姬蛙、泽蛙、黑斑蛙等小蝌蚪。当学生分组观察小蝌蚪时,有的很兴奋,有的很耐心,脸上都流露出喜悦的神情——"我养过小蝌蚪,会长出腿,变成青蛙的!为什么有些蝌蚪会不动?为什么有的蝌蚪会是透明的?为什么蝌蚪的尾巴会那么长?青蛙为什么这么多种类?蝌蚪的尾巴会磨掉吗?尾巴是怎么掉的?为什么小蝌蚪和妈妈长得那么不像呀?"……以下呈现本课例创设的问题情境下对学生问题来源和师生追问的追根寻源。

Q1:为什么蝌蚪停着的时候尾巴是直的?为什么拍一下就会游动一下?

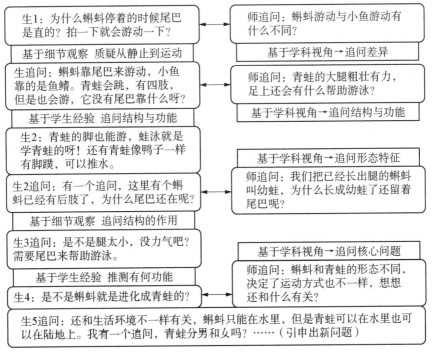

图9.4 课例《从小蝌蚪到青蛙》师生追问分析图1

追问分析:

基于细节观察质疑"从静止到运动",关注运动方式是游、飞、走,还是跳?运动器官是翅膀、鳍,还是足?在对会游动的小蝌蚪的观察中,提问其是如何运动的？这一核心思考引起了诸多追问。教师引导学生进行蝌蚪和小鱼的类比，从用什么运动器官到如何进行游动的基于细致观察的思考。从尾部变化这一显著特征的分析到从小蝌蚪到青蛙生长变化的追问，这是基于学科视角的追问结构与功能的问题。动态的真实情境符合学生的认知规律和思维特点，随着师生间追问"如何运动"而逐渐明朗，继而引发有关运动、捕食、生活环境、繁殖等的进一步思考。

Q2：蝌蚪应该是没有眼睛，黑色的，为什么这几个都有？

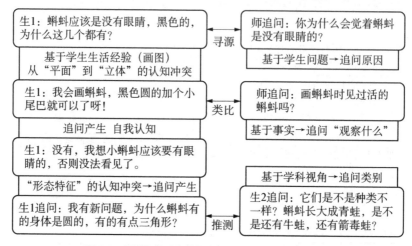

图9.5 课例《从小蝌蚪到青蛙》师生追问分析图2

追问分析：

小女孩没有饲养蝌蚪的经历，但是喜欢画画、善于观察，当被给予真实情境时自然会将前概念与之比较，形成认知冲突。"蝌蚪为什么没有眼睛？"这个问题或许早就在其脑海里，真实情境的观察令"老问题"不解自答，观察点转换到了对不同蝌蚪形态特征的类比问题，新的问题又引发出同伴间对于物种问题的追问。

结合蝌蚪的生存环境，在创设的迷你小池塘中还有不同生长阶段的蝌蚪以及浮萍、金鱼藻、水蚤等环境和食物的创设，借助微视频的记录引导学生进行近距离地细致观察与思考。真实还原小池塘的自然情境，将食物链缩小到可观察范围，自然引发对于生活环境、形态特征、运动方式、物种类别、生长变化以及繁殖等学科关键问题的追问,这就是有效的问题情境。

- 从基于学生经验到基于学科视角

学生的问题提出多数基于学生经验和细节观察,比如饲养经验、科普书籍的阅读、生活习惯等;学生的追问多数源于认知冲突和对现象的质疑,比如看到、听到的与已有知识结构不一样,观察的事物有显著的特征,"为什么蝌蚪有的大,有的小,有的是透明的?为什么我能看见一只超级小的蝌蚪?"这是从"显性"的蝌蚪形态不同到"隐性"的物种差异;教师提出的引导性追问多数源于对学生问题的追根寻源,同时与学科视角建立联系。新手型教师通常较难掌控的是"听不懂学生问的是什么?"因此,首先要做到的是厘清学科视角的问题,即通过目标问题化梳理出"全套"基于学科视角的问题,接着以学生的问题为起点,或是将问题"归类归位",或是"追根溯源"。

◎ **专家点评** ◎

创设自然情境激发好奇,细节越多学生自然疑惑多多追问不断。站在学生思维的角度去追问,自然就能顺势将思考推向深处。当情境创设越还原真实的世界,基于学科视角引导的追问越会指向问题的核心。

- 解决问题二:聚焦核心问题,建构问题系统,如何进行有效追问?[1]

◎ **实践困惑** ◎

在日常的新课教学中,通过收集学生问题来聚焦核心问题,建构问题系统,但如果学生提出的问题不聚焦该怎么办?学生提炼的核心问题不明确该如何处理?课堂形式主要以师生之间的追问为主,如何激发学生之间的互动追问呢?下文试图通过创设真实情景、搭建追问阶梯、运用模型分析、学以致用等方式方法,实现聚焦核心问题,建构问题系统,开展互动追问。

◎ **操作分享** ◎

- 创设真实情景,激发学生追问欲望

---

[1] 执教:上海市宝山区海滨中学,高伟伟。

新课引入阶段,通过生活情境:吃白米饭或者馒头的时候,慢慢地咀嚼后会有淡淡的甜味。针对这个问题首先引导学生思考原来没有甜味的米饭和馒头为什么会出现甜味呢?学生回答:"产生了有甜味的物质。"为什么产生了有甜味的物质呢?说明咀嚼的过程中发生了化学反应。为什么只是多咀嚼了几下就能发生化学反应呢?联系初中学过的催化剂的概念,从而引出应该是人体产生了某种物质可以催化这类反应,使生物体内的反应变得容易进行了。在一步步的引导追问中,就引出主题"生物催化剂——酶"。

在追问引出主题的基础上,让学生提出还想知道哪些关于酶的问题。分小组利用磁条贴写出问题,并贴在黑板上进行交流,学生提出了很多问题,如:酶是不是对所有生物都有催化作用?酶在什么条件下才能起作用?酶在日常生活中的应用有哪些?酶是由什么组成的?酶是如何产生的?本课的核心问题是酶的概念和特性,我在试讲的时候有一个学生提出了"如何制取酶?"的问题,当时就觉得它与预设的问题系统没有太大的联系,就选择性地忽略掉了。课后讨论的时候,教研员就说实际上这个学生的问题很好,既然要制取酶,那就要找到酶的来源,要根据它的成分和特性来提取,一下子就把这个看似没有相关性的问题和问题系统联系起来了。

关于导入,通过教师的问题引入主题,然后让学生在课堂上提出课前疑问。通过真实情景的呈现,让学生很容易联系生活实际,在提问的时候打开思路,激发追问的欲望;同时提出的问题也更加聚焦主题,不至于太偏。

- 搭建追问阶梯,引导学生互动追问

在酶的作用特点部分,通过实验进行探究,这里是按照生命科学探究实验的基本步骤操作的,这个步骤本身实际上就是一个追问的过程。先提出实验的原理:过氧化氢酶和氯化铁都能催化过氧化氢分解。教师提问:"针对这个原理你觉得我们能探究什么?"学生1回答:"哪些因素可以影响过氧化氢酶的催化?"学生2回答:"二者的催化效率有没有可比性呢?"

接下来通过教师层层搭建追问阶梯引导学生分析实验。这里的阶梯主要指一些提示性的语言,相当于药引子。如在对于实验原则的分析上,教师并不是直接问"同学们这个实验符合探究实验的原则吗?"而是问"同学们这个实验只有两步,对实验步骤有什么疑问吗?"于是,就有了以下这些问题:"实验步骤 1:为什么都加入 5 ml? 实验步骤 2:为什么都加入 0.5 ml 呢?""能不能换成 2 ml 呢?""实验中五组试剂的差异在哪里?""为什么每组之间的试剂差异就只有一种呢?""为什么有一组的变量是蒸馏水呢?"通过对这些问题的分析来说明虽然这个实验只有简单的两步,但它依然满足了生物探究实验的基本原则。通过指向性比较明确的语言来构建追问的阶梯,主要作用是把学生带入要解决的问题中,学生就会有针对性地提出疑问,互动追问由此引发。

在实验的过程中,小组协作,五个人为一组,每个人完成一组,当教师在强调第二步时建议五个小组成员同时滴加时,学生问:"为什么要同时滴加呢? 不同时滴加会影响实验结果吗?"

实验结束后,学生分小组汇报实验现象和结论。大部分同学把关注点放在酶的高效性上,这时教师追问:"这个实验中高温处理过的猪肝匀浆一组可以去掉吗?"由此引发学生对温度会影响酶的活性的讨论。在这个实验的基础上,学生又提出了这些问题:"低温会不会影响酶的活性呢? 高温是如何影响酶的活性的呢? 酶如此高效有没有什么弊端呢? 酶为何如此高效?"

- 运用模型分析,疏导追问的瓶颈

在探讨酶的专一性问题时,学生对过氧化氢酶能不能催化其他物质陷入争论,但都不能很好地对内在的原理进行解释,选用简易模型对学生的理解起到辅助作用,模型展示后就自然有了这样几个问题:

(1) A 板表示酶,B、C、D 表示三种物质,哪种物质可以被酶 A 催化呢?

学生答:"物质 D。"

(2) 为什么只有物质 D 能被酶催化呢?

(3) 这说明了酶的什么特点呢?

这里的模型分析作用类似于前面的追问阶梯,往往适用于更加抽象化的内容和原理。在学生无处追问或者对抽象问题表述不清楚时,通过模型的建立,使其具体化、形象化,这样一来,问题能够持续地产生。

- 学以致用,使追问延续到课堂之外

问题化学习的追问,不应停留在课堂中,在学习新知识之后,要能在实际应用中渗透追问,在追问中解决实际问题。在本节课的末尾,设置了一个开放性的问题留给学生,让学生带着问题继续追问。针对这个问题,后来课下学生又提出了一些问题:

(1) 血迹的主要成分是什么?(专一性)

(2) 用多少度水清洗比较好呢?(温度对酶活性的影响)

(3) 清洗多长时间呢?(高效性)

(4) 老师的衣服是什么材质的?

(5) 选用含蛋白酶的洗洁剂会不会损害衣服?

在这个过程中,可以看出学生已然能够利用追问的思路来解决问题。

经过这次教学实践,我深有体会的有两点:

(1) 怎么通过设计情景聚焦到核心问题很关键,核心问题以外的问题不一定在这个课堂上解决,毕竟一节课的时间有限。

(2) 合作解决问题的过程,是开展互动追问的主要环节,需要精心设计小组活动。

◉ **专家点评** ◉

本节课通过创设生活中的真实情景,提高学生的课堂参与,激发学生提问欲望;通过设计一系列的子问题,不断地聚焦核心问题,搭建追问阶梯,引导学生互动追问;运用对实物模型的分析,将理性知识感性化,疏导追问的瓶颈;学以致用,使追问延续到课堂之外,使追问在全时域中发生发展。通过对课堂各环节的巧妙设计,实现聚焦核心问题,建构问题系统,有效开展互动追问。

• 解决问题三:如何运用"推拉术"有效回应学生的追问?[1]

◉ **实践困惑** ◉

在课堂中,我们期待学生不断提出新问题且持续追问,但学生的问题在最初的阶段大多是散点的、碎片的,甚至有一些问题是我们希望"不要出现"的。

---

[1] 执教:上海市教育学会宝山实验学校,王金玲。

通过不断优化课堂的设计,会让学生的问题不断聚焦,但是不管我们如何设计,相信总还会有这样的情况发生,也就是在课堂上我们会遇到各种各样的问题。我们怎样才能不断地聚焦在核心问题上,让课堂流畅地继续呢?于是我将平时一些碎片化的引导方法进行归纳总结并完善,形成了我接下来要和大家分享的"推拉术"。

◉ **操作分享** ◉

- 将课堂中可能的情况分类

首先我将课堂上所面对的问题或者答案(问题的解决),进行简单的分类,再根据不同的类别想好用怎样具体的方式来应对。那么问题或答案根据应对的不同可以分为哪几种呢?可以根据与核心问题的提出和解决贡献度简单地分为两类,一类是有价值的,一类是没有价值的。稍微细分的话可以分为:(1)与我所期待的毫无关系(很想当他没说过);(2)与我所期待的不完全一致,但有我所想要的元素;(3)正是我所想要的。从问题或答案的时机来看可以分为正是恰当的时机和不恰当的时机。以上推拉流程可归纳为问题化学习课堂推拉流程图,如下图9.6。

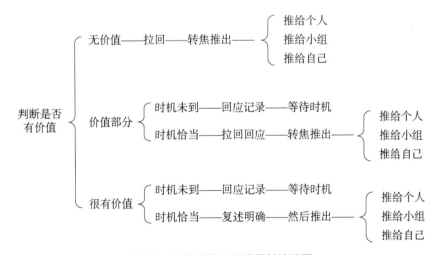

图9.6　问题化学习课堂推拉流程图

- 怎样具体进行推拉

首先,当一个问题或答案(后面都简称为问题)出现的时候,我们首先判断它是否有价值? 如果完全没有价值,你可以先回应,然后评价说:"你的问题很特别或很有意思等。"再转焦,可以说:"但你没有注意到我刚刚提到的某个关键词或现象等。"比如,当你说:"同学们,关于太阳系的八大行星你们有什么问题?"学生说:"太阳的表面温度是多少?"这样的问题就是完全没有价值的问题,也没有必要去回答。而是将学生拉回来,再转焦到"太阳系的八大行星"这一关键词。接着,再尝试将问题推出去,比如推给个人,可以说:"能不能根据某个关键词将刚才的问题转换一下?"也可以推给小组,可以说:"根据某个关键词,先独立思考一分钟,再小组讨论,提出新问题。"如果难度很大或者时间非常紧张,也可以推给老师自己,直接说:"老师有一个追问或老师来举个例子,同学们照样子提问。"如下图9.7。

图 9.7　完全没有价值的学生问题推拉流程图

其次,当一个问题或答案部分有价值时,接下来先判断时机,如果时机也恰当,那么先回应,可以说:"你的问题或回答老师很喜欢。"再聚焦,可以说:"特别是你刚刚提到的某个关键词或某个方面,老师觉得非常重要。"这是拉的过程。比如,老师让学生思考生活中有哪些现象可以用作用力和反作用力的规律(主要是两个力大小相等且方向相反)来解释,学生说:"蔡同学打篮球。"了解蔡同学打篮球的动作就知道,这个现象用作用力与反作用力的规律来解释是不典型的,这个时候就需要聚焦了。可以说:"老师也很喜欢蔡同学打篮球,特别是拍球的动作,老师觉得非常有意思。"接着可以推给个人,比如说:"根据某个关键词或具体现象,你还有什么新问题?"也可以推给小组,可以说:"根据某个关键词或具体现象,先独立思考一分钟,再小组讨论,提出新问题。"也可以推给自己,可以说:"根据某个关键词或具体现象,老师有一个问题。"如果时机未到,要先回应,而不是忽视,可以说:"你的问题老师很喜欢。"再聚焦,说:"特别是提到的某个关键词或想法。"最后记录在黑板的副板书上,等待时机。如下图9.8。

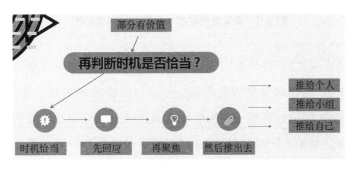

图9.8 部分有价值的学生问题推拉流程图

最后,当一个问题或答案非常有价值时,也要先判断时机,如果时机恰当,先回应,可以说:"你的问题或想法太棒了,老师非常激动。"再复述,请其他同学复述引起全班注意。然后聚焦,明确马上解决这个问题或践行某个方法等。这是拉的过程。然后,可以推给个人,比如"请同学们思考这个问题,还有什么追问或运用这个方法解决某个新问题?"也可以推给小组,"请小组合作解决问题。"最后也可以推给自己,"关于这个问题,老师有一个想法或追问。"如果时机未到,先回应,可以说:"你的问题太棒了!"然后记录在黑板的副板书上,等待时机。比如,老师让学生体验鼓掌,提出关于力的问题。结果学生马上问:"作用力与反作用力的大小有什么关系?"显然这个问题出现得太早,这个问题是老师预设的核心问题的子问题,可是这个时候连核心问题都还没出来。因此可以把这个非常棒的问题写下来。如下图9.9。

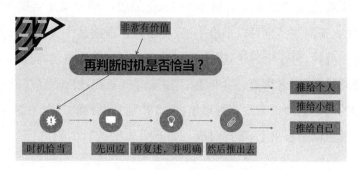

图9.9 非常有价值的学生问题推拉流程图

以上就是课堂里的"推拉术",它通过教师的引导让课堂始终聚焦在核心问题的提出和解决上,也让课堂变得更流畅。但是以上的总结还并不完善,在问题的提出与聚焦阶段、问题的实施与解决阶段及问题的反思与提升阶段的推拉策略是有差别的。并且基于不同的学科,推拉的方法还可以更加丰富。当然我们理想的课堂也可能不需要老师介入这么多,因为这样生生对话的机会就少了。

◎ **专家点评** ◎

在问题化学习的课堂上,老师最先遇到的最大困惑可能就是:学生的问题不聚焦怎么办?老师如何有效回应学生的问题?王老师能够在自己的实践中不断发现问题,并思考如何分类且系统地解决问题,这种发现问题并解决的思路和方法值得我们借鉴,这可能就是问题化学习教师应该具备的关键能力。

- 解决问题四:基于单元教学,如何有效实施问题化学习的追问课堂?

◎ **实践困惑** ◎

在日常的单元复习中,教师一般先通过简单的知识点罗列,然后讲解几道所谓的典型例题,最后就是布置大量的习题给学生进行强化训练,这样的复习方法不可避免地会存在一些问题。基于单元教学设计,有效实施问题化学习的追问课堂。将复习的问题进行"角色化",激发学生主动参与课堂;通过合作学习,让新旧知识产生联系;以单元核心问题为主线,建构学科单元知识体系,形成学科知识网络,有助于学生对知识的深度理解和真正掌握。

◉ 操作分享 ◉

- 创设情景,引入课题

从电场的力的性质和能的性质两个不同的角度来描述电场的有关问题,已成为近年来物理等级性考试的热点问题。由于等级考对学生能力的考查有一定的要求,因此,关于描述电场的重要概念的理解及它们之间的联系和应用等问题,值得我们一起去进一步学习。

- 把握目标,自学质疑

【教师引导】 通过前面对电场的学习,你对哪些概念或规律还有疑问?如表9.6所示,若有请用"√"标出来,若无请用"×"标出来。

表9.6 《电场》单元核心知识点

电场强度( )	电场力( )	电场线( )	电势( )
电势差( )	电势能( )	等势面( )	电场力做功( )
库仑定律( )	电荷守恒定律( )	场强叠加原理( )	用DIS描绘电场的等势线( )

【教师引导】 本环节,教师引导学生追问:通过电场内容的学习,除了上述知识外,你觉得还有其他问题吗?请补充。

- 自主学习,提纲挈领

【自主学习】 学生课前完成《学习任务单》上的自主学习内容

(1) 画出常见带电体周围电场线、等势线分布曲线;

(2) 电场线、等势线的特点;

(3) 三个规律:电荷守恒定律、库仑定律和场强叠加原理;

(4) 运用电场线判定电场强度大小和电势高低的方法;

(5) 电场强度的三个公式;

(6) 从能的角度研究电场的有关公式;

(7) 带电粒子在电场中的运动问题(仅受电场力作用情况);

(8) 用DIS描绘电场的等势线(学生实验)。

【教师引导】 本环节,教师引导学生追问:电场中的八条知识,哪些已经熟练掌握?哪些还没有完全掌握?请具体说明。

- 合作交流,构建网络

(1) 提出问题,明确要求

【教师引导】 《电场》中有八个重要的概念,分别是电场强度、电场力、电场线、电势、电势差、电势能、等势面和电场力做功。现在把"它们"分成八个角色,每个小组扮演一个角色。上课前将八个"角色"卡随机地分配到八个小组。接下来,请同学们结合自己的任务总结出与本"角色"相关的知识点。同学们请注意,总结时请遵循如下思路:

① 对电场有什么作用?

② 你的作用具体表现在哪些方面?

③ 你和其他"角色"间有什么联系?

【教师引导】 请同学们以"角色"卡上的问题为主,采用交流、讨论等方式,快速总结与本角色相关的知识点。

(2) 交流讨论,答疑解惑

学生在讨论总结相关的、主要的知识点的过程中,教师深入到学生中,了解学情,答疑解惑。

【典型案例】 用电场线描述等量同种点电荷周围场强的分布情况

学生1:为什么等量同种点电荷的中垂线上各点的电场强度随位置的不断变化呈现出先变大后变小的结果呢?

教师:引导学生初步画出等量同种点电荷周围场强的分布情况,并回忆点电荷的场强公式和场强叠加原理。

学生1:等量同种点电荷周围场强的分布情况、点电荷的场强公式和场强叠加原理都已经掌握。那么,该如何通过数学表达式进行推理说明呢?

学生2:有什么其他直观的办法加以说明呢?

教师:建议大家尝试一下极限法。相对而言,极限法可以形象直观地对场强分布进行分析,回避了较为复杂的计算过程。

学生1：尝试取两电荷连线的中点和无穷远处两个位置，可以方便地判断出这两处场强为零。所以，可初步判断，在中点到无穷远的变化过程中必定存在最大值。

教师：分析得非常好。那么，如何从数学角度来分析呢？

……

【案例分析】 从不同角度引导学生学会思考、学会提问和追问。以学生已掌握的知识为切入点，激发主动思考、积极思维、交流讨论，答疑解惑，扫清单元知识盲点和薄弱点，提高单元复习的针对性和实效性。

(3)"角色"展示，澄清概念

【教师引导】 接下来，请八个"角色"依次"登台表演"。注意，当一个"角色"陈述时，请其他"角色"认真聆听，如果发现错误或不足之处，请及时更正或补充，并做简单的记录。

【教师引导】 各小组的代表依次展示，教师适当点拨，进一步强化对这些"角色"的认识和理解。为了减轻学生构建知识网络的压力，采用边复习边构建的方法进行教学。首先将电场强度和电势两个概念分成两大阵营，在此后的复习过程中，每复习一个概念都要及时地引导学生进行分类，当八个概念复习完时，本章的知识网络最重要的部分自然就构建出来了。

(4)深化比较，找出联系

【教师引导】 这些概念之间存在着千丝万缕的联系，为了进一步认识和区分这些概念，请同学们找出以下五组概念间的主要联系。场强与电势差、电势与电势能、电场线与电势、电场线与等势面、电场力做功与电势能。学生通过交流、讨论等方式找出它们之间的联系，通过交流展示，教师适当加以评价。

【学生追问】 各物理量除了上述主要关系外，我觉得电势与等势面、电场力做功与等势面、带电粒子在电场中的运动等这些物理量的联系应该是一个较为复杂和庞大的知识网络结构。那么，这个知识网络结构到底应该是怎么样的呢？

(5)构建网络，整理总结

【教师引导】 本章是从同学们非常熟悉的电荷入手，从三种起电方式到电荷守恒定律,从电荷之间的作用力到库仑定律,从电荷间发生相互作用到电场的描述,力的性质和能的性质,最后是电场知识的综合应用——带电粒子在电场中的运动。至此,构建出《电场》知识网络结构,如图 9.10。

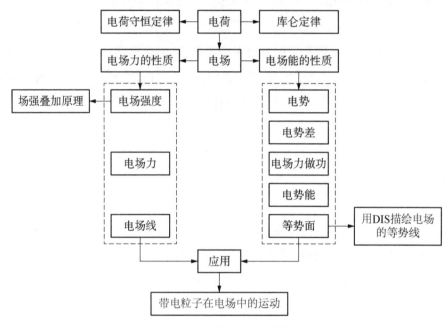

图 9.10 《电场》知识网络结构

【学生追问】 如果进一步优化和整合《电场》知识网络结构图,厘清各物理量之间的关系,这个知识网络结构图该如何设计呢?

• 例题精讲,巩固提高

(1) 对场强、电势和电场线的理解与应用

【案例 1】 （2019 年 4 月宝山二模第 11 题）空间有一沿 x 轴分布的电场,其场强 E 随 x 变化的图像如图 9.11 所示,设场强沿 x 轴方向时为正。x_1 和 x_2 为 x 轴上的两点。一正电荷从 x_1 运动到 x_2,则该电荷的电势能（   ）。

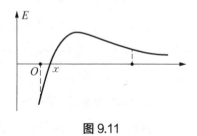

图 9.11

A. 先减小后增大

B. 先增大后减小

C. 逐渐增大

D. 逐渐减小

(2) 对等势面、电势、电势差和电场力做功的理解与应用

【案例 2】 (2019 年 4 月虹口二模第 11 题)在 x 轴上有两个点电荷 q_1、q_2,其静电场的电势 φ 在 x 轴上分布如图 9.12 所示,则(　　)。

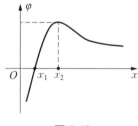

图 9.12

A. q_1 和 q_2 带有同种电荷

B. x_1 处的电场强度为零

C. 负电荷从 x_1 移到 x_2,电势能减小

D. 负电荷从 x_1 移到 x_2,受到的电场力增大

- 总结梳理,提高升华

教师组织学生回顾本节课的收获:

(1) 加深了对电场中重要概念及其相互关系的理解;

(2) 经历了合作交流的过程,进一步掌握了类比法、比值法等方法;

(3) 体验到了学习是一个循序渐进的过程。

◎ 专家点评 ◎

《电场》单元的特点是概念多而且比较抽象,整节课围绕创设情景,引入课题;把握目标,自学质疑;自主学习,提纲挈领;合作交流,构建网络;例题精讲,巩固提高;总结梳理,提高升华等六个环节开展课堂教学。在课堂教学中采用"角色扮演"的方式引导学生开展合作学习与交流,突破教学重难点,厘清知识结构和网路;本节课基于单元教学设计开展追问课堂的教学实践与探索,通过师生互动追问,共同建构知识网络,达成预期的教学目标和任务,进一步提升学生对电场核心概念相关知识的理解能力和加强学生对知识的综合运用能力,培养学生模型转换、形象思维、多角度分析处理物理问题的能力。

第三节　课例推介

【高中课例】　《氧化还原反应复习》[①]

◎ **概述** ◎

本文是沪科版高二化学《氧化还原反应复习》的教学案例。氧化还原反应贯穿于高中化学教学过程的始末,但凡涉及元素化合价变化的,都是氧化还原反应。学生已经完成高中必修课内容的学习,对氧化还原反应能作基本的类型判断,但对氧化还原的本质,氧化还原反应在电化学中的应用理解并不深刻,对氧化还原反应在生活中的应用也缺乏必要的了解。为了在学生化学原理学习的过程中渗透化学学科核心素养,本课例尝试通过进阶追问开展课堂教学实践。

◎ **案例呈现** ◎

1. 学有所疑,才有所思,设置生活情境激发学习热情

氧化还原反应的概念体系涉及的知识点很多,常规学习中密集呈现的外在化学方程与隐藏其后的内在微观原理很难激起学生的热情。为此,新课引入环节展示了一些精美的美容护肤品的图片,试图让学生探究这些产品生效的奥秘。随后,对学生进行追问：

(1) 这些产品都含有什么成分?

(2) 维生素 C 中有哪些官能团?

(3) 维生素 C 中的羟基、碳碳双键在空气中易发生什么变化?

(4) 这样的变化属于什么类型的化学反应?

学生发现了图片背景中都有橙子,迅速就联想到了水果中的重要成分维生素。通过学生讨论,教师引导学生深入思考：你们还有什么问题吗?请将你感兴

[①] 执教：上海市宝山区海滨中学,朱忠伟。

趣的问题罗列出来：

（1）维生素 C 在空气中容易变质，它的变质是由什么物质引起的？

（2）这么容易变质的物质居然加入到护肤品中，它和皮肤接触后的变化和在空气中发生的变化是相同的还是会存在些许差异？

（3）维生素 C 为什么可以护肤？

学生的系列追问指向的问题与教师的起点问题——"这是什么类型的化学反应"产生了契合，学生感兴趣的生活现象需要用课时中的学科知识目标来实现，物质宏观变化的机理往往需要从微观尺度去探究。对维生素 C 变化机理的疑惑成为了驱动学生学习的内生动力，其背后的氧化还原机理成为了课堂需要解决的核心问题，课堂进程得以顺利推进。

2. 追问中分解核心问题，化零为整，降低难度

核心问题中包含的学科知识量比较大，对学生的理解能力方面要求比较高，为了推进核心问题解决，本节课的核心问题分解成三个由浅入深，彼此递进的分解问题，每一个分解问题的突破又采用了若干个更细的问题追问来引导学生学习。

分解问题 1：氧化还原反应的基本概念是什么？——是何？

硫化氢与二氧化硫反应：$2H_2S + SO_2 \longrightarrow 3S + 2H_2O$

教师引导学生追问：

（1）谁发生了氧化反应？

（2）变成了什么？

（3）什么是氧化反应？

（4）有没有可能发生还原反应？

（5）氧化反应等同于氧化还原反应吗？

学生分组讨论，组内交流，组间分享，互相追问，互相解答，呈现思考结果，学生在质疑、交流、争辩的过程中主动获取知识。这样的过程培养学生的问题意识，培养学生问的勇气、问的方法、问的能力，指向了培养创新人才的目的。

分解问题 2：氧化还原反应概念间的关系怎么样（建构知识网络）——若何？

根据学生已有的氧化还原概念，能够建立几条平行的知识线？根据知识线中的逻辑关系,能否将相关概念上下串联,建立知识网络?学生通过给定的思维框架,进行了深入的探讨,最后呈现了比较完整的网络图,如图 9.13。

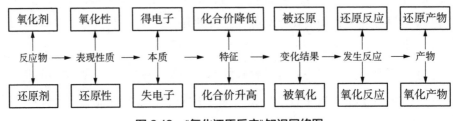

图 9.13 《氧化还原反应》知识网络图

通过进一步追问,网络图中变化的线索是什么?怎么使用?怎么将网络图中的概念用更精简的语言表述?学生组内讨论后,得出了描述语言:氧得低,还失高;剂性一致,其他相反。通过模型认知,模型再简化,学生掌握了知识模型和简化语言相互转化的深入学习方式。

分解问题 3:氧化还原反应的本质是什么——由何?

通过追问,继续将学生的思维引领到另一个境界,通过展示氮化硅在航天工业中的应用,追问学生以下问题:

$3SiO_2 + 6C + 2N_2 \longrightarrow Si_3N_4 + 6CO$,$Si_3N_4$ 中氮元素为 -3 价

(1) 该反应的氧化剂是什么?

(2) 被氧化的元素与被还原的元素的物质的量之比是多少?

(3) 标出上述反应中电子转移的方向和数目?

思维继续引向深入,学生通过对教师问题的思考,辨析,讨论,交流,呈现了学习的成果,学生继续追问:"氧化还原反应的本质是电子转移,但是电子转移看不见,摸不着,如何证明电子转移这个理论的正确性?能否设计实验验证理论?"

给定实验器材:铜片、锌片、导线、电流计、橙子。

要求:利用给定器材,证明氧化还原反应存在电子转移。

学生开始讨论,对完成实验提出了系列的问题。

(1) 电子转移用何仪器检测?

(2) 什么装置可以产生电流？

(3) 生活中的移动电源有哪些？

(4) 电池如何组装？

从认知效果的方面考虑，在学生思考欠深度时，通过一环扣一环的追问，使学生不仅知其然，更知其所以然，让学生的思维更加完善、更加深入。

3. 合作探究，组内追问，多角度、多层面的深入思考

完成了氧化还原理论的梳理过程，通过展示两幅关于人类水牢的图片，并介绍了衰老的自由基理论，又给学生抛出了一个思维乒乓球：体内自由基（主要是自由羟基）含量越高，寿命越短。根据氧化还原反应的原理，你知道为什么化妆品中的维生素C能保持人体肌肤的年轻吗？可以发现，教师及时地提供科学的思维方法，搭设思维跳板，可以帮助学生开拓思路，突破难点，活跃思维，并在更高层次上继续思考。

◉ 专家点评 ◉

本节课通过一些美容护肤品的图片，让学生探究这些抗衰老的护肤产品生效的奥秘，设置生活情境，让学生产有疑惑，引发思考，激发学习热情；课堂教学在追问中分解核心问题，化零为整，降低难度；课堂组织形式通过合作探究，组内追问，多角度、多层面地深入思考。课堂里学生"动手、动嘴、动脑、动心"，也充分体现了学以致用，培育学生证据推理与模型认知、实验探究与创新意识、科学精神与社会责任等学科核心素养的功效。

【初中课例】 《作用力与反作用力》[1]

◉ 概述 ◉

本课例是牛津版七年级科学《作用力与反作用力》的教学案例。学生在本节课之前已经学习了有关力的概念、力的作用效果、力的测量等力的相关知识，本节课主要学习作用力与反作用力。具体包含以下要点：作用力与反作用是成对出现的；作用力与反作用力大小相等、方向相反、作用在同一条直线上且作用在不同物体上。本节课是较为典型的规律的发现课，大致的学习路径是让学生从已有的生

---

[1] 执教：上海市教育学会宝山实验学校，王金玲。

活经验和已知的力学知识中形成假设,再通过实验验证,最后得到规律,并运用规律解释现象。

◎ 案例呈现 ◎

1. 课前对学生问题全方位地收集

为了确定学习的起点,常常需要在课前对学生问题进行收集。首先可以通过预学单收集学科问题。在预学单中呈现了本节课的学习目标,并呈现了生活中的相关现象,由此聚焦本节课要解决的核心问题,并收集了有关核心问题以及本节课所需知识与技能的相关问题。除此之外,还可以与学生交流,进一步收集学生有关本节课的学习问题。比如追问学生以下问题:

(1)如何进行追问或提问?

(2)怎样合作解决问题?

(3)本节课如何评价每一个同学的学习?评价的细则又是怎样的?

依据学生的情况,还可以对以上问题进行追问,直到达成共识并确定标准。

2. 课中对学生提问或追问的持续引导

(1)通过实验的引导

在科学学科中,实验有着不可替代的重要作用。通过引导学生观察实验现象提出问题或追问也是老师常用的引导策略。这里最关键的是要聚焦,且学科的语言要规范,指令要清晰。比如这节课中,我让学生体验两只手海豹式的鼓掌,引导学生关注两只手都受到力的作用,并提出关于这两个力的问题。具体过程如下:

师:请同学们用热烈的掌声给自己也给老师一些鼓励,相信我们会一起度过非常愉快的 40 分钟。

鼓掌之后。

师:请问同学们鼓掌的时候两只手都有什么感受?

生:两只手都有点疼。

师:有谁知道为什么两只手都会疼呢?

生:因为两只手都受到力的作用。

师:关于这两个力你们还有什么问题?

(2) 通过提供学科框架的引导

在本节课中,我希望学生能提出有关作用力与反作用力大小、方向关系的问题,那可以引导学生关注力的三要素,这就是学科的框架,因为研究力一般就是从它的三要素着手。

(3) 通过样例的引导

在最后用探究的结果来解释生活现象的环节中,我先呈现一个生活中的场景,自己提一个问题,然后呈现其他场景,或让学生自己列举他熟悉的场景,并提出类似的问题。为学生提供了明确的方向,学生果然就非常聚焦核心问题了。

师:请大家看这张图片,老师有一个问题:"为什么手往墙里推,人却往外走?并且手往里推的力越大,人往外走得越远?"请同学们联系生活中的现象按照老师的样例提出新问题。

生:为什么划船的时候,船桨往后划,船却往前走?并且往后划的力越大,船往前走得越远?

……

(4) 通过假如的引导

在学生实验的过程中,我启发性地问了其中一组一个问题:"如果测力计 A 给测力计 B 的力是 0 呢?"学生马上说:"我认为反过来测力计 B 给测力计 A 的力也是 0。"我马上引导他赶紧实验验证一下。这个环节就为后来实验汇报环节的追问埋下了一个重要的伏笔,这一组果然提出了这个假如的问题,而这个问题的解决就指向了学生之前提出但并未解决的一个问题:作用力与反作用力是同时产生同时消失的吗?这看似偶然的一问,其实是我精心设计的。

(5) 通过冲突的引导

在最后的环节,我期待学生能够在本节课学习的基础上提出新问题,建立与后面学习的二力平衡条件之间的连接。我通过呈现一个最熟悉的场景,就是一个物体(人)放在水平面上。然后与学生一起分析这里面的三个力:物体的重力、水平面对物体的支持力、物体对水平面的压力。这三个力两两大小相等方向相反。引导学生追问:"两个力大小相等且方向相反就一定是一对相互作用力吗?"当然,答案是否定的。但这个问题为学生学习力学建立了最重要的连接之一。

3. 核心问题的产生通过学生问题的归纳

本节课最开始的五分钟,我收得很紧,并没有让学生根据课题提出问题,这是因为学生对本节课的学习目标并不清楚,所以只根据课题无法提出我所期待的问题。但是当作用力与反作用力这两个关键词出来以后,我尝试让学生根据这两个关键词提出问题,学生马上提出了很多问题:作用力和反作用力的作用点一样吗?大小什么关系?方向什么关系?同时产生吗?……这些都是本节课要解决的问题,但是都不是核心问题,而是核心问题的子问题。于是,我追问:"谁能来为我们归纳一下,把这些问题变成一个问题?"学生因为预学过,马上明白了,就是"作用力与反作用力之间有什么关系?"这一问题。

4. 精心设计重点知识的五次复现

本节课的学习重点就是理解作用力与反作用力之间的关系,我精心设计了五次重点的复现,分别是形成假设的第一次、得出结论的第二次、规律应用的第三次、本课小结的第四次、提出新问题的第五次。因此本节课始终围绕着教学重点,也就是核心问题。

◉ **专家点评** ◉

本节课的学习有利于学生进一步理解力的概念,特别是建立起了整个力学各个知识间的重要连接。从学生课上的表现来看,学生的学习非常聚焦,并没有因为不断地提出问题或追问而偏离本节课的学习目标,因而教学目标的达成度非常高,这得益于老师的精心设计和课上的"因势利导"。

【小学课例】 《搭纸桥》[①]

◉ **概述** ◉

结构和功能是揭示事物内部的构成方式和事物同环境相互作用的动态过程。小学科学教学基本内容中有关于生物的形态与结构、运动与力等的相关探索。本课例以二年级《桥》单元教学为例,阐述如何通过追问围绕"感知事物的性质、结构

---

① 执教:上海市宝山区顾村中心校,沈志昊。

与功能"展开课堂教学,让学生从中了解桥的造型不一与跨度、承重等密切相关。课例以第一课时的两种不同的教师引导性问题入手,分析如何"以学生的问题为起点"令问题聚焦,架起结构与功能之桥。

◎ **案例呈现** ◎

第一课时的教学目标是:①通过质疑桥的活动,知道桥有桥面和桥墩的基本结构,有跨越和承重功能,激发对多种多样的桥的探究兴趣。②通过"纸桥桥面"承重实验的活动,知道改变"桥面"的形状可以改变它的承重能力,初步具有合作、创新和实事求是的科学态度。③通过欣赏赵州桥、长江大桥等图片体会科学技术的发展对社会生活的重要作用。

我预设学生会对桥的样式、建造位置等提出相关问题,通过师生间的问答和追问,帮助学生"找到"本单元的核心问题——桥的基本结构与功能,对物体的结构与功能之间的联系有一定的认识。

> "泛泛而问"引发"五花八门"的疑问

试教时我首先在黑板上书写了大大的"桥"——"你对桥有什么疑问?"问题抛出后,学生的问题五花八门,我不断用"问题归类"的方式做回应——有的提出桥的相关样式、位置的问题;有的是关联发明、数量的问题;还有部分学生问出类似"世界上第一座桥是什么?"等世界之最的问题,仅有个别学生提出"海上的桥是怎么造出来的?"问题。

"你对桥有什么疑问?"这样的泛泛而问会令学生在自己的经历中不断寻找交

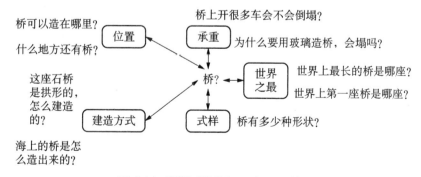

图9.14 课例《搭纸桥》1.0问题系统集

织的"点",学校社区的、电影电视的、图片书籍的等等,更多地会从同伴的思维中引出新的问题思考。"泛泛而问"引出的问题"多而广",但同时也带来"杂而浅"的问题。

> "观察聚焦"带来"问题聚焦"

为了让学生的问题更聚焦,我思考是否观察点聚焦——具有代表性的桥梁。再次试教,我将原先的问题改为:"你对这座桥有什么疑问?"提出问题的同时出示了"赵州桥的图片"。低年段学生的提问能力正在向中水平发展,提供具有明显特征的观察物,有助于提高学生的提问能力。例如:

生1:这座石头桥像一个拱形,是怎么建造的?

师:你是对这座拱桥的建造方法有疑问。("问题归位"——建造方式)

生2:老师,海上也有一些桥,建造方法是什么样的?

师:你认为海里的桥和河上的桥的建造方式应该是不同的,对吗?你不仅思考了造桥方法,还对桥的地点有了新问题。("问题归位"——地点、位置)

可以看出后一位同学提出"海上的造桥方式是怎样的?"的追问,是基于前一位同学关于"建造方式"的问题思考,同时也带出了关于"桥的位置"的问题。观察的聚焦并不会局限思维发展,而学生的提问水平也迈向了一个新的高度。下表9.7呈现了从基于学生经验"玻璃易碎"的问题到基于学科视角"观察什么"的师生追问。

表9.7 "结构与功能"典型问题师生追问分析表(课例《搭纸桥》)

生:为什么要用玻璃造桥啊,不会塌吗?	师追问:你觉着玻璃有什么特点?
↑学生基于生活经验形成从"玻璃易碎"到"桥梁功能"的认知冲突	↑追问学生对物质性质的思考
生追问:玻璃容易碎,透明,这样的话不是很容易塌吗?	师追问:易碎是生活中玻璃制品的特点。造桥的玻璃强度很高,老师想追问你这座桥建造在什么地方?站在玻璃桥上和站在木桥、石桥上会有什么不同?
↑构建结构与功能之间的联系	↑基于学科视角 追问"观察什么"
生:我知道为什么要用玻璃造桥了,造在峡谷里的玻璃桥,站在上面可以透过玻璃看到更多景色。	师:对,选用不同的材料造桥可以让桥产生不同的功能。

在后续的环节"认识一些特殊的桥"中,学生带着这些问题能够更好地认识桥梁的结构。例如:学生在认识这些桥的过程中,思维不断地在"桥的形状什么样?""桥建造在哪里?""桥的功能是什么样的?"这些问题形成链接,以下的板书就呈现了如何基于学生问题引发核心问题的思考。

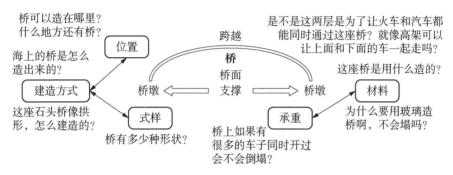

图 9.15　课例《搭纸桥》2.0 问题系统集

学生对桥的组成结构有了不同程度的认知,再通过教师的引导和追问,加深对桥的结构和功能之间关系的认识。在之后的教学环节中,通过创设一定的情境,让他们通过测试不同式样的纸桥的承重功能,知道两者之间的联系。

◎ **案例分析** ◎

通过以上几个教学片段,我们可以看到,同样都是提问,当教师给予学生一个较为抽象引导性问题的时候,学生提出的问题很踊跃,同时也较为宽泛,低水平的问题明显多于中高水平的问题,教师特别需要做的是能够听懂学生的问题,并且能够及时通过师生追问、生生追问,将其与本节课的核心问题做出关联。

当教师提供一个具体的物品、事件给学生观察并提问时,学生的问题将会更加聚焦在这件物品的各个方面,需要在追问中将这些方面做"横向"关联。因此,我们要根据不同的核心问题选择合适的物品,便于教师在课堂中对学生做两种不同的提问方式。教师的引导指向核心问题以达到提高学生提问水平的目的,可以根据不同的教学目标选择不同的方式来进行问题化学习,通过师生追问架起"结构与功能"之桥。

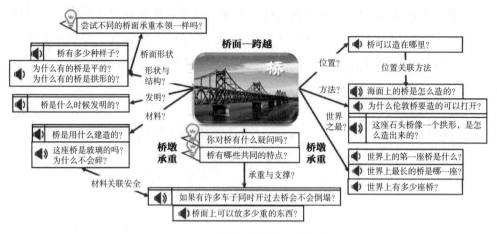

图 9.16　课例《搭纸桥》问题系统

◎ 专家点评 ◎

《搭纸桥》这一课中学生第一次围绕"感知事物的性质、结构与功能"进行探究学习,过程中要求学生通过搭纸桥、纸桥承重等活动了解桥的式样与承重之间的关系。在所呈现的这一课例中,体现的是通过提供针对性的物体进行观察,学生就可以从"泛泛而问"走向"问题聚焦",观察物品的细节越多自然疑惑多多,且追问不断。由此可见,在问题化学习的自然课堂中,作为课堂引入的物品应该根据不同的教学目标进行选择,教师在课前应该做好细致充分的准备,预设合理的问题系统,才能有效应对与引导学生的问题。

第十章 史地课堂中的追问学习

第一节 追问与史地学科核心素养培育

多年的课改成果显著,但我们不得不"痛心疾首地承认,我们以素质教育、课程改革的名义向知识本位宣战,但是,知识本位赢了。因为我们除了知识,没有提出更具体清晰的任何目标。今天,我们将以核心素养向知识本位宣战"①。这种宣战既是对上位的教学理念、教学目标的宣战,也是对下位的课堂教学方式的宣战。那么,"如何将核心素养从一套理论框架或者育人目标体系,落实与推行到具体的教育和社会活动中去,进而真正实现其育人功能与价值,是教育领域面临的重大问题"②。

一、史地学科核心素养

1. 历史学科核心素养

2017年版《普通高中历史课程标准》归纳出所谓历史学科核心素养是,学生在学习过程中逐步形成的具有历史学科特征的正确价值观念、必备品格与关键能力,并把历史学科核心素养具体分解为五个方面:唯物史观、时空观念、史料实证、历史解释和家国情怀。

---

① 石鸥. 核心素养的课程与教学价值[J]. 华东师范大学学报(教育科学版),2016(01).
② 姜宇,辛涛,刘霞,等. 基于核心素养的教育改革实践途径与策略[J]. 中国教育学刊,2016(06).

(1) 唯物史观

唯物史观是揭示人类社会历史客观基础及发展规律的科学历史观和方法论。围绕唯物史观,我们可以追问"究竟是谁推动了历史的发展?哪些因素决定了历史发展的方向?生产力和生产关系之间究竟什么关系?经济基础和上层建筑之间又是什么关系?社会存在和社会意识之间呢?"等问题。

(2) 时空观念

时空观念是指在特定的时间联系和空间联系中对事物进行观察、分析的观念。任何历史事物都是在特定的、具体的历史时间和地理条件下发生的——时空观念,是历史的本质特征。围绕时空观念,我们可以追问"什么是历史?历史是在怎样的时空背景下发生的?同时代不同空间的发展有何关联?同一空间不同时代有什么联系?回到当时的历史现场如何认识和解释?处于不同的时空条件下又如何认识和解释?在今天或者未来又该如何审视过去?"等问题。

(3) 史料实证

史料实证是指对获取的史料进行辨析,并运用可信的史料努力重现历史真实的态度与方法。围绕史料实证,我们可以追问"我们是如何知道历史的?通过历史遗留下来的蛛丝马迹,可能是遗迹、遗物、文字、口传、影像等,那么又如何获取这些史料?又怎么证明得到的史料就是真实的呢?同一问题不同记载的史料该如何甄别?假的史料有史料价值吗?"等问题。

(4) 历史解释

历史解释是指以史料为依据,以历史理解为基础,对历史事物进行理性分析和客观评判的态度、能力与方法。所有的历史叙述在本质上都是一种对过去的阐释和评判,即便是对基本事实的陈述也包含了叙述者对史事描述的整理与组合,立场与观念等。围绕历史解释,我们可以追问"我们怎样认识历史?历史事件为什么发生?这件事和那件事之间有什么关联?产生了怎样的作用和影响?今天的生活和过去的历史之间有什么关联?国家为什么选择的是这条道路,而不是那一条?历史人物在关键时刻为什么是这样选择?他的选择对国家和社会产生了怎样的影响?我们该怎样评价过去的人和事?"等问题。

(5) 家国情怀

通观历史我们在追求什么？理解了国家、民族、社会，个人命运紧紧相连的历史和未来，油然产生对国家富强、人民幸福的情感，以及对国家的高度认同感、归属感、责任感和使命感。家国情怀是学习和探究历史应有的价值取向和人文追求，体现了学习和探究历史应具有价值关怀，要充满人文情怀并关注现实问题，以国家强盛、民族自强和人类社会的进步为使命。

因此，历史学习是在唯物史观的理论指导下，通过史料实证的方法获取尽可能接近真相的史料，置于特定历史时空条件下理性地进行历史解释，从而形成正确的人文追求和价值观。

2. 地理学科核心素养

(1) 人地协调观

人地协调观是地理学和地理教育的核心观念，指人们对人类与地理环境之间形成协调关系的必要性和可能性的认识、理解和判断。学生建立人地协调观，就能够正确认识地理环境对人类活动的影响，以及人类活动影响环境的不同方式、强度和后果；能够理解人们对人地关系认识的阶段性表现及其原因；能够结合现实中出现的人地矛盾的实例，分析原因，提出改进建议。

(2) 综合思维

综合思维是地理学基本的思维方式，指人们具备的全面、系统、动态地认识地理事物和现象的思维品质与能力。学生运用综合思维方法，就能够从多个维度对地理事物和现象进行分析，认识各要素之间相互作用、相互影响、相互制约的关系，并在一定程度上解释其发生、发展和演化的过程，从而较全面地观察、分析和认识不同地域的地理环境特点，并且能够辩证地看待现实生活中的地理问题。

(3) 区域认知

区域认知是地理学基本的认知方法，指人们具备的对人地关系地域系统的特点、问题进行分析、解释、预测的方法和能力。学生掌握区域认知方法，就能够形成从区域的视角认识地理现象的意识与习惯，运用区域综合分析、区域比较等方式，来认识区域特征和区域人地关系问题，形成因地制宜地进行区域开发的观念。

（4）地理实践力

地理实践力是指人们在地理户外考察、社会调查、模拟实验等地理实践活动中所具备的行动能力和意志品质。学生具备地理实践力，就能够运用适当的地理工具完成既定的实践活动，对地理探究活动充满兴趣与激情，并会用地理眼光认识和欣赏地理环境。

二、追问对培养史地学科核心素养的重要价值

随着核心素养研究的不断深入，更加需要我们落实核心素养的课程实践，厘清培养核心素养的路径和方法。问题化学习所注重的"追问"对培养学科核心素养有着重要意义和价值。

1. 追问厘清学生对基本史实和地理现象的认知

史地学习由大量的置于特定时间和空间条件下的人、事、物、现象、文明成就等组成，颇为纷繁复杂，学习过程中难免会产生很多疑问和追问，如为何人类古代文明多发源于河流附近？农业时代、工业时代、信息时代是怎样联系与发展的？对这些学科基本问题，学生通过追问逐渐厘清认识，理解重要概念。

2. 追问发展学生运用综合方法解决问题的能力

成为过往的史事，被记载、实录、回忆、转述、反思时都不可避免地掺杂了个人主观意识或加工，因此历史究竟是什么？如何知道真相？如何求证所知？如何解释所知？——通过史料实证进行多维角度、逻辑辩证地历史解释过程，并在追问中发展学生运用史学、考古学、地理学、生物学、信息学等综合方法求证历史的能力，且与核心素养完全吻合。地理学科亦是如此，如结合地理环境特点，运用综合思维解决经济、政治、文化、生活等问题。

3. 追问推进学生深化史地学科思维

历史学注重的是"史论结合"、"论从史出"的证据意识和理性思维品质，地理学注重运用地理工具解决地理问题的科学态度和实践能力，在学生分析、归纳、比较、实践、体验、交流的综合学习中，追问推进学生逐渐养成解决学科问题的思维

路径,不断深化优化学科思维,提高学科思维品质。

4. 追问激发学生形成正确的世界观、人生观和价值观

正如英国哲学家、史学家罗素所说:"历史使人意识到:人类事务中没有定论,不存在静态的完美和将被我们得到的最高智慧。"因此,追问的最高要义是对学生世界观、人生观和价值观的重要影响。通过剖析了大量历史和地理问题,在运用综合学科思维和方法解决问题的过程中,在与他人追问和与自我追问的磨砺中,在对与错、是与非的批判和认同中,激发出学生从哲学的高度接纳唯物史观,从社会的角度认同家国观念,从生活的角度理解人地协调。

三、历史学科的基本问题类型

依据历史学科特点和学科核心素养培养目标,历史学科的基本问题类型有以下几种:

1. 基本认知型问题

包括基本史事的历史事实(发生的时间、地点、人物、过程、结果等)、历史概念、历史沿革及其特征等。如什么是中央集权体制?

2. 联系比较型问题

联系相关或相反的知识进行区分、对比、分析、比较异同、归纳关联,进而汲取历史信息,深入理解,综合分析历史问题。如"空想社会主义"和"科学社会主义"有何关联,有何区别?

3. 求证型问题

针对已知的历史结论,从搜集资料的考据、辩伪、对于"直接证据"与"间接证据"、"有意史料"与"无意史料"等进行史料来源和史料价值的判断,综合运用现代科技手段,运用史学思想方法,最大限度地还原历史真相的演绎过程。如为什么说蒸汽机是工业革命中最伟大的发明?

4. 辩证型问题

历史认识是极其复杂的,受到时代背景、价值观、立场、视角、知识水平、具体处境等多种因素的影响,理性科学的历史认识需要在唯物史观下,从多维视角考察历史事件,辩证地从整体上、本质上认识历史。如在菲律宾马克坦岛上麦哲伦的纪念碑上,一面认为他领导了第一次环球航行,对人类文明作出了贡献,另一面他却被认为是一个"入侵者",为何对麦哲伦的评价截然相反?

5. 推理型问题

学习历史的目的不在于知道某年某月某日发生了何事,而在于对其发生、发展及其变化路径的揭示,历史教育所学内容是过去事,但所求目的却是未来事,从历史的角度认识现实,关照现实和未来。因此,合理的推理是历史学习的重要活动,是基于一定的历史证据和客观规律,置于一定的历史背景中,运用科学的方法和合理的逻辑对未知进行推理,得出结论。比如"结合国内国际背景,运用所学知识,推理想象假如你生活在 100 年前的欧洲或者 100 年后的中国,合理描述你的生活状况"。

6. 反思型问题

美国教育家杜威将"反思"称为"反省思维",是"一种得以产生思维活动的怀疑、犹豫、困惑,心灵困难的状态,和一种为了发现和解决这种怀疑,消除和清除这种困惑而进行的探索、搜集和探究的行为。"历史反思就是一种为了解决在认识历史过程中产生的质疑或困惑而进行的探究行动。通过查证历史资料的可靠性,通过检验思维逻辑的合理性,通过辨别结论或判断的准确性,反思认识历史、解决问题的过程和方法,以培养求真的科学精神和科学态度,获得认识历史的科学方法。比如"这样的历史结论准确吗?""还有别的认识吗?""如何验证这些历史结论?"

四、地理学科的基本问题类型

依据地理学科特点和学科核心素养培养目标,综合思维具体表现为要素综合、时空综合、区域综合三部分,这三部分内容分别从不同的角度给地理学科核心素养的培养指出了明确的培养路径。这也是 2017 版《普通高中地理课程标准》中提出来的观点,三者之间的关系如图 10.1。因此,地理学科的问题类型也可以大致归为这三种类型。

1. **要素综合型问题**

各类地理事物都是由多种地理要素有机组合形成的一个复杂的综合体,包括多个自然要素的综合、人文要素的综合、自然和人文要素的综合。因此,分析地理事物地理现象时,要从多角度分析各地理要素之间的相互联系,从而全面理解和解释地理现象和事物的发生发展的规律。如:为什么俄罗斯世界杯11个举办城市多集中分布在俄罗斯西部?师生可以从地形、交通、人口分布、经济水平等多个地理要素来分析。

图 10.1 地理学科综合思维

地理要素简单总结如图10.2。

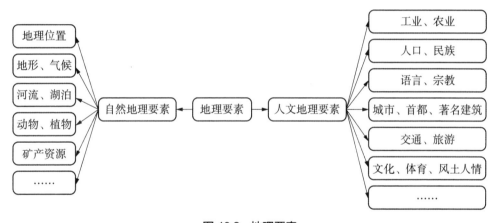

图 10.2 地理要素

2. **时空综合型问题**

通常地理事物需要分析其在时间、空间上的发展和变化。可以是不同时间同一地区的地理要素的对比分析,也可以是同一时间维度不同地区的地理要素的对比分析,这里时空观念既可以是宏观层面的也可以是中观层面的,更可以是小范围的区域层面的比较研究和分析。通过对比分析的方法,找出其发展的共性和差异,分析在不同地域中,自然地理要素、人文地理要素等因素对地域环境产生的影响,进而协调人地关系问题。如"为什么巴西东南沿海人口和城市比西北内陆密集?"

学生需从地形、交通、矿产资源分布、气候、开发历史等方面进行综合考虑,才能分析比较出原因,并得出结论。见图10.3。

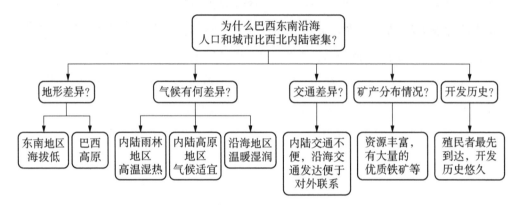

图10.3 巴西人口密度分布原因分析

3. 区域综合型问题

任何地理事物和现象都会在一定的区域范围内发生和发展,因此分析问题应立足于某一具体区域,并结合当地的地理要素,综合分析该区域内自然地理要素和人文地理要素对本区的影响,从而探究地理事物、地理现象在当地发生发展的变化情况。在分析地理事物空间维度时,可以遵循由大到小、由整体到局部的方法。如中东地区为何成为世界关注的热点地区?为何战争不断,矛盾冲突不断?

可以分别从以下几个方面进行追问:

(1) 从空间维度来进行追问和分析:中东地区的地理位置如何?有何重要作用?为何是东西方的交通要道?……

(2) 从自然要素进行追问和分析:中东石油主要分布在哪些国家?中东为何被称为石油宝库?地位如何?中东石油运往哪些国家?中东地区的气候类型如何?水资源情况?……

(3) 从人文要素进行追问和分析:中东地区范围内主要有哪些国家?中东的

民族构成如何？宗教信仰情况？……

基于地理学科核心素养的三大问题类型，我们可以通过分析这三类问题，形成某一区域的具体地理特点。这三大类型的问题并不是互相割裂的，而是互相联系的。

五、历史学科追问视角

追问的价值显而易见，然而追问又是来之不易的，初期需要教师引导和培养学生追问。发生追问的时机往往是在学生比较之后、联系之后、质疑之后、移情之后、顿悟之后……进行二度思考和二度提问。教师要捕捉机会，创设情境，引导学生向全面性、深刻性、批判性、独立性、多元性发展。

基于历史学科特点及学科基本问题类型，学生追问的视角一般包括：

（1）对于史料本体的追问；

（2）对于历史逻辑的追问；

（3）对于历史方法的追问；

（4）对于历史结论的追问。

【案例】

以上海市高中历史第五分册第28课《罗斯福新政》（华东师范大学出版）为例，说明追问视角及其运用。

学习了罗斯福新政的内容和结果后，学生对罗斯福新政基本持肯定态度，此时教师引出一段历史材料。

报纸上连篇咒骂罗斯福是"向富人敲竹杠"，说罗斯福天天都吃"烤百万富翁"，在关于《社会保障法》的听证会上，有人高喊"这个法案是从《共产党宣言》第18页逐字逐句抄来的"。甚至有人建议美国联邦调查局调查一下罗斯福是不是美国共产党的秘密党员。胡佛在《国家工业复兴法》通过之后，对政府干预经济生活的规定也感慨地说："这简直是法西斯！"

——王春良《世界现代史》

罗斯福的坚决反对者,报业大王赫斯特说"新政"就是苛政;不是榨取富人,而是榨取成功者。美国著名新闻记者、作家约翰·根室说他所听到的关于"新政"的最好定义,是说"那是一些没有骨气的自由派为了那些失魂落魄的资本家而去拯救资本主义的一种企图"。

——《环球时报》(2002年3月18日)

这些历史材料和学生的认知出现了冲突,因此质疑声、追问声不绝于耳。在学生追问的基础上,通过阅读史料——查证史料——完善认识的学习过程,学生针对史料的追问解决了认知型问题,针对历史结论、历史逻辑、历史研究方法的追问解决了求证型问题、联系比较型问题、辩证型问题、推理型问题、反思型问题等,并由此建构起理解不同历史观点的思维过程:在特定时空背景下,基于身份、视角、立场、证据、主观动机等的理解,通过查证、反思进一步完善历史认识,培养了学生全方位的历史学科核心素养。

将这一课例中的追问过程进行分解,绘制了表10.1。

六、地理学科追问视角

基于地理学科特点及学科学习的过程与规律,追问的视角一般包括:

1. 指向形象思维与抽象思维之间互相转化的追问

形象思维和抽象思维是两种基本的思维形态。形象思维是培养地理学科素养的基础,各种地理信息和特征很多最终要落实到地理图像和地理图表中,而地图图示和图片比文字更形象、更直观。在地理课堂教学中,通过不断追问的方式,从读图、填图、绘图等方面来培养和训练形象思维。通过对地理图像图表的阅读和分析,从而促进抽象思维的发展。而抽象思维又可以通过直观形象的形式表现出来。

如通过阅读地理景观图,可以得出哪些地理信息?在学习中国降水分布时,出示两张传统民居图片,分别是图10.4和图10.5(分属东南沿海和西北地区),进行追问。通过以下师生互动追问,阅读中国年降水量分布图,从图中得出中国降

第十章 史地课堂中的追问学习

表 10.1 追问过程分解展示表

学习环节	追问视角	问题类型	提问与追问	训练思维	解决问题	培养核心素养
阅读史料	①史料视角追问	认知型问题	他们是谁？什么历史情境下？针对什么问题？表达了什么观点？表现出怎样的情感态度？	确定身份、立场 确定特定的时空条件 确定核心事件 确定核心观点 确定立场态度	他们是（　），在（　）情境下，基于（　）身份、（　）立场、（　）视角，针对（　）内容，采用（　）态度，出于（　）目的认为……	唯物史观 时空观念
查证史料	②结论视角追问	求证型问题	为什么要这样表达？可信吗？为什么？	确定目的动机 评估可信度，寻求证据	基于（　）证据，我认同/不认同这个观点，因为……	史料实证 历史解释
	③逻辑视角追问	联系比较型问题 辩证型问题	有其他不同观点吗？有不同的身份立场吗？在不同的历史情境下吗？谁的观点更为准确？	查证检验 辨别结论 确定评价标准 判断准确性		
完善认识	④方法视角追问	推理型问题 反思型问题	为什么有不同的观点吗？可以理解吗？我们该如何认识？	理解不同观点 审慎背后动机 反思认识历史的过程	我认为他们反对罗斯福，可能受到了（　）（历史背景）的影响，因此出于（　）动机，观点较（　）。	历史解释 历史价值观

263

水东南多西北少的特点。从景观图片到普遍分布规律,从点到面,从简单到复杂,这里的图示就非常直观地显示出我国降水的分布特点,从而在头脑中留下形象地图,达到了解地理事物的空间分布特点以及原因的目的。这一过程也就完成了从形象思维到抽象思维的转化。

图 10.4　江南斜顶屋

图 10.5　西北地区土墙平顶屋

师：上面两张图片表示两个地区的传统民居,同学们有没有发现它们的建筑形态有何不同？

生1：屋顶,建筑材料……

师：有没有想过为什么会有如此大的差异？为什么？

生2：江南地区降水多,西北地区降水少。

生3：我要追问,你是如何知道里江南地区降水多,西北地区降水少的？有什么依据？

师：对呀,如何知道各地降水的多少呢？用什么地图呢？（教师出示《中国年降水量分布图》。）

（1）用彩笔描出 800 mm、400 mm、200 mm 等降水量线。

（2）找出火烧寮、武汉、兰州、托克逊的年降水量。

（3）说出我国降水的分布规律。

在学习过程中,学生在观察中不断追问,通过一描绘、二阅读、三总结的方法,既锻炼了形象思维,又掌握了我国降水分布从东南沿海向西北内陆逐渐减少的特征,达到从形象思维到抽象思维的转变。

2. 指向空间思维的追问

空间思维即空间思维能力,空间思维能力涉及到对空间意义的理解,利用空间的各种性质形成问题,寻找答案,并呈现解决方案。地理学科是研究人地关系的一门学科,地理学研究对象是在一定的空间发生、发展的,它要求学生具备一定的空间思维能力,这里主要是从帮助学生进行空间定位来说明空间思维的重要性。因此,指向空间思维的追问就很有必要了。很多地理现象发生在宏观的时空场景中,学生在短时间内无法在实际生活中去真切感受,只能通过构建空间运动的方法来进行理性思考和理解,从而作出一定的判断。

案例:1912年4月,巨型豪华游轮泰坦尼克号在其第一次航行中就不幸撞到了冰川,船舱进水,不断地下沉,在千钧一发之际,船长发出了求救信号(41°N, 51°W),附近船只快速赶到,营救了部分落入海中的游客(如图10.6和图10.7)。

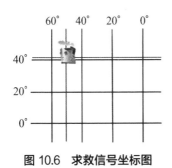
图 10.6　求救信号坐标图

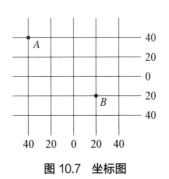
图 10.7　坐标图

问:茫茫大海,其他船只为什么能够快速赶到沉船地点呢?

设计以下追问学习过程:

(1)如何读出 A、B 两点的纬线度数?如何判断是南纬还是北纬?(见图10.7)

读出该点在横线的度数即为纬线度数,并根据0°纬线(赤道)判断出是南纬还是北纬。

（2）如何读出 A、B 两点的经线度数？如何判断东经还是西经？

读出该点在纵线的度数即为经线度数，并根据 0°经线判断出是东经还是西经。

（3）如何写出经纬度？（纬度在前，经度在后）

根据以上追问的学习路径，同学们很快能找出失事轮船的地点（41°N，51°W）。

3. 指向逻辑思维的追问

逻辑思维是人的理性认识阶段，人运用概念、判断、推理等思维类型反映事物本质与规律的认识过程。

比如，在分析地理现象之间的因果逻辑关系方面的案例：通过分析黄土高原的地形、气候、河流、植被、土壤等地理要素特点，找出黄土高原地表水土流失严重的原因与后果。（上海市 2010 年初中地理学业考试题。）

需要解决的核心问题：黄土高原地区为何水土流失特别严重？可以从哪些方面来分析原因？

生：我认为和气候应该有很大的关系。黄土高原地区属于温带大陆性气候，这种气候的特点是冬冷夏热，降水集中在夏季，多暴雨。

生：对于这样的气候特点，我有一个疑问，这样的气候特点对黄土高原的水土流失有什么影响呢？

——夏季多暴雨，会带走地表土层。

生：对于以上问题，我还有以下追问，黄土高原地区水土流失特别严重与地形有没有关系？黄土高原的地形有什么特征？

——有很大的关系，黄土高原地表沟壑纵横，崎岖不平，山区更易造成水土流失。

生：另外，请问黄土高原地区水土流失特别严重与土壤有关系吗？大量黄土土壤有什么特性？

——黄土土质疏松，容易被暴雨冲刷、带走。

师：老师有一个疑问，黄土高原地水土流失除了与气候、地形、土壤有关之外，还有什么原因会加剧该地区的水土流失呢?

生:应该还有植被情况,植被稀少也不利于水土保持,更易造成水土流失。

生:我还有一个疑惑,黄土高原地区的水土流失与黄河有什么关系呢?

——黄土高原每年流走的大量泥沙,绝大多数都流入到黄河,"黄河水,半碗沙"、"跳进黄河洗不清"等俗语都体现了黄河含沙量大的水文特征。

根据以上不断追问和分析,最终用知识结构图的形式来表达因果逻辑关系,如下图10.8。

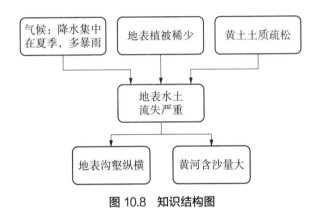

图 10.8 知识结构图

4. 指向辩证思维的追问

辩证思维要求学生能从正反两方面或利弊等方面来分析地理事物和地理现象的发生、发展和变化规律。能够培养学生更加全面地分析问题的能力,而不是简单的非此即彼的二元对立思维。

地理要素之间是互相依存、互相影响的,人与自然之间也是互相影响、互相作用的。针对人类对自然的利用和改造,就需要全面客观、多方位地去分析,才能更好地协调人地关系,作出更好的决策。

例如,黄河是中华民族的母亲河,黄河流域创造了灿烂的中华文明,但是也有人说,黄河是一条害河,经常泛滥成灾,给中国带来了很多灾难。为何有这样的说法呢?那黄河到底是母亲河还是一条害人之河?该如何解释呢?通过不断地追问,从而培养学生的辩证思维。

学会追问

　　根据以下地图阅读分析,黄河为何被称为母亲河? 黄河为中华民族作了哪些奉献?

　　阅读黄河下游"地上河"图,分析黄河为何被称为害河? 它给中华民族带来了哪些灾难?

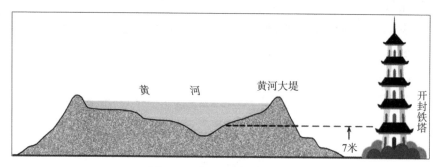

图 10.9　黄河下游"地上河"

　　通过读图和教师引导,学生从"灾难"和"奉献"两个角度分析,辩证地认识了黄河对中华文明的作用和影响。如图 10.10。

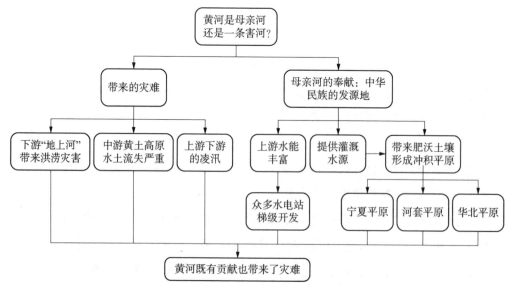

图 10.10　黄河对中华文明的作用和影响

268

七、历史学科追问构建问题系统

问题系统既是学科知识的系统,也是问题分解与逻辑的系统,是解决问题的系统,是学科思维发展的系统。通过问题系统将分散、抽象、内隐的知识系统化、逻辑化、可视化表达,形成可迁移于新问题解决的思维路径,那么解决了一个问题,也就解决了一类问题。

案例:上海市高中历史第五分册第28课《罗斯福新政》(华东师范大学出版)

依据学科特点,将历史基本问题大略分为以下三个层级:第一,认知层级,包括基本史事发生的时间、地点、人物、原因、过程、结果等基本要素。第二,理解层级,理解历史事件和历史人物,并能解释已形成的历史观点。第三,应用层级,在唯物史观下,通过对史事的辨别审慎,运用科学方法,形成自己的历史态度和价值观。三个层级的基本问题是递进的关系,在解决这些问题的过程中,也是历史学科核心素养逐渐养成的过程。

1. 认知层级——学生提问阶段

有了高一年级问题化学习的经历后,在高二《罗斯福新政》这堂课上,学生提出的问题大多集中在新政的背景、内容、特点、结果、影响等方面,基本学会了历史基本要素提问法,在结合史料解决问题的过程中学生对特定的时空条件下发生的罗斯福新政有了一定了解,并完成了《罗斯福新政》基本要素问题系统(图 10.11),学生在类似认知层级的历史学习中有迹可循。

2. 理解层级——师生追问阶段

学习了罗斯福新政的内容和结果,学生对罗斯福新政非常肯定,此时教师引出一段材料(略),教师通过史料创设了一个历史情境——有人咒骂罗斯福向富人敲竹杠,有人批判新政是法西斯性质的,有人说是苛政,有人说是没有骨气的自由派所为,学生立即举手追问,"这些人为什么要咒骂罗斯福啊?""他们是谁?""他们对什么内容不满啊?""对罗斯福新政的认识为什么会不一样?""我们究竟该怎样认识罗斯福新政?"……

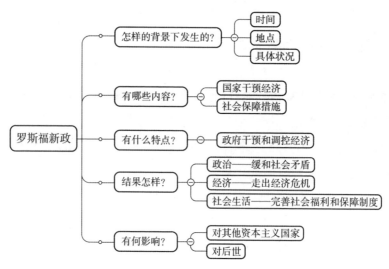

图 10.11 "基本要素"问题系统

在学生追问的基础上,我们完成了理解不同历史观点的问题系统,在特定时空背景下,基于身份、视角、立场、证据、主观动机的理解,老师继续追问,"这样的视角全面吗?证据是否真实?立场是否客观?"由此,完善了理解评价不同观点的方法和基本原则(图 10.12)。

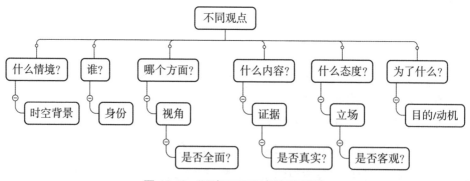

图 10.12 "理解不同观点"问题系统

3. 应用层级——自我追问阶段

究竟该如何评价罗斯福呢?了解了罗斯福新政的基本史实,理解了不同观点的成因,学生对罗斯福总统所处的艰难情境感同身受,共情之下,自我追问。罗斯福是谁？他做了什么？他为什么这样做？他遇到困难和反对了吗？他成功了吗？他是怎样一个人？……学生自主建构问题系统（图10.13），学会了理解和评价罗斯福的方法和原则，并内化为自我建构历史认识的态度和方法。同时学生感受到优秀历史人物对历史的巨大推动作用，认同罗斯福面对阻力时勇敢执着、运用智慧化解危机的品质与才能，被罗斯福对国家、对社会的责任担当而感染。

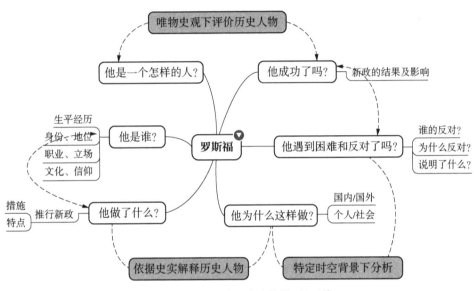

图 10.13 "评价历史人物"问题系统

八、地理学科追问构建问题系统

案例：以上海教育出版社七年级下册教材《因地制宜发展农业》为例，说明如何通过追问构建问题系统。

1. 关于要素综合型问题的问题系统

中国划分为哪四大农业区？如何划分这四大农业区？划分的时候要考虑哪些地理要素？每一界限以哪些地理要素为主？运用到哪些地理地图？能否通过地图分析并总结出界线 A、B、C 划分的主要影响地理要素？见图 10.14。

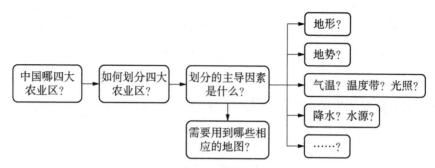

图 10.14 要素综合型问题的问题系统

2. 关于时空综合型问题的问题系统

四大农业区是大范围的空间尺度的划分,找出其中的共性和不同之处,需要具有时空综合的学习方法。通过追问下列问题,帮助学生构建具有时空观念的地理问题解决方法,在追问中构建问题系统。南方和北方农业区的自然环境有何异同点?西北和青藏地区农业区的自然环境是什么?可以对这四个地区的哪些自然地理条件进行对比分析,地形、气温、温度带、地势、降水等地理要素可以吗?还可以从哪些地理要素来进行对比?这些自然地理特征对发展农业有哪些有利和不利之处?见图 10.15。

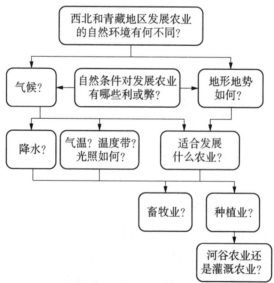

图 10.15 时空综合型问题的问题系统

3. 关于区域综合型问题的问题系统

四大农业区的每个农业区都有自己独特的自然地理特征，这些自然地理特征又对当地农业产生影响，因此，立足某一地理区域，对该区域的自然地理要素对农业的影响进行一一分析，体现区域地理的自然环境以及该环境影响下的农业特征。如南方农业区的耕地类型是什么？为什么是水田居多？降水多吗？气候如何？和什么自然地理要素有关？会用到什么地图？主要种植哪些粮食作物？有哪些经济作物？一年收获几次农作物？即耕作制度如何？等等（见图 10.16）。

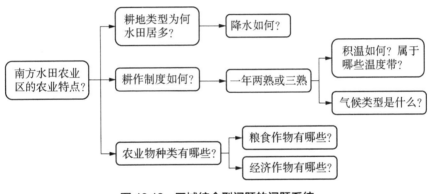

图 10.16　区域综合型问题的问题系统

通过对以上三种问题类型的追问和完善，构建了本节课的问题系统，见图 10.17。

根据构建的问题系统，解决课堂问题，构建解决问题的路径，并将之转化成具有地理学科特点的地理图式化的思维导图。最后思维导图在板书上呈现出来，既有空间概念图，很直观地将四大农业区的分界线、自然地理特征、农业特点呈现在一张图中，形成四大农业区的地理特征，图中又有问题解决的知识体系，更有学习路径和方法的体现，充分体现出地理学习的综合型特征。最终厘清我们发展农业必须遵循当地的自然地理条件，结合人文地理特征，因地制宜地发展农业，充分体现人地协调观。如图 10.18 中的板书。在这一学习过程中，地理学科的四大核心素养也渗透其中。

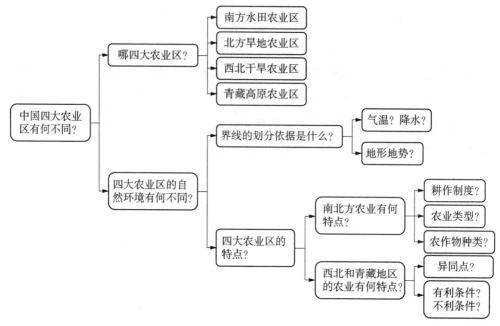

图 10.17 综合问题系统

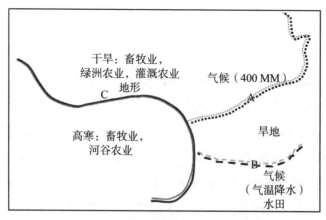

图 10.18 "因地制宜发展农业"课堂板书

第二节　工坊研修

⊙ **研修问题** ⊙

1. 如何通过追问聚焦核心问题？
2. 如何基于学科核心素养孵育学生追问？
3. 如何通过学材开发与合作设计引发学生有效追问？

⊙ **研修步骤** ⊙

- 解决问题一：如何通过追问聚焦核心问题？①

⊙ **实践困惑** ⊙

在问题化学习的课堂实践中，如何引导学生提问？如何问得有理有据，而不是毫无根据地问？学生提问之后，如何培养学生提炼核心问题的能力？师生又如何聚焦核心问题？聚焦核心问题的依据是什么？……带着这些疑问和困惑，我结合课堂实践进行了一些反思。

⊙ **操作分享** ⊙

1. 基于标题追问聚焦核心问题

课本中单元或小节的标题往往具有高度的概括性和综合性，能统领本部分的主要内容。围绕单元或小节标题进行追问既直观醒目又与教学要求、学习目标高度一致，学生很容易提出核心问题，而且构建问题时，提出的子问题也高度聚焦，非常具有指向性。在学习《德国》这节内容时，课文题目是《地处欧洲十字路口的工业强国》。预习阶段，学生查阅到德国有许多世界驰名的品牌，结合课文，学生提出了以下问题：(1)德国为何被称为欧洲的"十字路口"？(2)德国的著名工业区有哪些？出口什么、进口什么？(3)为何德国有众多著名品牌？(4)德国的工业产

---

① 执教：上海市教育学会宝山实验学校，缪同梅。

品有何特点？（5）德国是工业化的经济大国吗？（6）德国的民族性格和工业有什么联系？遇到这类教学内容，核心问题相对比较容易确立，学生也能很快提出问题，进行追问并构建问题系统。

2. 关注课程要素追问聚焦核心问题

《埃及》一课，学生首先想到的是金字塔，因此在预习时学生提出了很多关于金字塔的问题，如金字塔的材质是什么？金字塔有什么用呢？古埃及人是如何建造金字塔的？为什么要建造金字塔？是外星人帮埃及建造的吗？学生对金字塔充满了好奇，但对埃及这个国家却没有表现出应有的关注，这些问题对达成教学目标并不起决定性作用。于是教师引导学生："联系古埃及国家以及古埃及文明，你对金字塔又有什么问题呢？学生就此追问："为何古代埃及能够造出金字塔呢？当今的埃及有没有什么重要成就呢？古代埃及文明对今天的埃及文明有何重要影响？古今文明有什么关联？有什么共同的原因吗？"这样就有效聚焦到本课的核心问题。

3. 关注时事热点，创设问题情境

在准备《世界上面积最大的国家——俄罗斯》这节教学内容时，正值俄罗斯举办 2018 年世界杯，于是教师创设了"如果去俄罗斯观看世界杯，该做哪些准备"这一情境，学生们对于时事热点较为关注，兴趣浓厚，在小组讨论时，提出了很多问题，比如：举办地点在哪里？俄罗斯举办城市 6 月的天气怎样？举办的具体时间和场次安排如何？去球场的路况、行程怎样安排？……由时事热点切入创设情境，学生能很快将零散的知识点串联起来聚焦核心问题，经过筛选汇总，构建本节课的问题系统，课堂追问学习由此开展。在这一过程中学生围绕时事热点解决核心问题，通过解决去俄罗斯观看世界杯需要作何准备，解决了关于俄罗斯国家地理的地形、气候、交通、城市分布等问题。

◉ **专家点评** ◉

学生的问题从哪里来？如何提出有学科价值的问题？如何进一步追问自己、他人？如何确立核心问题？围绕核心问题，如何构建问题系统？面对这些问题，缪同梅老师为了解决这些问题，紧密联系时事，创设学习情境，从而让学生能在情境中提出问题，自然而适切，这是问题化学习中经常使用的方法，可以培养学生发现问题的能力。我认为这一方法在课堂中可以经常使用,能够起到事半功倍的教学效果。

- 解决问题二:如何基于学科核心素养孵育学生追问?

◎ **实践困惑** ◎

唯物史观、时空观念、史料实证、历史解释、家国情怀这五个方面是对历史学科核心素养的凝练,是培养学生学科核心素养的方法、途径、目标的具体化和细化。实践的难点就是如何养成学生追问习惯,让学生真正学会像历史学家一样思考问题和解决问题,将五大核心素养根植于心。

◎ **操作分享** ◎

1. 创设历史情境法

历史课程的情境创设,有利于激发学生的学习兴趣和情感,主动地参与学习,积极地产生问题和追问。在《英国工业革命》这堂课上,教师简介理查德·阿克莱特的生平——从贫穷理发师到英国最富有的纱厂主。学生激动地概括"阿克莱特的生平简直就是一部理发师的成功创业史啊"。教师趁机以创业为话题设置历史情境,引导学生依据18世纪中叶英国的国内外环境,扮演阿克莱特和阿克莱特的朋友们。通过朋友追问阿克莱特的创业可能性,学生很容易理解英国发生工业革命的条件和前提。

学生继续追问"阿克莱特"在哪里建厂呢?却发现受制于当时的条件,无法自由地选择厂址。学生也自然地理解了"万能蒸汽机"成为工业革命时代最重要的发明,这一知识点的发现也成为推动课堂学习的重要助推力,从而打开了工业革命进程的学习思路,通过对动力——能源资源——交通运输等一系列问题的解决,理解了工业革命过程中的逻辑关联。

在这堂教学实践课中,教师以"阿克莱特的人生"创设历史情境,引导学生对话阿克莱特,通过逻辑性的追问与解决,逐渐勾勒出工业革命的问题系统,培养了学生认识和评价优秀文明成果的历史解释核心素养。

2. 制造悬念法

在《罗斯福新政》这堂课上,开篇出示了这样一段材料:他的一位朋友感慨万千地对他说,"假如你成功了,你就是美国历史上最伟大的总统。"罗斯福总统沉郁良久,带着预言家的口吻说,"假如我失败了,我将是美国历史上最后一位总统。"像戏剧或电影中惯用的手法一样,这个悬念立刻激发了学生进一步追问的好奇心。

罗斯福是谁?他做了什么?他为什么这样做?他遇到苦难和反对了吗?他成功了吗?他是怎样的一个人?……以罗斯福这位历史人物的生平事迹为线索展开,通过这一系列追问,学生从伟大历史人物的重大活动中感受历史人物对历史的巨大作用。通过构建问题系统,学生学会在特定的时空条件下,理解和评价历史人物,唯物史观下的历史解释核心素养得以落实。

3. 认知冲突法

在《九一八事变》这堂课上,课前预习后学生提出了很多问题,如:九一八事变是怎么发生的?为什么发生?结果怎么样?有何影响?……为了将这些问题的解决变成深度思考、理性探索的过程,教师提供了当时日方《盛京时报》和中方《申报》有关这一事件的不同新闻报道,学生们满脸狐疑,追问道:"为什么《盛京时报》报道中国人炸毁铁路,而《申报》报道日本人炸毁铁路?到底是谁炸毁了铁路?为什么新闻报道会不一致?"这一连串问题的解决,也就聚焦本节课的核心问题——如何辩证地理解不同新闻报道的史料价值,如何辨别新闻报纸的真伪并求证真相?充分体现出史料实证和历史解释核心素养的落实。

◎ 专家点评 ◎

问题化学习是让学生学会提出问题启动思考,在解决问题中晓方法、通逻辑,在进一步追问和继续解决问题中形成历史思维,在历史思维中沉淀核心素养。保护学生的好奇心和探究欲望,适当留白,把思考的权力还给学生,是对学生的解放,也是对老师的解放。放手何尝不是一种最好的策略。

• 解决问题三:如何通过学材开发与合作设计引发学生有效追问?

◎ 实践困惑 ◎

如何让学生对问题的再次发现与追问行为自然而然地发生,并且得到循序渐进的培养。学材的开发与合作学习活动的设计或许是一个好途径。

◎ 操作分享 ◎

对于一个历史人物,学生必然会产生对他的好奇心,引发出一个又一个问题,想要去了解他,进而去评价他,但对于历史的解释,即使是客观的事实,每位同学也会产生不同的评价,"唐太宗违背伦理道德杀害自己的兄弟,为什么还要肯定他?""武则天精心治国,形成了'贞观遗风'的社会形态,为什么还会遭到后世如此多的批判?""评价历史人物有标准吗?"

这些问题是学生在认识与解释历史的过程中所发生的,那么对于历史人物我们该如何评价?采取什么样的史学思想方法?以初中历史课《从"贞观之治"到"开元盛世"》①为例,看看如何通过有效的学习材料与合作活动的设计实现学生的深入学习与追问。

表 10.2　评说唐太宗

第一类材料	第二类材料
材料一:"太宗文武之才,高出前古。盖三代以还,中国之盛未之有也。" ——北宋·司马光 材料二:"李世民大帝是中国最杰出的英明君主之一,他用他高度的智慧,殷勤而小心地治理他的帝国,不久就为中国开创了第二个黄金时代。" ——当代著名台湾作家柏杨 材料三:"朕践祚(即位)以来,正直之士,比肩于朝,未尝黜责一人,朕所以成今日之功也。" ——李世民	材料一:"(唐太宗)夸大而好名。" ——南宋皇帝赵构 材料二:"昔唐太宗繁工役,好战斗。" ——明朝皇帝朱元璋 材料三:"贞观后期的唐太宗封建帝王的骄奢纵欲,大肆挥霍,必然会大大加重人民的徭役负担。" ——著名学者朱本政

① 执教:上海市教育学会宝山实验学校,郭玉。

学会追问

出示小组任务单(表10.3):

表10.3 小组任务单

小组名称:_____ 姓名:_____
小组合作学习流程及要求
要求:个人先独立思考,然后小组内讨论交流,并模拟汇报
汇报:小组汇报,组长分配任务,组织好汇报顺序,其他组质疑、补充、追问等。
任务:
1. 组长分工,小组成员分别研究第一类和第二类。
2. 独立思考,你觉得每则材料是从哪个角度来评价唐太宗的?研究同类材料的进行讨论。
3. 小组讨论,你们发现了什么问题?
奖励:小组汇报,每人加1个赞,个人有精彩发言或质疑追问等加2个赞。

◎ 课堂实录 ◎

师:小组讨论,你们发现了什么问题?

生:我发现每个人对唐太宗的评价都不一样。

师:有什么不一样?

生:一类是赞扬他的功,一类是说他的过。

师:那你觉得单独地看一类评价全面吗?该怎么评价?

生:我们评价人物应该全面,一分为二。

生2:老师,我要追问,难道我们对每个历史人物都要持有"中庸"的态度吗?是不是要有一个标准?

师:对的,这个标准就是,看他是否有利于发展,主要包括国家稳定、社会发展、民族交融、人民生活,就像我们说唐太宗的"贞观之治"。

课堂评析:教师通过让学生概述唐朝的建立,观看历史剧《太宗罢朝》,阅读教材中的治国举措部分等内容,使学生从唐太宗的"政治身份"、"个人品性"、"治国举措"多视角去评价历史人物。这一环节是"如何评价历史人物",要想让学生得出评价人物的史学思想方法,就必须考量初中学生的思维过程,于是我先出示不同视角的图片,让学生知道视角不同,对历史人物的认知也会产生偏差。接着,引导他们要从史实出发,也就是"论从史出",这时候再根据他们的疑问设计了小组任务单,让学生去分析两类材料,发现问题,一步一步,慢慢深入了解要"一分为二"地去评价历史人物。最后,结合学生的问题"我们对某个历史人物的态度是什么?"引导他们评价历史人物还有一个"重要标准"。

这一系列学习活动,从学生的问题出发,教师加以引导,学生渐渐清晰了评价人物的史学思想方法:"首先,论从史出,从历史人物的政治身份、个人品性、治国举措等多视角,一分为二地去评价,再以是否有利于发展这一重要标准去客观评价历史人物"。

◎ **专家点评** ◎

郭玉老师通过提供有效的学材与合作学习活动的设计,让学生在阅读材料的过程中自然产生问题,同时通过合作任务的设计与评价让学生的问题有效呈现出来,于是在交流过程中的追问就自然而然地发生了。

第三节　课例推介

【高中历史课例】　《工业革命》[①]
——创设历史情境培养学生追问·"对话理查德·阿克莱特"

◎ **概述** ◎

谨记钱穆先生的教导,对历史保持"温情与敬意"。历史学习与教学莫不是今人与故人跨越时空的对话,"温情与敬意"的理解。

英国人理查德·阿克莱特生于1732年,殁于1792年,一甲子的人生正好经历了轰轰烈烈的英国工业革命时期,其从贫穷理发师到贵族豪富的传奇发家史正好折射出英国工业革命的兴起、发展与强盛之路。因此,在《英国工业革命》这堂教学实践课中,教师以阿克莱特为本堂课的核心历史人物,创设历史情境,引导学生

[①] 执教:上海市宝山区海滨中学,蓝文仙。该课例选自华东师范大学出版社高中历史第四册。

对话阿克莱特,通过逻辑性地追问与解决,深化历史思维,培养学生的历史学科核心素养。

所谓历史教学情境,是指知识在其中得以存在和应用的环境背景或活动,其特点和功能是能够激发和推动学习者的认知活动、实践活动以及情感活动等,能够提供学习的素材。历史课程的情境教学,有利于激发学生的学习兴趣和情感,使其主动地参与学习和思考,产生问题和追问,自然而然地发生了深入探究,在愉悦的认知探究过程中,不仅掌握了历史知识,而且逐渐形成历史学科思维。在《英国工业革命》这堂课中,阿克莱特的人生便是很好的历史情境的素材。

◎ 案例呈现 ◎

1. 创设有话题的历史情境,激发学生有问可追

教师简介理查德·阿克莱特的生平——从贫穷理发师到英国最富有的纱厂主,学生激动地概括"阿克莱特的生平简直就是一部理发师的成功创业史啊",教师趁机问道:"有同学想过创业吗?"教师创设情境并组织小组活动。

依据18世纪中叶英国的国内外环境,结合你的已有知识:①请有创业想法的学习小组扮演阿克莱特的角色,思考创业的条件。②请其他小组扮演阿克莱特的朋友,来问问阿克莱特的创业想法,帮助他更好地思考创业的可能性。

表 10.4 追问"阿克莱特"

学生追问"阿克莱特"	教师板书
学生1:有钱吗?	——资本
学生2:有工人吗?	——劳动力
学生3:有市场吗?	——市场
学生4:有技术吗?	——技术
学生5:有政府支持吗?	——政治前提

"创业"这个情境设置,学生有兴趣、有话题可谈,积极追问"阿克莱特","阿克莱特"厘清了创业思路,同时以小人物的创业条件,结合英国国内外环境,学生很

容易理解英国发生工业革命的条件和前提。

2. 创设有启发的历史情境,追问生成自然探究

学生6:"你在哪里建厂呢?"继续追问阿克莱特。

"阿克莱特":"人口稠密,劳动力充足,交通便利的城市。"在地图(图10.19)上的 B、D 处建厂。

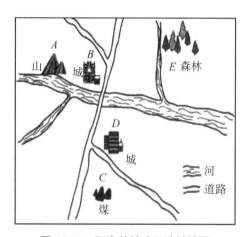

图 10.19　阿克莱特建厂选址地图

学生在地理课上学习过区位条件,因此自信满满。教师此时及时纠正,全面考虑阿克莱特建厂时的具体条件,当时最为先进的是阿克莱特申请专利的水力纺纱机,因此只能在靠近河流的地方建厂。受制于动力方面的局限,阿克莱特并不可以随意选址。教师追问:"是谁解决了动力这个重要问题,使建厂不再受地域限制?"……

"在哪里建厂?""不可以在哪里建厂?"这两个问题启发了学生,促使其开始自然而然地探究工业革命的进程。在对动力——能源资源——交通运输等一系列问题的解决中,理解了工业革命过程中的逻辑关联。

3. 创设有思辨的历史情境,追问深化历史思维

怎样认识英国工业革命的影响呢?教师提供了不同角度的相关史料,引导学生从人、国家、世界三个层面思考。

283

学生1：从人的层面看，工业革命为阿克莱特这样的人带来了财富和地位。

教师：扩大为"阿克莱特群体"来说呢？

学生2：资产阶级获得了经济利益和政治权利。

学生3追问：那工人阶级呢？

……

学生4：从国家层面看，英国成为"世界工厂"。经济结构、文明类型、城市发展等都产生了巨大变化。

教师：从扩大国家层面范围来说呢？工业革命毕竟从英国开始，扩展到美、法、德等国家。

学生5：资本主义国家的发展突飞猛进。

学生6追问：那亚非拉殖民地、半殖民地国家呢？

……

学生7：对世界而言，世界市场开始形成，追随英国开始进入现代化文明世界。

教师：谁是现代文明世界的主导者呢？

学生8：西方资本主义国家为主导。

学生9追问：那东方国家呢？为什么长期落后？

……

学生阅读史料，从贡献的角度概括了工业革命的重大影响；三次追问，从另一个角度认识到工业革命的局限性。利用多角度的史料，设置有思辨的历史情境，培养学生从不同角度追问，深化了学生辩证的历史思维，提高了历史学科历史解释的核心素养。

◉ **案例分析** ◉

问题化学习始终从问题出发，遵循着"提出问题、解决问题——追问问题，探究问题——提炼方法，深化思维——优化路径，提高素养"的学习过程。追问的关键环节，是学生探究学习的驱动力，对培养学生的追问能力至关重要。有话题、有启发、有思辨的历史情境，为培养学生追问习惯搭建平台。本课通过历史情境法，层层推进课堂教学，在追问中逐渐明晰学习路径，建构问题系统(图10.20)。

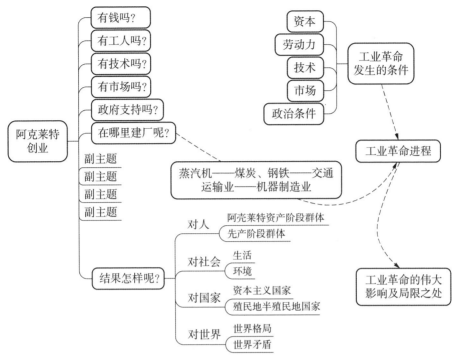

图 10.20 "工业革命"问题系统

◎ 专家点评 ◎

创设有话题、有启发、有思辨的历史情境,使学生有问可追,有问可思,有问可辩,通过体验式学习和小组合作学习的方式,在追问与解决追问的过程中,提升了面对具体情境、运用历史方法解决历史问题的能力,重点落实了多视角辩证地评价工业革命的历史解释能力。

【初中地理课例】 《亚洲的地形》[①]

◎ 概述 ◎

教育部制定的 2017 年版的《普通高中地理课程标准》中,地理学科核心素养包括人地协调观、综合思维、区域认知、地理实践力四个方面。上海市初中地理教

---

① 执教:上海市教育学会宝山实验学校,缪同梅(该课例选自初中地理六年级下册)。

学的基本要求中关于地理学科核心能力的描述包括两大能力，地理空间思维能力和地图技能。在设计《亚洲的地形》的学习过程中，该如何通过追问培养学生的地理学科核心素养呢？

六年级学生经过一个学期的学习，前面已经学过日本、印度、埃及、德国，学生对学习国家地理已经有一些感性的认识，刚刚具备一定的地理读图能力和分析能力，但运用相关地图学习和分析地理现象的能力，还需要课堂教师的指导。另外，第一学期主要是分国家、分地区地认识世界地理概况，对于全球地理概况还没有形成整体概念，而本节课就是要让学生从整体上来感知地理要素之间的关系。

◉ **案例呈现** ◉

1. 追问学生的起点问题，构建问题系统，培养学生的地理综合思维

本课是初中地理六年级第二学期的教学内容，属于学生需要重点掌握的全球篇中的《陆地与海洋》章节的第二小节《世界的地形》中的一部分内容。关于亚洲地形的知识教材所涉及的内容很少，学生之前没有学习过世界地形的相关知识，没有知识的储备和能力。因此，本节课在设计时，试图将学生的问题作为教师上课要解决的问题。课前要求学生以小组为单位，围绕"亚洲的地形特征是什么？对其他地理要素有什么影响？"这一核心问题进行讨论，小组成员提出了很多相关问题，比如：高度如何？面积多少？分布位置？对气温有什么影响？每个小组根据相关的问题构建自己小组的问题系统，全班5个小组共有6个问题系统，然后对这些小组的问题系统进行分类汇总，优化构建全班学习的问题系统（图10.21、图10.22和图10.23）。另外，针对教材内容较少，不足以支持和解决学生的问题，本课对教材内容进行了处理，增加相应的景观图片和图表数据，将重点放在亚洲的地形特征及对河流气候的影响，突出地理要素之间相互联系、相互影响的关系，以此培养学生的综合思维的地理核心素养。

第十章 史地课堂中的追问学习

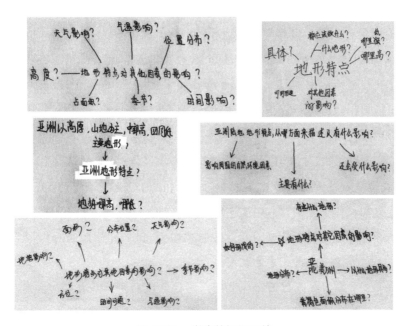

图 10.21 学生的问题系统

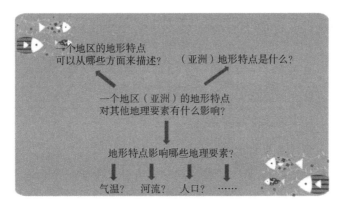

图 10.22 初步的问题系统

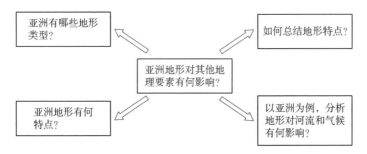

图 10.23 优化后的问题系统

2. 追问学科问题，培养学生的地理区域认知素养

在《亚洲的地形》这一课例中，通过师生互动追问，形成问题链：什么是地形？→亚洲有哪些地形类型？→亚洲地形有什么特点？→亚洲地形对其他地理要素有何影响？（对河流流向，对降水，对气温有何影响？）

教学片段：

师：展示神秘的《蝴蝶图》的故事，19世纪末，红河谷里的藏族人抓到了两个英国人，搜出来一些画有许多密集线条的图纸，他们说是捉蝴蝶的，图纸上画的是蝴蝶。藏族人收留了他们，而且还和他们成为了朋友。但这几张"蝴蝶"图后来却带来了侵略者——英国军队。对于这几张蝴蝶图，你们有什么追问？

生：这些"蝴蝶图"到底是什么图呢？有何作用？

生：什么叫等高线地形图？什么是分层设色地形图？两者有何区别？

生：这些地形图有什么作用？

生：地球上有哪些地形？

生：我还想知道，这些地形图是怎么绘制出来的？

……

师：亚洲有哪些地形？

生：亚洲地形有什么特点？

生：如何分析一个地区的地形特点？

生：分析地形特点有何作用？

生：我还有一个疑惑，地形图如何阅读？有什么方法？

……

◎ **案例分析** ◎

本节课在教学过程中，以学生的问题为起点，将学生的问题系统用磁条贴始终呈现在黑板上，紧紧围绕学生构建的问题系统来展开学习。然后把一个个问题引到地理思维能力的培养上来。比如，亚洲地形有何特征？我们通过什么方法可以解决这一问题？比如读图方法，资料怎么分析，如何进行比较等，掌握了这些方法，以后无论遇到什么样的地区我们都可以尝试自己去解决。接着，分析这样的

地形特征对其他地理因素有何影响？比如对河流流向、对气候的影响？让学生真正理解和掌握地理要素之间是相互影响、相互制约的整体。

◎ **专家点评** ◎

地理核心素养中的区域认知、综合思维等如何培养？这需要通过对地理位置分布、地形、气候等地理要素的学习来实现。这些地理知识零散而杂乱，切忌简单粗暴地死记硬背。本节课通过师生间的不断追问，产生问题，并将问题进行整理，形成问题链和问题系统，不仅学习了学科知识，更是将这些地理学科核心素养渗透其中，值得肯定。

第十一章 艺术课堂中的追问学习

第一节 追问与艺术学科核心素养培育

艺术学科包括音乐、美术学科,也包括普通高中综合性艺术课程,以及其他门类的艺术类课程。

一、艺术课程核心素养

1. 艺术学科核心素养

教育部制定的 2017 年版《普通高中艺术课程标准》综合归纳了艺术学科的核心素养是学科育人价值的集中体现,是学生通过学科学习而逐步形成的正确的价值观念、必备品格和关键能力。艺术学科的核心素养主要包括艺术感知、创意表达、审美情趣、文化理解。四个核心素养之间不是递进关系,而是不同维度的体现,具有紧密的内在联系。

2. 音乐学科核心素养

音乐课程的价值在于为学生提供审美体验、陶冶情操、启迪智慧;开发创造性发展潜能,提升创造力;传承民族优秀文化,增进对世界音乐文化丰富性和多样性的认知和理解;促进人际交往、情感沟通与和谐社会的构建。教育部制定的 2017 版《普通高中音乐课程标准》中将音乐学科素养归纳为审美感知、艺术表现、文化理解三个方面。

3. 美术学科核心素养

美术课程的价值在于陶冶学生的情操,提高审美能力;引导学生参与文化的传承和交流;发展学生的感知能力和形象思维能力;形成学生的创新精神和技术意识;促进学生的个性形成和全面发展。[1] 美术学科核心素养主要包括图像识读、美术表现、审美判断、创意实践和文化理解。

二、追问与艺术课程核心素养之间的关系

1. 在追问学习中促进艺术感知形成

《艺术概论》中对艺术感知有一个清晰的界定,艺术感知能力包含三层含义,一是感觉的能力,包含眼观、耳听、触觉、味觉等。二是认知能力,也就是大脑对信息处理的能力,包括综合分析、形成概念、判断现象等,认知能力首先是有天赋基础的,然后是在后天培养上不断提高。三是感觉和认知之间的转换能力,感觉到的事物被大脑处理,形成理性的东西,在认知的基础上对外在事物的感受力就可能加深,如此循环往复。

例如:高一艺术课《戏剧传情演绎人生》课前小组合作的学习片段,学生针对"戏剧"讨论/提问。

生:我了解到戏剧是指以语言、动作、舞蹈、音乐、木偶等形式达到叙事目的的舞台表演艺术的总称,是由演员扮演角色在舞台上当众表演故事的一种综合艺术。那么春晚的小品属于戏剧范畴吗?

生:戏剧的表演形式多种多样,通常包括话剧、歌剧、戏曲、舞剧、音乐剧、木偶戏等。那么歌剧和音乐剧又有什么区别呢?

生:《剧院魅影》是歌剧还是音乐剧?

生:中国戏剧的发展前景中存在哪些问题?

生:昆剧是最早被列为联合国非物质文化遗产的,京剧更是我们国家的国粹,

---

[1] 《全日制义务教育美术课程标准(实验稿)》《普通高中艺术课程标准》《普通高中音乐课程标准》

可是我们学生大多数对此不太了解,也没有什么很大的兴趣,如何改变这一现状呢?

在学生小组合作学习的过程中,通过组际间学生的相互提问与追问,了解到戏剧的基本常识和概念,理解不同概念之间的差异,了解不同戏剧种类的特征。戏剧按照表演形式可以分为歌剧、舞剧、话剧、音乐剧等等;按剧情繁简和结构可以分为独幕剧、多幕剧;按题材所反映的时代可以分为历史剧和现代剧;按矛盾冲突的性质可以分为悲剧、喜剧、正剧;按演出场合可以分为舞台剧、广播剧、电视剧等。在提问与追问的过程中,对戏剧这门艺术的一些基础性、常识性的知识体系有了一个清晰而较为完整的了解,提升了学生的艺术感知能力。

2. 在追问学习中形成审美情趣

审美情趣包含了"审美情感"与"审美趣味",即审美情感评价和审美鉴赏力,审美的偏好、倾向性、选择性和审美鉴赏、审美判断,都具有个体差异。艺术学习,最终是培养和提高学生高尚的审美情趣,在复杂多变的艺术现象中形成自己的审美判断。

学生在艺术学习的追问过程中,促进了客观、理性的思考,这样的学习过程既尊重了学生个体的差异,又对其审美情趣有一定的引导。

例如:高一艺术课第一单元《绘画》中的一个教学片段

师:同学们,了解了中国画与西方绘画的风格特征,那么谈一谈你们现在接触最多、最喜欢的是什么画?

生:日本漫画。

师:能谈一谈为什么喜欢日本漫画吗?如果让你说一说日本漫画的不足,你觉得还可以在哪些地方有所提高?

生:画风比较好、制作上很精致,如果说不足之处,我觉得有些故事情节不太好。

师:能用之前中国画和西方绘画的学习方法进一步认识日本漫画吗?你的问题是?

生:日本漫画的发展过程是怎样的?

生：日本漫画的代表作有哪些？风格特征是怎样的？

生：日本漫画与中国画有联系吗？

生：日本漫画的局限性是什么？

很多学生对日本漫画有感性认识，教师引导学生应用之前学过的绘画知识对日本漫画进行再次追问，其中包含了美术鉴赏的规律和方法，然后通过之后的讨论促使学生形成自己的审美判断与审美价值取向。

3. 在追问学习中提高艺术表现与实现创意表达

艺术表现力，是通过对美的事物、美的作品的具体、鲜明的形象感染人，调动人的积极情感，激发人们运用多种方式创造性地表达对事物、作品的理解。

创意表达是艺术学习的核心素养之一，也是艺术学习更高层次的艺术表现。创意表达源于创意思维的形成，在艺术学习的过程中积累长期的艺术知识及丰富的艺术体验与阅历，经过长期的欣赏积累，在欣赏中获得启迪，同时结合自己的个性与审美喜好，形成自己的创意思维，从而产生创意表达。

在艺术课堂的学习中，通过教师追问，引发学生的联想，从而产生灵感，形成创意思维，并形成创意表达。

例如：初中音乐课《芬兰颂》小组合作创编的教学片段

师：你们听这段音乐，大脑中呈现了怎样的画面？

师：这样的画面你是从哪里感受到的？

师：除了画面，这段音乐还可以用什么样的艺术表现形式来展现音乐的内容？

……

4. 在追问学习中升华文化理解

文化理解就是通过音乐感知和艺术表现等途径，理解不同文化语境中音乐艺术的人文内涵。在艺术学习的过程中，追问艺术作品产生的根源，追问艺术现象表达的思想与情感等等。在这样的过程中升华对作品的理解，从而上升到对文化的理解！

例如：高中音乐欣赏《歌剧与音乐剧》的教学片段

生：中国歌剧与西方歌剧在艺术审美上的差异是什么？

生：产生这种差异的根源是什么？

三、艺术课程中的问题类型与追问视角

1. 问题类型

根据学科的核心素养与上海市艺术学科教学基本要求的培养目标，艺术学科基本的问题类型可以分为以下几种：

（1）艺术感知型问题

艺术感知型问题包括艺术形式的基本概念、基本结构，以及艺术形式的相关性与综合性。感知艺术门类的基本特点、艺术形式的多样性与综合性，艺术作品的结构、艺术表现中的结构运用、艺术形式的综合表现，这些方面的问题可以归纳成为艺术感知型问题。例如：交响乐由几个乐章组成？逆锋用笔、中锋用笔、侧锋用笔和笔法、墨法之间的联系是什么？

（2）审美判断型问题

对艺术的时代特征、风格特征、艺术的民族与地域特色、艺术家和艺术流派等有一个清晰的了解和认识，形成审美判断。例如：顾恺之是什么年代（朝代）的画家？他的艺术风格是什么？还有什么其他的代表作吗？中国大写意人物画是什么意思？还有小写意吗？

（3）艺术表现与创意实践型问题

创意实践是尝试运用不同的手段和形式构思艺术创作手法，表现特定的主题或者思想感情，在创作的过程中对创作手法、表现方式产生的问题和疑惑。例如：中国画中的笔法和墨法的运用和表现意图之间有规律吗？如何运用话剧语言技巧来塑造人物？在塑造角色上还有哪些艺术表现方式可以完善我们的演绎？

（4）文化理解型问题

艺术是文化的一个载体，通过不同的艺术作品，不同的艺术表现形式，透射出其背后的文化内涵，在艺术学习的过程中，我们透过艺术现象所产生的一些深层次的疑惑，可以归纳为文化理解方面的问题。例如：赵孟頫的观点对于后世有哪

些影响？画家所处时代的历史背景、政治氛围和书画作品有关系吗？

2. 追问视角

（1）五何问题

艺术学习中有哪些追问视角？可以运用"五何"追问视角进行追问学习。什么是五何追问视角？在本书的第二章中对"五何"追问视角已经有了一个明确的阐述。"五何"追问视角的课堂实践，以高中艺术教材第二学期第5课戏剧《内心体验 真实再现》为例：

① 追问"是何"：什么是话剧？——关注概念

② 追问"如何"：如何运用话剧台词技巧塑造人物？——关注应用

③ 追问"为何"：我们为什么用这样的方式演绎这个角色？——关注意义

④ 追问"若何"：假如不用这种技巧，我们还有哪些技巧可以达到这个艺术效果？——关注创造

⑤ 追问"由何"：《雷雨》为什么会成为话剧经典？——关注根源

（2）各阶段美术学习中的追问视角例举

表 11.1 义务教育阶段美术学习内容的提问/追问视角

分类问题视角 \ 学段（年级）	第一学段（一、二年级）	第二学段（三、四年级）	第三学段（五、六年级）	第四学段（七至九年级）
造型·表现学习领域	对工具及其作用提问；对各种媒材的特性追问；对表现方法提问/追问。	对形、色与肌理等美术语言提问；对如何学会使用各种工具提问；对不同媒材的效果提问/追问；对表现方法提问/追问。	对形、色、肌理和空间等美术语言提问；对描绘和立体造型的方法提问；对如何选择适合的工具、材料提问；对记录与表现方法提问/追问；对构思与创作提问/追问。	对如何运用形、色、肌理、空间和明暗等美术语言提问/追问；对如何选择适合的工具、材料进行绘画和雕塑等不同的方法创作追问；对如何通过个性的表现能力以传递自己的思想和情感追问。

续　表

分类问题视角 \ 学段（年级）	第一学段 （一、二年级）	第二学段 （三、四年级）	第三学段 （五、六年级）	第四学段 （七至九年级）
设计·运用 学习领域	对不同的工具应用方法提问； 对身边易找到的各种媒材提问； 对简单组合和装饰的设计制作方法提问/追问。	对对比与和谐、对称与均衡等组合原理提问； 对一些简单的创意和手工制作的方法提问/追问； 对设计制作与其他美术活动的区别提问/追问。	对对比与和谐、对称与均衡、节奏与韵律等组合原理提问； 对一些简单的创意、设计方法和媒材的加工方法提问； 对设计制作与美化身边环境的关系提问/追问。	对主要的设计类别、功能提问； 对对比与和谐、对称与均衡、节奏与韵律、多样与统一等组合原理提问； 对利用媒材特性，进行创意和设计提问/追问； 对设计与生活的联系追问。
欣赏·评述 学习领域	对自然和各种美术作品中的形、色之美提问； 对形色之美与感受的联系提问/追问。	对自然和各种美术作品的形、色与质感所引发的美感提问； 对他人的欣赏感受提问。	对自然美和美术作品的材料、形式与内容等特征与引发美感之间的关系提问； 对美术表现的多样性，能用一些简单的美术语言提问； 对他人表达自己对美术作品的感受和理解进行提问。	对自然美和美术作品的材质、形式和内容特征的多角度欣赏提问； 对中外美术发展情况提问； 对美术作品和美术现象提问/追问。
综合·探索 学习领域	对造型游戏的规则提问； 对有主题的想象、创作、表演和展示提问/追问。	对造型游戏的规则提问； 结合语文、音乐等课程内容，对进行美术创作、表演和展示提问/追问； 对他人的创作意图追问。	对美术与科学课程和其他课程的知识、技能相结合的过程提问； 对结合学校和社区的活动进行的策划、制作、表演与展示提问/追问； 对美术与环境及传统文化的关系提问/追问。	对美术与传统文化及环境的关系提问； 对用美术的手段进行记录、规划与制作提问/追问； 跨学科学习，对共同的主题和共通的原理追问。

表 11.2 高中阶段美术学习内容的提问/追问视角

模块		内容建议	提问视角
美术鉴赏	鉴赏基础	➢ 美术语言及鉴赏方法 ➢ 从美术与自我、美术与社会、美术与自然等方面认识美术的价值和作用	➢ 对中外优秀的传统美术作品提问；对具有时代特色和文化内涵的近现代美术作品以及与生活经验相关联的美术作品提问。 ➢ 对学习美术鉴赏的基本方法提问。 ➢ 对美术术语叙述以及通过造型、表演等多种表达方式提问/追问。 ➢ 进行自主学习、研究性学习与合作学习,对多种途径收集资料的方法提问/追问。 ➢ 参观美术馆、博物馆、艺术作坊等,调查、考察美术现象并追问。
	鉴赏内容	➢ 中国古代、近现代优秀美术作品 ➢ 外国古代、近现代优秀美术作品	
模块		学习活动建议	
绘画·雕塑	绘画	➢ 对课堂上欣赏的绘画、雕塑作品提问,对他人表达的感受与理解提问。 ➢ 对形体的明暗、虚实和色彩的冷暖以及空间等现象提问。 ➢ 通过绘画活动,对比例、构图、明暗、透视和色彩等知识的运用方法提问。 ➢ 对多种工具、材料与不同的艺术效果联系追问。 ➢ 对中国画、素描、水粉画、水彩画、油画、版画及卡通等绘画类别中的某些基本技法、表现形式提问/追问。	
	雕塑	➢ 对如何运用金属、草木、织物、废弃物等自然物、人造物进行综合材料的创作提问/追问。 ➢ 对雕塑语言、类型和制作方法提问/追问。 ➢ 对他人的绘画作品或雕塑作品提问。	
设计·工艺	设计	➢ 对具有鲜明艺术特色、文化内涵以及与生活经验相关联的设计、工艺作品提问；对他人表达的感受与理解追问。 ➢ 对根据实用功能和审美要求进行有创意的构思和设计的方法提问/追问。 ➢ 对了解各种工具的功能和正确的使用方法提问。	
	工艺	➢ 对计算机平面设计的基本操作方法提问。 ➢ 对他人的设计作品或工艺作品提问/追问。	
书法·篆刻	书法	➢ 对课堂上欣赏的具有鲜明艺术特色、文化内涵的书法、篆刻作品提问/追问。 ➢ 对中国书法、篆刻艺术发展的基本过程及其与中国传统文化的关系提问。 ➢ 通过观摩、分析和临摹等方法,对传统的笔法、章法、篆法、刻法等技法及表现形式提问/追问。	
	篆刻	➢ 对不同的毛笔、刻刀等工具以及宣纸、刻石等材料产生的艺术效果提问。 ➢ 对他人的书法、篆刻作品追问。	

续表

模块		学习活动建议
现代媒体	摄影摄像	➢ 对课堂上欣赏的具有鲜明艺术特色、文化内涵以及与生活经验相关联的现代媒体艺术作品提问/追问。 ➢ 对他人用美术及相关术语表达的感受与理解提问/追问。 ➢ 对如何根据某一题材(如风景、人物、花卉等)进行摄影、摄像提问。 ➢ 对如何根据某一主题或社会热点问题编写脚本,并进行拍摄、编辑和加工处理提问。
	电脑绘画电脑设计	➢ 选用相关计算机软件,对如何进行电脑绘画创作和电脑设计(平面设计、动画设计和三维立体设计)提问。 ➢ 选用相关计算机软件设计,对如何制作网页,进行传播和交流提问。 ➢ 对他人的研究性学习最终的展示成果提问/追问。 ➢ 对他人的现代媒体艺术作品提问/追问。

第二节　工坊研修

◎ **研修问题** ◎

1. 艺术学习中可以在哪些地方追问?
2. 学生的问题如何梳理和聚焦?
3. 课堂进程中如何进行追问实现难点突破?
4. 孵育学生追问的策略有哪些?

◎ **研修步骤** ◎

- 解决问题一:艺术学习中可以在哪些地方追问?

◎ **实践困惑** ◎

相比以前,我们现在可以为学生提供丰富的图片、视频等影像资源以帮助学生了解相关内容,但是由于并非实地考察,还有时代背景不同等原因,学生很难身临其境、感同身受。"追问"如何帮助学生在课堂里追根溯源?

◎ **操作分享** ◎

1. 对作品的艺术背景进行追问

以高中美术课《中国建筑艺术——古典园林》的教学片段为例。

教师：说起中国古典园林，大家一定学过叶圣陶先生的《苏州园林》，那么叶先生为什么写苏州园林？换句话说，叶先生当时的写作背景是什么？

学生A：我记得《苏州园林》这篇文章最初是一篇《序》。

教师：确实，《苏州园林》是1979年，叶圣陶先生为一家香港出版社的摄影集写的《序》。

教师提供阅读材料。

学生B：关于外国人如何看待中国园林这个问题：19世纪，欧洲人对中国园林艺术满怀敌意，19世纪末开始，英国人对中国园林的描述趋于欣赏。

学生C追问：为什么会有这样的（态度）变化呢？

学生B：鸦片战争前夕，欧洲人对蒙昧中的中国猜忌、不解，充满恶意，而19世纪末，英国对于他们所控制的亚洲势力趋于满意。艺术欣赏应该与政治有关。

学生C追问：那么现有艺术鉴赏的观点是否就是唯一标准？那么作为家喻户晓的苏州园林就一定能代表中国山水文化吗？

学生B：当然不是，依赖特殊历史阶段的鉴赏解读，偏重维持现有园林建筑实体就像苏州园林并大力宣传，会有弊端，会把"古典园林"与"苏州园林"划成等号。

教师：确实，这会忽视了中国文化中对山水的（自然或人工）深层含义的追求，山水观的几经巨变恰恰是中国自然哲学思想的根本，这也是古典园林与中国山水文化传统的联系。

学生B追问：那么我们应该如何正确理解和欣赏中国园林艺术？

……

简析：教师由"叶圣陶先生的《苏州园林》的写作背景"这个话题切入，学生在一次次追问中，体验到跨学科学习于美术鉴赏学习的重要性；在追问过程中，学生通过对问题审辨式的思考，引出核心问题："如何正确理解和欣赏中国园林艺术？"

2. 对作者的创意内涵展开追问

以初中美术课《加莱义民》为例，第二小组学习成果展示：一人饰演记者、一人饰演罗丹，两人饰演《加莱义民》中的雕塑。

"记者"问"罗丹"：罗丹先生，请问，我们通常看到的英雄雕塑都被放在高高的底座上,这样方便世人"瞻仰",为什么您塑造的英雄却直接放在地上呢?

"罗丹"追问"记者":记者先生,在你看来,"英雄"是神还是人?

"记者":"英雄"首先是人……

"罗丹"追问:是啊!"英雄"首先是人,你不觉得将雕塑置于地面,观者更能感受到这一点吗?而像你我一样的平凡的人做出了拯救全城的义举,这样的行为更加凸显了"英雄"!

……

简析:学生以四人小组合作学习,四人创设采访情景,在情境中互相追问,以表达对罗丹作品风格和内涵的理解。

3. 对作品的表现手法展开追问

在小学二年级美术课《多视角的脸》一课中,教师出示毕加索的画作《朵拉玛尔》和真人照片(图 11.1),请学生看一看,并且"问一问"画家。

图 11.1 朵拉玛尔

学生 A:毕加索,为什么你把朵拉玛尔画得那么丑?

教师:能不能问得具体一点呢?

学生 B:毕加索先生,你画的鼻子为什么看起来是侧面的,可是多了一个鼻孔?

学生C：毕加索先生，你画的手指像一根根笋，你是怎么想的？

学生D：为什么眼睛看起来很奇怪，一个大一个小，一点也不美？

学生E：毕加索先生，为什么朵拉玛尔的脸被画成一块一块的？

……

简析：通过学生对画家的追问，抓住了立体主义人物抽象画夸张不变形的造型特点，理解了画家使用正面与侧面的五官组合方法完成的作品。

4. 对实践的操作方法进行追问

以小学三年级美术课《漂亮的"扎染"》①为例，学生根据老师提供的材料以及通过书本自学进行"第一次操作"。完成后，作品不尽人意。

图 11.2　漂亮的"扎染"

学生A：为什么我用了好几种漂亮的颜色，最后小手帕却变成黑乎乎一片？

学生B：为什么我的小手帕的花纹不太清晰？

学生C：请问同学，你的花纹是怎么折出来的？

……

简析：在美术学习中，失败的作品不可避免，实践操作中增加一环"试错练习"，满足孩子跃跃欲试的心态，先操作，然后通过对不甚理想的"作品"进行自我

---

① 执教：上海市教育学会宝山实验学校，吴思颖。

追问，以及对他人"作品"的追问，掌握技能方法。

◎ 专家点评 ◎

在艺术学习中，欣赏课可能比较多的涉及到艺术背景和创意内涵，而实践操作课则关系到表现和操作手法，无论是欣赏还是实际操作，通过追问，学生或主动找到了方法，或切身感受到了作者的想法。

• 解决问题二：学生的问题如何梳理和聚焦？

◎ 实践困惑 ◎

在艺术课堂的学习中，如何引导学生深度思考和追问？成为我们教学实践过程中的一个瓶颈。课堂追问未能产生，很大一部分原因是因为学生没有追问的视角和追问的策略。追问产生后，问题太多太散，又怎么办？

◎ 操作分享 ◎

1. 学生追问的引导

学生的追问是可以培养的，首先就是"五何"追问的方法，这种方法在所有学科中都适用，学生了解了"五何"追问法的秘诀，就获得了开启追问学习的钥匙。其次，设计问题支架，学生可以通过支架学习提问与追问。问题支架的应用对低年级学生及初期接触问题化学习的学生而言无疑是一个很好的方法。

2. 课堂追问时机及重点的把握

在课堂实践过程中，追问的时机及重点的把握，直接影响课堂学习的效率。如果追问时机未能把握，那么学生追问的内容与本节课的核心内容相去甚远，也会影响课堂的整体把控。经过实践，我们发现，有效的课堂就是将追问聚焦在核心问题上，在追问中把学生的思维引向纵深，同时又在有限的时间内完成既定教学任务。

3. 学生问题的梳理与聚焦

通过设计导学单，搜集整理问题。导学单在实践应用中可以帮助学生建立本节课的问题链，从而能够有效提出问题。

例如：高中艺术课《雷雨》导学单（部分）。

表 11.3 《雷雨》导学单

活动一：运用语言技巧独立学习
1. 独立思考并填写学单。
我运用_____语言要素塑造_____（身份/性格/内心）。
2. 两人互相演绎一两句台词，实践练习。
3. 各组随机选取一位同学代表，初步合作表演剧本片段。
4. 提问交流：
我听出你运用了_____语言要素，为什么你这么演？
我也是演这个角色，难道_____？

通过设计预学单，聚焦核心问题。例如：在初中艺术课《民歌飘香》中，通过预学单了解了学生普遍存在的问题，再来聚焦本节课的核心问题。

表 11.4 《民歌飘香》预学单

一、以小组为单位，收集学习一首汉族民歌
1. 歌曲名：_____
2. 民歌来自于：_____
3. 民歌的体裁：_____
（如果不能确定，请填写待研究。）
4. 小组合作演绎的方式：_____
5. 我的疑惑：_____

4. 课后问题系统的梳理

我们学习话剧、雕塑、国画、舞蹈、声乐等，都有不同的学习方式，尊重其本身的学习规律。追问在艺术课堂中的价值就是在不同的艺术门类学习中构建出适用于本身的问题系统，学生在学习的过程中运用问题系统，构建知识体系，解读艺术现象，解决艺术问题，找到该门类艺术学习的方法。例如：对话剧《雷雨》的学习，通过问题系统的构建，学生了解了学习话剧的问题系统，在今后的话剧表演中，可以运用问题系统学习其他剧本的话剧表演。

◎ **专家点评** ◎

五何追问、导学单、预学单、问题系统……在教学过程中，每个设计都包含了学生的追问和老师的追问，当问题太多时可以通过二度提问也就是追问将学生的问题聚焦，再引导学生在不同视角展开深度思考。

- 解决问题三：课堂进程中如何进行追问实现难点突破？

◉ **实践困惑** ◉

课堂教学中的难点，原本是"老师的问题"，现在要由学生通过提问/追问来解决突破"自己的难点"，这又该如何设计呢？

◉ **操作分享** ◉

以小学二年级美术课《夸张的面具》[1]为例。

案例描述

这一课主要解决的问题是：通过五官、发饰的夸张变形，完成一个夸张的面具。在课堂中，教师引导学生质疑，形成问题系统，学会追问，突破教学难点，解决核心问题。

1. **导入环节的追问，引出重难点**

实录：学生观看面具视频。

师：你们有什么感受？

生1：我觉得很恐怖。

师追问：恐怖在哪里？

生1：头发，像针一样尖尖的。

生2：我也觉得很可怕。

师引导：有谁能学着吴老师刚才的样子追问他一个问题？

生3追问：可怕在哪里？

生2：它的牙齿特别长，看上去很凶。

……

简析：《夸张的面具》的重难点是：掌握面具夸张变形的特点。教师的追问让学生从初步感受转向对细节的关注；学生学着老师的样子追问，不仅仅是模仿，而

---

[1] 执教：上海市教育学会宝山实验学校，吴思颖。

是提醒学生在创作时候要关注的是对细节的表达与再现。同时也为后面学生提出更有价值的问题埋下伏笔。

2. 新授环节的追问，形成问题系统

实录：新授环节，教师示题，引导学生针对课题提问。

师：今天，就让我们做一个夸张的面具，在做之前，你有什么想要问老师的吗？

生追问：夸张是什么意思？

生追问：怎么做才能做出夸张的样子？

生追问：面具的哪些地方需要夸张？

生追问：怎么画才能画得恐怖呢？

生追问：为什么我们要做夸张的面具，不做漂亮的呢？

……

将学生的提问整理成了下图这样一个问题板书。

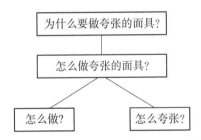

图 11.3 小学美术课《夸张的面具》问题系统

简析：在新课讲授中，传统的课堂就是老师按照教学重难点，逐一进行认真地讲解，将自己的理解全部"喂"给学生。在问题化学习的课堂中，学生提的问题可能会"出轨"；学生的追问也可能会使教师掌控不了课堂；但是，当教师把课堂还给学生，教师能在和学生的互动交流中，逐步聚焦核心问题，共同形成问题系统。

3. 实践环节的追问，突破重难点

实录：在实际操作的过程中，教师示范制作了两个面具后，学生通过比较，再一次地追问，使本课的教学重难点迎刃而解。

教师问：哪个面具更夸张？

学生答：第二个。

师追问：你们觉得夸张在哪里？

生追问：我猜想，这么大的眼睛是为了看到更远的地方，他会不会是千里眼呢？

生追问：第二个嘴巴那么大很夸张，是不是很勇猛，很凶？

生追问：第二个面具的耳朵也很夸张，会不会是他的耳朵特别灵敏，可以听到别的部落的动静？

……

简析："夸张"具体表现在哪些五官？夸张的五官又带来怎样的联想？这种针对表现手法的追问，进一步让学生深度思考，将夸张的手法与表现意图相联系，这也是本节课的重难点。

4. 评价环节的追问，回归学习目标

评价环节中，教师提供追问式评价的语言支架："我很喜欢你的作品。我从你的作品中看到_____（五官）很夸张，你是不是想表现_____面具的特征？"

简析：这是一节二年级的泥塑课，低龄儿童的作品总是充满夸张，而且绝大部分是因为动作不协调而产生的无意识夸张。这节课就是引导学生通过追问来创作有意识的夸张作品。因此，在评价阶段，同样用追问的句式来回扣重难点，再一次强调夸张与表现手法的联系。

 ◎ **专家点评** ◎

课堂不再是老师的"一言堂"，学生学习的积极性、主动性明显有了提高，而且提出的问题也正是需要解决的重难点。教师的追问示范聚焦到了对细节的观察，同时打开了学生的思路。学生在后面的制作过程中，思考怎么做的时候，会有一个自己的思维过程，"我要怎么做？""我为什么要这样做？""面具它发生了什么变化才变成了夸张的样子？"对自己进行追问，才能做出有自己想法的面具。

- 解决问题四：孵育学生追问的策略有哪些？

◉ **实践困惑** ◉

在课堂实践的过程中发现,影响学生追问的因素有以下几个方面:第一,学生已有知识的储备。学生前期知识的储备参差不齐,兴趣爱好存在差异,所以学生的问题也有层次变化。第二,个体生活经历的不同也是影响学生追问学习的一个因素。第三,每个人的艺术感知力有着先天的差别。那么面对不同的学生该如何孵育学生的追问呢?

◉ **操作分享** ◉

1. 课前预习

艺术课的内容很丰富,但又受到课时限制的困扰,往往一个主题,学生还没进入学习的"热身"期就接近学习尾声。对学习内容的不熟悉,制约了学生思考的空间,更别说提问和追问。因此,课前的预习显得尤为重要,教师可以设计预学单,让孩子在预学时就展开思考、记录问题,回到课堂上,因为有了之前的基础,学生更容易提出有价值的追问。

例如,初中美术欣赏课《加莱义民》一课中,学生通过学习罗丹生平以及加莱义民的历史故事,在预学单中提出"《加莱义民》美在哪里?"的问题,正因为有了预学时的思考,所以学生在课堂中提出了有价值的追问:"罗丹是如何通过将雕塑平放地面来表现《加莱义民》的英雄之美?"艺术感知、审美情趣在问答中得到提升。

2. 丰富资源

丰富的课程资源,可以拓展学生的知识面,同时也有利于学生产生"基于证据的追问"。例如,表演课《内心体验 真实再现》中,教师在拓展环节提供了话剧《雷雨》的名家片段,学生观赏之后追问:"名家运用艺术语言表现角色,是唯一的吗?"通过资源学习后的这一问,就充分体现了艺术学习"创意表达"的学科素养。又例如《中国建筑艺术——古典园林》一课中,正因为教师提供了18世纪至19世纪英国园艺的文献资料,学生基于欧洲人评论园林先后态度转变的事实而引发追问:"为什么会有这样的(态度)变化呢?"而后结合历史事实进一步追问:"那么现有艺术鉴赏的观点是否就是唯一标准?"通过阅读资料后的理性思考,学生的追问俨然已是对"艺术鉴赏"的本义发问。这样的深度学习,学生对于中国文化的认同感更强了。在鉴赏类艺术学习中,涉及艺术感知、审美情趣、文化理解多种学科素养,在学习过程中也往往需要跨学科(语文、历史、科学等),丰富的资源是"追问"之源泉,也是深度学习之保障。

3. 创设情景

在艺术学习中,有的追问指向艺术史,有的追问指向创作思路,有的追问指向表现手法,大部分学生因为持有学习者的心理而不适应向学习的对象——大师们提出追问。如果教师创设一些情景,情况就不一样了,例如,在初中美术课《加莱义民》有关"记者"与"罗丹"的对话中,追问、反问都是从角色"记者"和"罗丹"的身份出发,学生演绎得非常自然。又如我们可以模仿2018年法国纪录片《奇趣美术馆》中的情景视角:《美国哥特式》的介绍由画中人物的对话展开:"你为什么总是板着脸?""我是农民,要表现出我生活的困苦,所以我不能笑。"……以名画中人物的对话和表演来展示各种画派的风格特征。

4. 对话生态

由说到问的引导。学生在问题化学习的初期课堂上,表达陈述句更多,例如,在《漂亮的"扎染"》一课中,学生在尝试性操作练习后,面对失败的作品,有的学生陈述:"老师,我的手帕颜色不好看。"却不能体现背后的思考,老师稍加引导"那你的问题是什么?"后,则马上提出"为什么我用了红色、绿色、黄色这几种漂亮的颜色,手帕最后的颜色却是脏脏的?"前者陈述句是对作品结果的描述,而后者疑问句则是在预期效果和实际结果不对等的情况下对操作过程和方法的质疑和反思,激发了学生的进一步思考与探究。

5. 合作探究

在美术课《加莱义民》中的小组展示、表演课《内心体验 真实再现》中的切块拼接台词训练法、音乐课《茉莉花》中的小组合作演奏等艺术课堂上,我们看到越来越多的老师喜欢运用合作学习来解决问题。通过合作,孩子们在与他人的对话中,"追问"成为一种交流的常态。20世纪90年代的邓巴实验发现:信息交流更能激发人们的创意。在小组讨论的过程中,每个人都会重新阐述自己对知识的理解或实践操作的过程方法,重新审视自己在这个过程中遇到的一些问题,也会从与同学交流问题(追问)的过程中获取有价值的信息,群体的智慧碰撞催生出更好的创意。艺术学习离不开独立学习,这种独立学习包含了技艺的练习,还有对于创作的一些思考,然而与人沟通交流的阶段正是创意萌生的土壤,追问让艺术学习走向深度,而"创意表现"也正是艺术学习的核心素养。

◎ **专家点评** ◎

学生的追问哪里来?"孵育"这个词本身就带有"孵"的环境和"育"的引导,资源、情景、生态等都是为孩子创设一个想问、敢问、善问的环境,而课前预习和合作探究就离不开老师的设计和组织,无论是预学单上的问题收集还是合作探究中的互相讨论或给予孩子们追问的支架或提供互相追问的契机,这都是老师的有意识的引导。

第三节 课例推介

一、小学美术长周期项目案例

毕业创作交流(五年级)[①]

(1) 项目内容:绘本创作。

(2) 项目目标:了解绘本的各种创作形式,尝试运用各种工具、材料制作绘本场景,运用之前所学的美术语言的表达方式和方法,通过合作的方式与同伴共同完成绘本毕业创作项目;体验绘本创作带来的乐趣,获得对美术学习的持久兴趣。

(3) 项目过程:项目分组、确定主题、分工创作、作品展示。

(4) 项目初期问题:

---

① 执教:上海市宝山区顾村中心校,王玉娟。

> 学会追问

实录：当老师公布毕业创作的主题是绘本时，学生对于绘本的"固有印象"是平面的书籍，所以当老师出示范例时，学生的问题自然产生：

生1：我们制作的绘本和一般的绘本的区别是什么？

老师解释：绘本创作是一个"从平面到立体，从静态到动态"的过程。

生2追问：绘本怎么会是"立体"的呢？

生3追问：动态是什么意思？又有什么好处呢？

生4追问：是动画片吗？

……

简析：追问在这一阶段，主要帮学生厘清了"是什么"的问题：毕业设计是什么？绘本是什么？动态绘本是什么？……这一类问题。

(5) 项目过程中的问题

实录：在确立了几个故事脚本后，学生自由组成小组，准备开展创作。这时，老师提供给学生一些问题：

➢ 我们的创作需要完成哪些环节？

➢ 怎样的分工更合理？

学生经过讨论，在制定实施步骤的过程中，提出了新的追问：

➢ 我们在创作环节中想运用纸艺进行创作，但是没有和内容相关的参考资料怎么办？

➢ 有的同学画画和手工都很好，包揽了重要的工作，有的同学相反，都很弱，插不上手，感觉没劲怎么办？

➢ 我们课堂上来不及完成，可以在课余时间来制作吗？

➢ 我们在材料收集过程中缺少了一些铝制品，可以和其他小组共享材料吗？

➢ 在拍摄场景的过程中，作品因为移动出现破损怎么办？

……

简析：随着项目的开展，学生的追问时时出现，正是学生的追问帮助老师去完善合作的评价，例如，如何更好地评价能力弱的学生，让每个学生都能充分参与体验创作。正因为学生的问题，所以老师之后设计并完善任务表格，体现每一个孩子的工作,并将之呈现于动态绘本的最后页"主创人员表"中。也正因为学生的追问,老师意识到"自己上网查资料"七个字是远远不够的,老师自己搭建了简易的资源平台,按材质把视频资源分为"千变的丝"、"万化的泥"、"可塑的纸"、"多用的盒"这四类微课程系列,继续深挖,就是四个课程。每个小组一台电脑,有问题先去资源库里找,学生的自主学习丰富了创作方法。

表11.5 绘本《马》的创作的小组分工

主创人员表			
创作内容	负责人员	相关图片	说明备注
背景板设计	黄＊＊	略	草稿设计及主要构图
纸藤马设计	何＊＊	略	确定制作方法与范例
场景布置	白＊＊	略	背景板制作及场景摆放
拍摄/PPT制作	赵＊＊	略	收集拍摄绘本各场景并制作PPT电子书
讲故事配录音	李＊＊	略	为电子书录音及参与场景制作
……	……	……	……

实录:由于主题不同,学生的学习途径、作品都不同,所以产生了同主题异构。

例如:同样是树怎么做都行。没有标准答案激发了学生的创造力。教师根据学生在实际创作中的问题,找资源、分类、上传。而学生的作品也不断地丰富着资源库。创作热情从课堂"蔓延"到课余,清晨、午休、放学后,都可以看到美术教室中埋头创作的身影,随着创作的深入,学生也提出了更多关于创作与表现的深度追问:

> 我们在资源库和网络中找到了不同的树的制作方法,哪一种风格更适合我们的创作设计?
> 纸板上色,水粉虽然有很好的遮盖力,但是像蓝、黄等浅色不够鲜艳,我们尝试了事先铺白纸,但是这样一来就失去了原来纸板朴素的质地,怎么处

理更好呢?
- 在拍摄的过程中,怎么让我们的纸藤马(没有五官)表现出惊讶、思考等表情?
- 为什么我们拍的照片没有原物好看?
- 怎样让声音和画面同步?

……

简析:学生的追问是推动整个项目的动力,教师的指导、资源库,都基于此,而随着学生追问的深入,教师的指导也更具针对性。师生从"完成一件毕业设计"的最初任务转变为真正感受到"体验创作乐趣"的学习目标。

(6) 项目拓展的问题

实录:在项目最后阶段的交流展示中,学生对于自己创作的实物作品和电子作品提出了一系列问题:

- 我们的作品可以带回去吗?如果大家都想要,给谁比较好?
- 我们的PPT做得不太好,可以重新拍重新做吗?
- 我觉得我们做成抖音视频,效果会不会更好?
- 《马》小组的创作很棒,我也想学习,可以录一段制作方法上传资源库吗?
- 用什么样的纸打印我们的作品会显得更漂亮呢?

简析:这一阶段学生的追问体现在作品的保存、再次创作、宣传路径等方面,是对于"毕业设计"的再次思考和提问。另外,这一个项目似乎永远无法"毕业",而学习不正如此吗?不会因某一阶段的课程完结而终止,因为问题会带着我们走向更高的山峰。

◉ **专家点评** ◉

"毕业设计"首先带来了教师的自我追问:从学科全局性理解上我们可以帮助孩子做些什么?无疑,抛开常规,一次长周期创作项目,学习的过程中包括思考、运用、注意、兴趣……学生只有认识到这个技能有什么用才会全力地去学,在实际用的时候知识技能才是融会贯通的。

再来看"毕业设计"中学生的追问:准备什么故事?假如不是呢?角色是什么

样的？场景做多大？怎么做？他那样做我还能怎样做？真正的问题到底是什么？可以做成动画或者视频吗？……有的是关于如何合作的,有的是关于制作方法的,有的是关于情感体验的,有的是关于营销推广的,有的是关于……这么多问题不是一次性出来的,而是层层递进、层层叠加的,我们可以看到学生是在真创作真学习,而不是完成一个任务,学生的问题赋予"毕业设计"这个项目更多生长的动力;从问题我们看到"毕业设计"对于学生的影响,这是他们的学习生涯中值得铭记的"大事件"。

二、初中音乐课案例

聚焦"追问"——初中音乐课《民歌飘香》[①]

◎ 概述 ◎

不同领域的学习有着不同的实践与认识方式,问题的发生,应该是在学科学习的情境中自然发生的。问题解决的过程与方式,也要回归到学科学习的基本规律与过程中去。音乐课程更多的是情感体验、审美与创作等,音乐课中通过对音乐的欣赏、聆听和歌唱来发现问题、追问与解决问题,解决问题的方式也不仅是通过"说"来呈现,可以是在歌声中解决,在表演中体会,在演奏中呈现。

1. 案例背景

本课选自于上教版教材六年级《音乐》第一学期第四单元,六年级学生因为有了小学的基础,他们的音乐兴趣取向表现出了多样化的特征,其音乐经验和能力也得到了较大的丰富和提高。因此,他们需要通过多种形式的艺术实践活动,巩固并提高自己感受音乐、表现音乐、鉴赏音乐、创造音乐的能力。

2. 教学目标

(1) 通过对不同风格的《茉莉花》的提问与追问,初步感受汉族民歌中所蕴含的人文风情以及民歌的特点,了解中国经典民歌在国际舞台的强大影响力,激发

---

① 执教:上海市教育学会宝山实验学校,陈中阳。

学习和探索中国汉族民歌文化的热情。

（2）通过对比欣赏、演唱、分组创作等活动,了解汉族民歌小调体裁;能够完整演唱小调民歌《茉莉花》,并以《茉莉花》的旋律为动机进行综合创编表演。

（3）在分组合作、听唱、问题讨论交流和创作的过程中熟悉民歌旋律,提高音乐感知和表现能力。

3. 案例整体说明

本案例中通过对不同音乐风格的中国汉族民歌《茉莉花》的提问与追问,构建问题系统,以学生的问题为起点,提出核心问题,在深度建构问题系统的过程中寻找到学习的路径,初步感受中国民歌中所蕴含的人文风情,以及汉族民歌"小调"这一体裁的特点。在分组合作创编、问题讨论交流的过程中熟悉民歌旋律,提高音乐感知和表现能力,以此来培育美好的情操、健全的人格,提高综合素质,让学生在音乐学习中体验美、享受美。

◎ 案例呈现 ◎

本节课在学生学习活动的整体设计上分为两个层次,第一个层次是将江苏民歌《茉莉花》与河北民歌《茉莉花》进行对比欣赏。

1. 教学片段一（第一层次的教学片段）

学生 A：江苏民歌与河北民歌《茉莉花》的旋律、节奏与风格情绪分别是怎样的?

学生 B：两首《茉莉花》有什么相同？有什么不同？

（欣赏讨论……）

教师：通过同学们的踊跃讨论,我们得出在旋律方面,江苏版《茉莉花》的旋律特点是渐上渐下的,级进的方式像南方人细腻委婉的性格,而河北版《茉莉花》旋律很多是大跳的音程,这是北方人豪爽性格的特点,并且句尾运用了北方戏曲的那种拖腔,也就是一字多音。节奏方面,江苏版《茉莉花》很紧密,河北版《茉莉花》就很分散。风格情绪方面,江苏版《茉莉花》委婉优美,河北版《茉莉花》则相对更加爽朗、大气。那么通过对比欣赏两首《茉莉花》,你能发现什么问题?

学生 C：为什么一样的歌名,表现相同内容的民歌,在不同地域会产生风格上的差异？深层原因是什么？

学生D：汉族民歌"小调"这一体裁的特点又是什么？

欣赏江苏版《茉莉花》前先引导学生提出问题，讨论后再导入欣赏河北版的《茉莉花》，通过比较聆听、模唱等方式让学生发现问题，随着问题解决的深入，学生需要在学习过程中持续追问来深化对问题的解决。在问题化学习的过程中，问题的提出与解决是一个相对的概念，问题化的"化"表示一个变化过程、矛盾运动，是在发现问题中解决问题，又在解决问题中发现新的问题；小问题的提出化解大问题的解决，新问题的提出深化老问题的理解。在学生提出两首不同风格的民歌有何异同的问题后，通过讨论继而引导学生发现新的问题，提出核心问题，这一持续追问生成一系列的问题，就可以在深度建构问题系统的过程中寻找到学习的路径。所以，追问能力的培养不仅深化问题的解决，同时发展了学生的思维能力。

教学片段二（第二层次的教学片段）

在本课中，第二个层次的设计是根据民歌《茉莉花》的旋律进行分组综合创编表演，那么本课是这一单元的第二课时，所以在第一课时就布置了这样的预学任务，在学生小组合作表演中，每位组员会担任不同声部的表演，这样加深了学生对学习内容的理解。用小组集体合作表演方式，这过程本身就是为每一个学生提供成长机会，分享的过程除了老师的引导提升，组间互动人人参与，跨组补充、评论、质疑追问，使得信息得到增值并产生新知识。

第一组张：歌曲创编表演能用哪些方法？

第一组朱：我觉得可以为歌曲加点引子，句尾加花，丰富歌曲的旋律。

第一组李：也可以改变乐句的节奏，加入一些打击乐器用以伴奏。

第二组刘：我们组能用哪些方法进行创编？能用到哪些创编工具？

第二组俞：我们组内怎样分工角色？如何表演效果好？

第二组王：组内有同学擅长拉小提琴，可以表演拉奏一段歌曲主题，那么擅长歌唱的同学可以运用人声的音色，还有些节奏感好的同学可以通过拍击身体及身边的物体产生音色等来丰富表演。

（跨组追问）

第三组陈：你们小组将什么元素加入创编？

第三组王：我们小组能进行什么音乐风格的创编？

第三组陈：那我们小组可以加入一些时尚元素，改编成流行说唱爵士风格的《茉莉花》，一定令人耳目一新。

不同领域的学习有着不同的实践与认识方式，合作学习活动需要恰当的情境设计与恰当的问题解决方式。追问能深化问题解决，而合作的价值，则将教师的追问转化为学生之间的追问。"合作讨论"是合作学习中的重要行为，学生之间的追问可以促进"合作讨论"，从"互说"、"互教"走向基于倾听的"互学"过程。因为追问必须建立在倾听的基础上，因此避免了讨论仅仅是一种"互说"的行为，而更多地向深度学习发展。

◉ 专家点评 ◉

我们在课堂中能追问什么？追问除了通适的"五何问题"，还可以有比较的问题、分解的问题、聚焦的问题、归纳的问题等15种具体视角，分别对应不同的思维类型。在设计生成追问的课堂情境中，比如"联系之后"就促进生成"比较的问题"。比较的问题就是比较两者之间的异同，比较的问题涉及的是对比思维，即通过对两种相同或是不同事物的对比进行思维，寻找事物的异同及其本质与特性。教学策略是要培养学生对事物差异的敏感性，很多时候可以在比较中发现问题，从纵向、横向多个维度加以比较，是思考问题的有效策略。

三、高中戏剧课案例

追问培养戏剧表演的理性思考
—— 高一戏剧课《内心体验　真实再现》[①]

◉ 概述 ◉

高中艺术课程是培养学生具有较高艺术素养的综合性课程。"追问"中提升

[①] 执教：上海市宝山区海滨中学，陈岩。

学习的深度和广度,在戏剧表演的实践体验中,引发学生对表演艺术的深度思考,培养学生的批判性思维,从而形成健康的审美价值判断。

1. 案例背景

《普通高中艺术课程标准》强调戏剧学习体现"在做中学"的理念,突出在实践中体验戏剧艺术,强调整体性和关联性,培养学生从单向思维转向整体思维,从单科知识的学习转向综合能力的提高,实现立德树人。

高中生很喜欢戏剧表演,但是大多数学生的表演仅仅停留在对剧本的感性认识上,很难深入角色内心,不能充分地展现人物形象。而我们的戏剧表演课更多侧重教师的示范与引导,缺乏学生主动的思考与相互之间的追问所产生的思维碰撞。本课例试图通过课堂学习实践,引导学生追问,构建戏剧表演学习的问题系统,提升艺术学习的思维品质和艺术表现的能力。

2. 教学目标

(1) 通过对话剧《雷雨》"喝药"这一片段的赏析、体验、表演,运用戏剧语言中台词表演的要素和技巧,恰当、准确、生动地表现人物形象。

(2) 通过对话剧台词表演的提问与追问,深化理解话剧台词在人物塑造方面的重要性,激发对表演艺术的理性思考。

(3) 通过对《雷雨》中的对白片段的赏析与体验,激发对戏剧艺术的喜爱;感受话剧语言的艺术魅力,提高对话剧表演艺术的鉴赏力。

◎ 案例呈现 ◎

1. 构建思维支架,引导学生产生课堂追问意识

学生A:如何塑造"周朴园"的形象?

学生B:我用"翘二郎腿,叼着烟斗靠在椅背上"这些细节来表现周朴园的老爷形象。

学生C:刚刚张同学说的是人物形体的表达创作,那么,在语言上你是怎么处理的?

学生B:这个我想他的语速一定是很慢的,语调也要低沉一点。

学生D:那么你为什么用这样的语速和语调呢?

学生B：周朴园是这个家里最有权威、最有城府的人，他说的很多话都是话里有话的，仿佛边说边飞快地思考，缓慢的语速、低沉的语调符合人物身份和性格特征。

学生A：在处理周朴园与繁漪对话的那部分台词时，反复说"倒了来"这三个字，我认为不应该一直一个声音和语速，感觉应该第二句要比第一句速度快、声音高一点。这一点我有不同的看法，你怎么看？

学生B：我觉得第二句没有必要马上在语速和声音的运用上急于变化，大声斥责的感觉没有比阴冷的低沉的表达更令人害怕和揣摩不透，内心惶恐不安。所以这样表演也许更吓人，更能增加这个人物性格中的那种阴森感。

在本节课的学习准备过程中，了解到学生不太会问一些问题，提不出问题或者问题不够聚焦。本节课中，教师尝试着给学生一个思维的支架，可以帮助学生提出较为优质而有效的问题。我们问题的根本离不开"是何？为何？由何？如何？若何？"这五个方面。运用"五何追问"支架，学生提问有了思维框架。

2. 形成问题系统，学生运用问题系统完善戏剧表演活动

问题系统是学生在追问的过程中产生的问题链，经过整合与梳理，形成了本节课的问题系统，学生运用通过追问形成的问题系统指导其余戏剧片段的表演。从理解人物入手，思考运用怎样的戏剧语言来塑造自己所理解的人物角色的性格形象，从而准确体验人物的内心，生动地表达人物性格及形象。形成戏剧表演的理性思考，在今后的学习过程中，学生可以在构建这个问题系统的过程中产生艺术学科学习思维，从而可以自主地完成一些戏剧片段的表演。

图11.4　戏剧语言技巧问题系统

围绕问题系统学生按照戏剧理解的三个层次开展活动，引导学生逐步学会从

感性认识到理性思考(见图11.5)。

角色选择、初步体验 ⇒ 追问质疑、深化理解 ⇒ 名段赏析、引发思考

图 11.5 戏剧理解的三个层次

教师：接下来我们来看看名家片段。

学生A：名家表演时,语言表演的技巧和我们有什么区别？

学生B：我发现他们在表演的过程中是综合运用这些戏剧语言技巧的。

学生C：我还发现名家在表演一段台词的时候,不是割裂开来的,情绪、逻辑重音的处理都好像是整体设计的。

学生D：我想问一下,名家表演就是最好的唯一的典范吗？

学生C：我认为不一定。

教师：为什么这么说？

学生C："有一千个读者就有一千个哈姆雷特",虽然每一个人对剧本中人物的理解大体上是相同的,但是肯定也有自己不同的认知和感受,所以没有"唯一的典范"一说。

◎ 专家点评 ◎

本节课的整体设计,依据高中艺术教学标准、基本要求,针对高一年级戏剧单元的教学内容,运用问题化学习进行课堂实践。通过课前对学生问题的搜集与梳理,确立核心问题"怎样用戏剧语言塑造人物形象、性格及内心?"并围绕这一核心问题构建本节课的问题系统。通过课堂上教师的追问,讨论话剧语言要素及技巧的运用,对语言塑造人物有初步的感性的认识。通过学生之间的追问,在深化对人物性格理解的同时,上升到语言塑造人物需要理性的思考。

参考文献

1. (美)约翰·D·布兰思福特.人是如何学习的[M].程可拉,等,译.上海:华东师范大学出版社,2003(07).
2. (英)杰夫·佩蒂.当代教学实用指南[M].姜学清,译.济南:山东文艺出版社,2017(05).
3. 中华人民共和国教育部.普通高中语文课程标准(2017年版)[M].北京:人民教育出版社,2017.
4. 中华人民共和国教育部.普通高中数学课程标准(2017年版)[M].北京:人民教育出版社,2017.
5. 中华人民共和国教育部.普通高中历史课程标准(2017年版)[M].北京:人民教育出版社,2017.
6. 中华人民共和国教育部.普通高中地理课程标准(2017年版)[M].北京:人民教育出版社,2017.
7. 中华人民共和国教育部.普通高中物理课程标准(2017年版)[M].北京:人民教育出版社,2017.
8. 中华人民共和国教育部.普通高中化学课程标准(2017年版)[M].北京:人民教育出版社,2017.
9. 中华人民共和国教育部.普通高中生命科学课程标准(2017年版)[M].北京:人民教育出版社,2018.
10. 中华人民共和国教育部.普通高中艺术课程标准(2017年版)[M].北京:人民教育出版社,2017.
11. 上海市教育委员会.上海市小学自然学科教学基本要求[G].上海市教育委员会教学研究室,2018.
12. 王天蓉,徐谊,冯吉,等.问题化学习:教师行动手册(第二版)[M].上海:华东师范大学出版社,2015.
13. 王天蓉,徐谊.有效学习设计:问题化、图示化、信息化[M].北京:教育科学出版社,2010.
14. 顾稚冶,王天蓉,王达.合作解决问题[M].上海:华东师范大学出版社,2018(12).
15. 王达,张嫄,王晓荣.小学语文问题化学习课堂实践手册[M].上海:华东师范大学出版社,2018(11).
16. 莫晓燕,苏岚,熊黎鸣.中学语文问题化学习课堂实践手册[M].上海:华东师范大学出版社,2018(11).
17. 冯吉,顾峻崎,王蔚,等.小学数学问题化学习课堂实践手册[M].上海:华东师范大学出版社,2018(11).

18. 裴娣娜.现代教学论(第三卷)[M].北京:人民教育出版社,2005(10).

19. 黄光雄,蔡清田.核心素养:课程发展与设计新论[M].上海:华东师范大学出版社,2017(06).

20. 王荣生.语文课程与教学内容[M].北京:教育科学出版社,2015(04).

21. 詹丹.阅读教学与文本解读[M].上海:上海教育出版社,2017(12).

22. 何更生.新编语文教学论[M].芜湖:安徽师范大学出版社,2018(08).

23. 朱绍禹.中学语文课程与教学论[M].北京:高等教育出版社,2005(04).

24. 林静.小学科学18个重要概念全景解读[M].北京:北京师范大学出版集团,2019.

25. 江美华.从探究能力到核心素养——大变革中的小学科学教育[M].北京:中国轻工业出版社,2019.

26. 陈荣华.美术课程与教学论[M].长春:东北师范大学出版,2005(12).

27. 陈卫和.小学美术新课程教学论[M].北京:高等教育出版社,2003(08).

28. 凤光宇.中学历史"过程与方法"目标达成实践研究[M].上海:上海教育出版社,2016.

29. 朱汉国.浅议21世纪以来历史课程目标的变化[J].历史教学(上半月刊),2015(10).

30. 石鸥.核心素养的课程与教学价值[J].华东师范大学学报(教育科学版),2016(01).

31. 姜宇,辛涛,刘霞,等.基于核心素养的教育改革实践途径与策略[J].中国教育学刊,2016(06).

32. 陈德运.国外史料教学连环追问探究及启示[J].岭南师范学院学报,2018(04).

33. 张娜.DeSeCo项目关于核心素养的研究及启示[J].教育科学研究,2013(10).

34. 李艺,钟柏昌.谈"核心素养"[J].教育研究,2015(09).

35. 吴伟.历史学科能力与历史素养[J].历史教学(中学版),2012(11).

36. 刘俊利.基于课程目标的中学历史学科核心素养:概念、渊源与内涵[J].历史教学(上半月刊),2016(05).

37. 毛经文.让每个生命都能散发出自己的光芒——素养养育是历史教学的核心目标[J].历史教学(上半月刊),2016(03).

38. 张汉林.从历史学谈历史学科的核心素养[J].历史教学,2016(05).

39. 陈超.历史学科核心素养的构成与培养[J].福建教育学院学报,2016(01).

40. 张华中.基于实践的历史学科核心素养体系刍议——以普通高中为例[J].历史教学(上半月刊),2015(09).

41. 朱可.高中历史教学应该凸显历史学科的核心素养——兼评2013年浙江省文科综合试卷历史讲题[J].历史教学(上半月刊),2013(08).

42. 邵志豪,袁孝亭.注重学科思维训练的地理教学研究[J].东北师大学报(哲学社会科学版),2011(03).

43. 田慧生.课堂教学创新的策略[J].山东教育科研,2002(04).
44. 刘斌.论艺术表现力和艺术感染力[J].戏剧之家(上半月),2013(08).
45. 印滢斐.对高中音乐学科"文化理解"核心素养的思考和认识[J].中国音乐教育,2018(05).
46. 神璐.音乐新课标核心素养在课堂中的功能体现——基于2017版《普通高中音乐课程标准》"核心素养"的思考[J].艺术评鉴,2018(10).
47. 金倩.高中生地理综合思维能力培养中思维导图的应用[D].济南:山东师范大学,2018.
48. 钟启泉.核心素养的"核心"在哪里[N].中国教育报,2015-04-01.